KB058374

마흔, 논어를 읽어야 할 시간 2

마흔,
논어를
읽어야할
시간 2

논어 속 네 글자의 힘

◉ 신정근 지음

21세기북스

◉ Subject
1강 |주체| 삶의 주인으로 우뚝 서는 법

쉬면 전체를 볼 수 있다

休 쉬다 휴

사람은 쉬어야 한다. 불안하기에 자꾸 잡으려고 하고, 잡은 것을 놓지 못하니 우리는 쉬지를 못한다. 하지만 건강을 위해서도, 지금 하고 있는 일을 더 잘하기 위해서도, 성공을 위해서도, 지금 하던 일을 잠시 내려놓고 쉬어야 한다. 원래 '그냥 쉬는 것'이지 '쉬어야 하는 것'이 아니다. 우리는 지금의 살림살이가 이전보다 빠듯하고 미래가 지금보다 불투명하다 보니, 쉬면 무슨 일이 생길까 봐 쉴 줄을 모른다. 쉬지 않으니 사는 것이 더 버겁고 힘이 들기 마련이다. 지금은 쉬는 것이 약이다.

쉬는 것은 숨을 편하게 쉴 수 있도록 호흡을 고르는 것이다. 호흡이 고르지 않고 벌렁거리고 쿵쾅거리는 심장으로는 무슨 일을 해도 제대로 할 수가 없다. 호흡이 안정되지 않으면 자세가 흐트러지고, 자세가 흐트러지면 마음의 중심이 무너지게 되고, 마음의 중심이 무너지면 하던 일이 제대로 될 리가 없다. 우리가 숨을 제대로 쉬려면 쉬는 것이 필요하다. 숨도 쉬지 못한다면 살아도 사는 것이 아니다.

休 그치다 휴

쉰다고 하면 우리는 자연히 '떠나는 것'을 떠올린다. 지금 살던 곳을 벗어나 다른 곳으로 간다는 것이다. 맞는 말이다. 하지만 이렇게 떠난다고 하니 '쉬는 것'이 하기 어려운 일처럼 여겨지고 많은 돈이 들어가는 사치라고 여기게 된다. 가장 쉽고 빨리 쉬는 것은, 지금 있는 곳에서 하던 일을 그치고 잠깐 그대로 있는 것이다. 쉰다는 것은 자신을 지금과 다른 방식으로 놓아둔다는 것이기 때문이다.

축구에서 운동장을 뛰던 선수가 상대의 태클로 쓰러지면, 벌떡 일어나 아무 일도 없었던 것처럼 바로 플레이를 시작하기보다 운동장에 누워 어디 아픈 곳이 없는지 잠깐 생각하는 것이 필요하다. 이때, 생각하는 것이 자신을 살리는 것이다. 사무실에서 일을 하다가 머리가 멍하면, 그대로 참고 하던 일을 계속하기보다 하던 일을 멈추고 멍하니 있는 것이다. 이때, 멍하니 있는 것이 자신을 살리는 것이다. 주부가 집에서 주방에 수북하게 쌓인 그릇을 씻다가 내가 뭐하지 싶으면, 빨리 끝내자며 자신을 다그치기보다 고무장갑을 벗어놓고 친구와 전화로 수다를 떨면 좋다. 이때, 수다 떠는 것이 자신을 살리는 길이다. 학생이 저녁 늦게 집에 돌아와 또 공부를 하다가 회의가 들면, 고개를 저으며 "참자"를 외칠 일이 아니라 공책에다 속마음을 적어도 좋다. 이때, 적는 것이 자신을 살리는 길이다.

暇 틈 가

하던 일을 멈추고 호흡을 고르면 숨통이 트인다. 폐 속에 새로운 공기가 들어오고 머릿속에 빈틈이 생기기 때문이다. 그렇게 숨통이 트여 주위의 책을 잡고 읽으면, 그것도 쉬는 것이다. 나는 대학 1학년 때 누님의 소개로 몇몇 분들과 함께 처음으로 『논어』를 읽은 뒤로 지금까지 수백 번 더 읽었다. 읽을 때마다 느낌이 달라진다.

처음에 『논어』는 오르기가 어려운 고봉준령(高峰峻嶺)과 같았다. 오르고 올라도 정상이 보이지 않고 산세가 험해서 조심하지 않으면 다치기가 쉬운 산을 오르는 느낌이었다. 읽다가 포기하고 싶은 마음이 든 적이 한두 번이 아니었다. 산길이 온통 돌로 된 한라산이나 기암절벽(奇巖絶壁)으로 된 중국 산시성의 화산(華山)을 오르며, 『논어』를 처음 읽을 때처럼 아찔함을 느꼈다.

대학원에서는 온갖 주석을 다 보고 앞뒤를 맞춰가며 싸우듯이 『논어』를 읽었다. 그러면서 한 구절 한 구절의 의미가 조금씩 나에게 다가왔다. 하지만 『논어』의 거대한 산에서 어디로 가고 있는지 방향을 잃는 일이 부지기수였다. 산림이 우거지고 골짜기와 등성이가 많아서, 앞으로 가고 있지만 표지석을 만나기 전에는 불안한 마음으로 산을 오르는 느낌이었다. 골짜기가 깊은 설악산과 안개가 모습을 감추는 중국 안후이성의 황산(黃山)과 높지 않지만 하늘에서 돌을 쏟아부어 바위 틈새의 길을 찾아야 하는 중국 산둥성의 역산(嶧山)을 오르며, 길을 잃을지 모른다는 두려움을 느꼈다.

박사 학위 논문을 쓰고 난 뒤 『논어』를 읽을 때에야 좀 편안하다는 느낌이 들었다. 글자를 보며 싸우려 하지 않고 공자에게 대들지 않고 그와 이야기를 나누면서 그의 마음을 조금이나마 이해(理解)할 수 있게 됐다. 거듭 실패를 겪고 자식과 제자들의 죽음을 보고도 넘어지지 않고 자신을 다시 일으켜 세워야 했던 그이의 외로움을 만나게 됐다. 높고 험하기는 하지만 차와 케이블카를 타고 쉽게 정상에 오를 수 있는 백두산과 중국 산둥성의 태산(泰山)을 오르며 험준함 속의 편안함을 느꼈다.

일을 하다가 잠깐 쉬거나 새로운 일을 시작하기 전, 다음으로 넘어가는 시간의 틈새가 있다. 이 틈새에 『논어』를 한 구절씩 읽다 보면 어려움이 조금씩 줄어들면서 언젠가 『논어』 전체를 만나고 싶은 생각이 들게 될 것이다. 그래서 이번에 『마흔, 논어를 읽어야 할 시간』의 심화편으로 『마흔, 논어를 읽어야 할 시간 2: 논어 속 네 글자의 힘』을 펴내게 됐다. 전작에서 설명이 좀 짧아서 불만이었던 분들의 바람을 수용해서 자세하고 쉽게 풀이하려고 노력했다.

暇 느긋하다 가

쉬는 것은 한 가닥으로 이어진 시간의 흐름을 끊는 것이다. 산을 오르다가 다리에 힘이 빠지면 잠깐 기대거나 앉아야 한다. 그렇게 얼마의 시간이 지나면 다시 다리에 힘이 솟아난다. 쉬지 않고 일을 계속하면 지긋지긋하고 넌덜머리가 난다. 쉬었다가 일을 하면 반가움이 새록새록 난다. 또, 꽉 막혔던 머리에 새로운 생각이 떠오르기도 한다. 쉬는 것은, 쓸데없이 노는 것이 아니라 하던 일을 새롭게 만나기 위해 약간의 거리를 두는 것이다.

나는 영화관의 맨앞자리는 피하려고 한다. 너무 가까워서 영화를 편하게 볼 수 없기 때문이다. 화랑에서 그림을 볼 때는 조금 떨어져서 봐야 그림 전체를 음미할 수 있다. 편히 쉬지 못하고 그냥 앞만 바라보고 달려왔다면, 그 사람은 바쁘다는 말을 입에 달고 주위 사람들에게 쉽게 짜증을 낼 것이다. 반면 흐름을 끊고 때때로 쉬며 하던 일에 거리감을 둔다면, 그 사람은 한결 느긋한 얼굴을 하고 같은 일도 즐겁게 할 것이다.

이제 인생이라는 산도, 『논어』라는 산도 맹목적인 직진이 아니라 느긋한 동행을 할 때이다. 숨 가쁘게 오르고 조금 머물다 금방 내려올 것이 아니라 오르면서 주위를 돌아보고 올라서 아래를 굽어보고 내려오면서도 주위를 보아 전체를 보자. 고은 시인의 "내려갈 때 보았네, 올라갈 때 보지 못한 그 꽃"의 시구절을 패러디하면 전체를 보는 것은 이러리라. "쉴 때 보았네, 일할 때 보지 못한 그 아름다움."

1. 『논어』 원문 번역은 신정근, 『공자씨의 유쾌한 논어』(사계절, 2011, 3쇄)에 따른다. 이 책은 『마흔, 논어를 읽어야 할 시간』(21세기북스, 2011)과 시리즈로 기초와 심화의 특성을 갖고, 『공자씨의 유쾌한 논어』와 자매편으로 서로 부족한 점을 보완할 수 있다.

2. 『논어』 구절의 출처를 밝히기 위해 숫자를 사용했다. 예컨대 『학이』의 다섯 번째 장에 나오면 01.05/005로 표기했다. 01.05는 제일 첫 편의 다섯 번째 장을 가리킨다. 『논어』 전체를 편장으로 구분하지 않으면 모두 516장으로 되어 있는데, 005는 그 중 다섯 번째 장임을 가리킨다. 이 분류는 『공자씨의 유쾌한 논어』의 분류에 따랐다.

3. 『논어』의 같은 구절도 원문 번역, 표제어 제시, 구절의 해설 등 맥락에 따라 각기 달리 표현했다.

4. 내용은 도입부, 『논어』 원문의 인용과 번역 그리고 글자 풀이, 인용 원문의 해설과 토론 등 세 부분으로 구성되어 있다.

5. 전체 30꼭지의 글은 이틀에 하나씩 읽으면 두 달 안에 다 읽을 수 있다. 그렇게 여섯 번 되풀이하면 한 해에 여섯 차례 읽게 된다. 새로운 책을 읽는 것만큼이나 같은 책을 되풀이해서 읽는 것도 책을 읽는 좋은 방법이다. 여섯 차례 이 책을 만나면, 『논어』 전체에 도전하고 싶은 느낌이 들 것이다. 이때 『공자씨의 유쾌한 논어』를 읽는다면, 공자가 무엇을 꿈꾸었는지 그의 생각을 오늘에 어떻게 응용할 수 있을지 생각의 가닥을 잡을 수 있을 것이다.

6. 옛날에는 방 안의 벽에 경구를 걸어두곤 했다. 책에 나온 30구절도 멋지게 액자로 만들거나 컴퓨터로 출력해서 필요한 곳에 걸어두면 늘 책을 읽는 효과를 거둘 수 있다. 의미를 모르면 그냥 좋은 말에 지나지 않지만 의미를 알면 삶의 어둠을 밝혀주는 멋진 친구가 될 수 있다.

7. 책 말미에 그간 지은이가 『논어』와 관련해서 썼던 몇 가지 책의 내용을 간략하게 소개했다. 독서는 여행과 닮았다. 한번 빠지면 좀 더 깊이 들여다보고 싶은 바람을 갖게 된다. 『마흔, 논어를 읽어야 할 시간』 1과 2를 읽었다면, 『논어』 전체를 보고 싶은 바람을 가질 수 있다. 소개된 순서로 책을 읽는다면 『논어』를 두고 누구라도 대화를 나눌 수 있을 것이다.

8. 근래에 베이징과 산둥성 치박(緇博)시를 다녀오면서 찍은 세 장의 사진을 책에 실었다. 중국 사람들이 문화 자산을 어떻게 활용하고 보존하는지 가늠할 수 있는 정보가 될 것이다.

'인간적인, 너무나 인간적인'
시대를 초월한 인생교과서 『논어』

『논어』, 2500년 전의 책임에도 불구하고

동아시아의 문명 형성에 가장 큰 영향력을 끼친 책을 꼽으라면, 그 중에 『논어(論語)』가 빠질 수 없다. 『논어』는 공자(BC 551~479)가 제자와 학인 그리고 정치인 등을 만나서 나눈 이야기를 담고 있다. 책 자체는 공자가 직접 쓰지 않았고, 공자 사후(死後)에 제자들이 기록한 자료들을 묶은 편집본이다.

공자의 활동 기간으로 따져보면 『논어』는 지금으로부터 대략 2500년 전에 쓰인 셈이다. 현재 우리는 지구를 벗어나 우주를 여행하고, 비행기를 타고 지구 반대편으로 날아다니고, 천동설이 거짓이고 지동설이 사실이라는 것을 어린아이들도 빤히 알고, 여름에 겨울 과일을 먹고 겨울에 여름 과일을 먹는다. 공자는 지금과 같은 문명 생활을 상상조차 못했을 것이다.

그런데도 21세기의 우리가 왜 2500여 년 전의 『논어』를 읽어야 하는 것일까? 자연 과학처럼 이론의 생명 주기가 짧은 학문이라면, 2500년 전의 책은 역사적 가치를 가질 수는 있지만 이론으로서는 폐기 처분의 대상이 된다. 하지만 인문학에 속하는 『논어』는 여전히 각광을 받고 읽어야 할 책으로 간주되고 있다.

　도대체 왜 그럴까? 그것은 2500년 전의 공자와 그의 대화자가 지금의 우리와 마찬가지로 '호모 사피엔스'이기 때문이다. 2500년 전의 사람도 배고프면 먹고, 졸리면 자고, 좋은 일이 있으면 기뻐하고, 나쁜 일이 있으면 화를 내는데, 오늘날의 사람도 마찬가지이다. 2500년 전의 사람도 불의를 보면 공분을 하고, 전쟁보다 평화가 지속되기를 바라고, 아름다운 예술을 보고 들으면 즐거워했는데, 오늘날의 사람도 마찬가지이다.

　2500년의 시간으로 인해 달라진 점도 많고 시대와 문화에 따라 "사람다움이란 무엇인가?"에 대한 내용은 다를 수 있다. 하지만 사람은 돌도 아니고 개도 아니고 사자도 아니라 여전히 사람일 뿐이다. 즉, 현재의 인간이 과거보다 자연의 위력에 두려움을 갖지 않고 자연 현상을 합리적으로 설명할 수 있지만 인간적 약점을 극복하고 신적인 존재가 될 수는 없다. 인간은 인간이기 때문이다. 『논어』의 일부는 여성과 아동, 이민족에 대한 편견을 드러내고 있으므로 그 부분은 폐기되어야 하지만 우리는 그렇지 않은 『논어』의 '나머지'를 읽을 수밖에 없다. 그 나머지는 아직도 많다.

『논어』, 학(學)으로 시작해서 명(命)으로 끝나다

『논어』를 읽어야겠다고 생각하더라도, 진입 장벽이 있다. 일단『논어』자체가 원래 한문으로 쓰였기 때문에 한문을 모르면 어려울 수밖에 없다. 이를 피하려면 한문으로 된『논어』가 아니라 한국어로 번역된『논어』와 그 해설을 함께 읽으면 충분하다.

그러나 이렇게『논어』를 읽을 용기를 갖게 되더라도, 책을 실제로 들추면 마음이 달라진다. 읽으면 이해될 줄 알았지만 선뜻 내용이 손에 잡히지 않는다. 우리는 모르는 곳을 찾아가면 지도를 살피고 내비게이션을 켠다. 이와 같이 내용 파악이 잘 되지 않는『논어』를 읽는 데도 안내가 필요하다.

첫 장 첫 구절과 마지막 장 마지막 구절을 살피면『논어』를 읽을 수 있는 지도를 갖춘 셈이라고 할 수 있다.

> 배우고 때에 맞춰 익히면 즐겁지 아니한가?
>
> 學而時習之, 不亦說乎?
>
> 학이시습지, 불역열호?
>
> - 「학이」(01.01/001)

동아시아 문화에는 유일신이 없다. 사람이 개인적으로나 사회적으로 위기를 겪을 때 기도하여 응답을 기대할 수 있는 존재가 없다. 사람은 오로지 자신의 힘에 의존해서 위기를 풀어갈 수밖에 없다. 이러한 위기 극복의 매뉴얼 혹은 집단 지혜의 결실이 전통이고 문화이고 경전이다. 후대 사람들은 자신에게 지금 닥친 문제나 앞으로 겪을 문제를 풀려면 결국 전통과 문화와 경전을 배워서 구체적인 답을 찾아 낼 수밖에 없다.

이러한 의미에서 『논어』의 첫 장 첫 구절이 '학(學)' 자로 시작되는 것은 커다란 의미가 있다. 사람이 과거의 지혜를 배우고 '시습(時習)' 을 통해 나의 것으로 만들면, 어떠한 상황이라도 헤쳐나갈 수 있는 지혜와 용기를 갖게 된다. 그러니 기쁘지 않을 수 있겠는가?

> 명(한계, 최대치)을 알지 못하면 군자가 될 수 없다.
>
> 不知命, 無以爲君子也.
>
> 부지명, 무이위군자야.
>
> -「요왈」(20.03/516)

명(命)은 후천적인 노력으로 바뀌지 않고 그냥 사람에게 주어진 측면을 가리킨다. 이런 점에서 명은 한계이다. 사람은 노력에 따라 다양한 실력(성적)의 차이를 보이는데, 명은 한계 중에서 가장 최고의 상태에 이른 측면을 가리킨다. 이런 점에서 명은 최대치이다. 만약 한 사람이 개인과 공동체의 한계와 최대치를 모른다면 어떻게 될까?

축구를 좋아하지만 재능도 떨어지고 노력도 하지 않으면서 메시와 같은 세계적인 선수가 되려고 한다면, 되고 싶은 욕망과 되지 못하는 현실 사이에서 고통을 겪을 것이다. 회사의 최고 경영자가 목표를 너무 높게 책정하면, 노동자들은 일 년 내내 달성하지 못할 목표에 도달하기 위해 질책을 당하며 괴로운 시간을 보내야 한다. 개인이든 집단이든 명을 모르면, 사람들이 끊임없는 고통을 겪을 수밖에 없다. 따라서 개인과 공동체를 이끌어가는 군자라면 반드시 명을 알아야 하지 않을까?

이렇게 보면 『논어』의 첫 장 첫 구절은 사람에게 '지금의 나'와 다른 나를 꿈꾸기 위해 끊임없이 탐구하고 길을 찾으라는 격려를 하고 있고, 마지막 장 마지막 구절은 사람이 '지금의 나'와 다른 '미래의 나'를 어디까지 추구할 수 있는지 그 한계를 직시하라고 말하고 있다.

『논어』 제18편의 미스터리, 공자의 적대자의 발언을 싣다

『논어』는 총 20편으로 구성되어 있다. 이 중 제18편 「미자(微子)」는 내용 면에서 자못 독특하다고 하지 않을 수 없다. 제18편은 공자가 자신의 이상을 펼칠 기회를 찾기 위해 이 나라 저 나라를 돌아다니는 시절에 만났던 사람들과의 대화를 다루고 있다. 그들은 개인의 노력으로 시대를 바꿀 수 없다고 생각하여 자연의 산림에 숨어서 사는 은둔자들이었다.

제18편은 공자가 주인공으로 나오지만 실제로는 은둔자들이 공자의 노력이 실현될 수 없다는 점을 알리고 있다. 은둔자들은 자신이 "어지러운 세상을 피해 사는 사람"이고, 공사는 "사신에게 맞는 사람을 가리는 사람"으로 구분했다. 은둔자들은 공자가 시대의 흐름을 바로잡기 위해 광분하고 있지만 언젠가 공자가 그러한 시대의 역풍을 맞아 위험해질 수 있다고 경고했다. 따라서 시대를 바꾸려고 할 것이 아니라 시대의 흐름에서 한 발짝 비켜나서 개인의 삶에 집중하라고 제안하고 있다. 이렇게 보면 제18편은 분명 『논어』에 들어 있는 한

편이지만 공자의 주장보다 은둔자들의 육성을 그대로 전달하고 있다. 따라서 제18편의 주인공은 공자가 아니라 은둔자들이라고 할 수 있다.

왜 이렇게 공자를 비판하는 이들의 주장이 담긴 제18편이 『논어』 속에 들어가 있을까? 나머지 편들은 공자라는 사람을 직접적으로 알린다면 제18편은 은둔자와 공자의 차이를 통해 공자를 더 돋보이게 만들기 때문이다. 즉, 은둔자와의 비교를 통해 공자의 삶과 가치를 더욱 뚜렷하게 보여주는 것이다. 이렇게 보면 공자가 조연으로 등장하는 제18편은 잘못된 편집이 아니라 참으로 제대로 된 편집이라고 할 수 있다.

공자, 실패의 존재론

『논어』와 『사기(史記)』에 나오는 공자의 일생을 하나씩 알게 되면 후대에 만들어진 '성인(聖人) 공자'의 이미지와 사뭇 다름을 볼 수 있다. 역사적으로 활약했던 공자는 세 살에 아버지를 여의고 어린 시절부터 '소년 가장'으로 생계를 꾸리기 위해 온갖 험한 일을 마다하지 않았다. 훗날 공자가 학문적 성취를 이루었을 때, 당시 사람들은 "공자가 왜 생업의 여러 가지 기술을 가지고 있느냐?"라고 의문을 나타냈을 정도이다.

공자는 학문적 성취를 거둔 뒤 노나라에서 자신의 이상을 펼칠 기회를 찾지 못했다. 그는 50대에 시작해서 15년 동안이나 여러 나라를 돌아다니며 일자리를 찾았다. 이 과정에서 공자는 "상갓집의 개"라는 말을 듣기도 하고 "불가능한 줄 알면서 애쓰는 사람"이라는 평가를 받기도 했다.

공자는 이런 이야기를 들을 때마다 좌절하거나 자신의 길을 회의하지 않았다. 그는 한 곳에서 실패하더라도 곧 다른 나라를 찾아서 다시 시작했다. 실패를 되풀이했지만 공자는 자신의 꿈을 실현하려는 노력을 포기하지 않았다. 이런 공자를 보면 시시포스 신화가 떠오른다. 시시포스는 제우스 신의 노여움을 사서 그 벌로 무거운 바위를 산 정상까지 밀어 올려야 했다. 그런데 정상에 바위를 올리자마자 바위가 산 아래로 굴러 떨어졌다. 시시포스는 바위를 다시 정상으로 올리는 일을 끝없이 반복해야만 했다.

공자도 산과 들의 짐승이 아니라 사람과 함께 살며 인간미가 넘치는 공동체를 세우려고 했던 만큼 현실에서 맛보는 한 번의 실패에 자신의 모든 것을 내려놓지 않는다. 그는 늘 실패한 곳에서 다시 시작하며 성공의 씨앗을 일구려고 했다. 그렇게 찾아낸 사유의 결과물이 오늘날 우리가 읽는 『논어』에 고스란히 들어 있는 것이다. 실패는 공자를 좌절하게 한 것이 아니라 자신의 길을 더 분명하게 만나게 하고 더 뚜렷하게 자각하는 장이었다. 따라서 공자는 가문과 신분의 축복이 아니라 냉대와 박대의 실패에서 사유를 일구어낸 것이다. 역설적으로 실패가 그냥 실패에 그치지 않고 자신의 정체를 더 벼리게 만드는 인간화의 길이었던 것이다.

이러한 공자의 실패론은 함석헌이 3·1운동의 실패를 해석하는 데에서도 잘 나타난다.

실패는 섭섭하지만 실패처럼 값진 것은 없습니다. 사람으로 하여금 생각하게 합니다. 만세를 부르면 독립이 될 줄 알았다가 그대로 아니 되는 것을 본 다음에야 한국의 씨올은 생각하기 시작했습니다. 생각함은 곧 올듬입니다. 3·1운동 이후 우리 민족이 허탈감에 빠지지 않고 자라기 시작한 것은 깊이 생각했기 때문입니다.(「하나님의 발길에 채여서」 중)

함석헌은 실패가 좌절 또는 죽음과 동의어가 아니라 생각을 바탕으로 새롭게 출발하는 토대로 보고 있다. 이것은 공자의 인생과 그대로 겹친다고 할 수 있다.

『논어』를 왜 읽어야 하는가?

공자처럼 실패를 많이 겪은 사람이라면 왠지 차갑고 우울하고 거친 성격을 가지지 않았을까 짐작한다. 하지만 『논어』의 첫 장 첫 구절에서 '즐겁다', '기뻐하다', '미워하지 않는다'는 말을 만나게 된다. 이로부터 우리는 공자가 실패로 인해 무너진 사람이 아니라는 것을 알 수 있다.

공자는 개인적으로 가난하고 불우한 삶을 살면서도 참으로 단단한 인품의 소유자였고, 사람과 사람 사이를 편안하게 만들려고 했다. 그는 불우한 환경으로 인해 좌절하지 않고 오히려 사람이 초월할 수 있는 최고 경지에 도달했다. 즉, 인간의 한계 안에서 인간이 실현할 수 있는 최고치에 이르려고 했다는 점에서 위대성을 보여주었다고 할 수 있다.

공자는 사람이 서로 어울려서 살아가려면, 자신의 삶을 제대로 건사하고 주위를 편안하게 하는 "수기안인(修己安人)"의 자세를 기본적으로 갖추어야 한다고 보았다. 이것은 오늘날의 자유주의만이 아니라 신분 사회 또는 특권 사회에서 더 큰 울림을 갖는 말이다. 신분이 지위를 결정할 경우 자격 없고 자기 조절력이 없는 사람이 의사 결정권을 행사하게 된다면 공동체는 재앙을 맞게 되기 때문이다.

특히 그런 사람이 정치 지도자가 되면 일을 감정적으로 처리하고 공정과 신뢰의 가치를 저버려서 공동체가 멸망의 길로 치달을 수도 있다. 이렇게 수기치인(修己治人)을 강조했기 때문에 동아시아 사회는 어떤 공동체보다 내부적으로 전쟁의 충돌보다 평화의 공존이라는 장기적인 안정을 누렸던 것이다. 이 모든 것이 공자 덕분이라고 할 수는 없지만 공자 사상의 영향이라는 점을 부정할 수는 없다.

우리는 지금 공자로부터 2500년이 지난 시간대를 살고 있다. 공자 시대에 비해 상상할 수 없을 정도로 문명이 발달하고 정의나 평등과 같은 개념도 발전했다. 공자 시대처럼 태어날 때부터 신분이 이후의 삶을 결정하지 않고, 소수의 특권층이 권력을 독점하지도 않는다.

하지만 개인이 자신의 개성과 이상을 마음껏 발휘하고, 사람과 사람이 공통의 규범을 준수하여 인간미가 넘치는 공동체가 되고, 사람과 사람 그리고 국가와 국가가 호혜성에 따라 공동의 번영을 추구하고 있느냐고 묻는다면, 여전히 "아직 완전하지 않다"고 말할 수밖에 없다.

물론 우리 시대의 "아직 아니다"는 공자 시대의 "아직 아니다"와 다르다. 하지만 "아직 아니다"가 남아 있는 한 우리는 『논어』만이 아니라 과거와 현재 우리의 삶을 편안하고 공정하게 만드는 모든 '사상 자원'을 소홀히 할 수 없다. 옛날만큼 『논어』의 위상이 절대적이지 않다고 하지만 오늘날 우리가 여전히 『논어』를 읽어야 할 이유가 여기에 있는 것 아닐까.

Subject

1강

주체

삶의 주인으로 우뚝 서는 법

1강에서는 우리가 인생에서 주인으로 살아가는 법을 함께 이야기하고자 한다.

우리는 매일매일 판단을 한다. 아침에 몇 시에 일어날지, 무엇을 타고 일터로 향할지, 복수의 가능성 중에서 무엇을 고를지, 점심에 무엇을 먹을지 등등…… 이때 우리는 자신이 알고 있는 지혜를 발휘해서 가장 합리적인 판단을 내리려고 노력한다.

그런데 자기가 주문한 대로 식사를 하고, 자신이 의사를 드러낸 대로 결정을 내렸다고 해서 우리는 인생을 주인으로 살아가고 있다고 말할 수 있을까? 내가 오늘 먹겠다고 주문한 것은 그 식당에서 늘 습관처럼 먹는 음식일 가능성이 높다. 그 식당에서 새로운 메뉴를 개발했다고 하더라도, 나는 늘 먹던 것이 믿을 만하므로 메뉴를 바꾸지 않는다. 내가 어려운 결정을 내렸다고 우쭐할 수 있지만 주위 사람들은 이미 내가 그런 판단을 하리라는 것을 예상하고 있다. 내가 내리는 결정은 지금까지 내가 내리는 판단의 패턴에서 벗어나지 않기 때문이다.

이렇게 보면 우리는 자유로운 상태에서 오로지 자신의 의지대로 판단한다고 생각하지만 사실은 그렇지 않음을 알 수 있다. 많은 경우 너무나도 익숙하여 나와 한 덩어리가 되어버린 습관, 분위기, 전통, 관습, 매뉴얼, 사회화, 지시, 명령, 욕구 등에 따라 기계적으로 생각하고 판에 박힌 듯이 사유하는 측면이 있다. 누가 나에게 "어떻게 할까요?"라고 물었을 때, 내가 "과거에 했던 대로", "매뉴얼대로"라고 말한다면 나는 이미 기계가 되어 있는 것이다.

내가 삶의 진정한 주인이라면, 자신의 지성에 의지해서 자신의 욕망을 존중하고 자신의 의지대로 이끌어갈 수 있어야 한다. 주인으로 삶을 살아야 자신이 어떠한 인생의 결말을 맞이하더라도 후회가 없게 된다. 자신의 상투적인 습관에 반기를 들지 않는다면, 아무리 후회를 빨리 한다고 하더라도 늦을 수밖에 없다. 한번 지나가면 되돌릴 수 없는 불가역적인 인생이기에 주체적인 삶의 가치를 소홀히 할 수가 없다.

01
종오소호
(從吾所好)

내가 좋아하는 것을 하리라

인생은 단 한 번뿐이다.
내 것의 소유만큼 내 삶의 의미에 집중하자.

계절은 봄·여름·가을·겨울의 순서로 순환한다. 올봄이 지나가더라도 내년의 봄을 기약하며 아쉬움을 달랠 수 있다. 반면, 인생은 앞으로 나아갈 뿐 뒤로 돌아갈 수 없다. 때로는 재수와 재기의 기회가 있어 마치 인생이 두 번 세 번 반복되는 것처럼 느껴질 수 있다. 하지만 그 또한 결국 앞으로 나아가는 속도의 차이일 뿐, 인생이 되풀이되는 것은 아니다.

2500년 전 공자는 끊임없이 실패를 맛보며 곤경에 처했다. 이렇게 거듭 시대와의 불화에 휩싸이면 문학 작품에 나오듯 악마와 손을 잡고 역전을 꿈꾸거나 현실의 요구에 굴복할 수 있다. 하지만 공자는 떠밀린 삶을 살며 때때로 극단적인 선택으로 내몰렸음에도, 그때마다 현실에 굴복하지 않고 오뚝이처럼 다시 일어났다. 공자는 단 한 번뿐인 인생을 자신이 좋아하고 의미 있는 방향으로 나아가고자 했던 것이다. '좋아하는 것을 하며 사는 삶'을 살았던 공자의 이야기를 들어보자.

「술이」
(07.13/163)

만약 경제적 성공을 추구할 수 있다면
시장에서 채찍을 잡는 문지기라도 나는 꼭 할 것이다.
만약 그것을 추구할 수 없다면
나는 자신이 좋아하는 일을 좇아가리라.

富而可求也, 雖執鞭之士[1], 吾亦爲之.
부이가구야 수집편지사 오역위지
如不可求, 從吾所好
여불가구 종오소호

富 :　　부(富)는 넉넉하다, 부자의 뜻이다.

雖 :　　수(雖)는 양보와 역접의 맥락을 나타내는 접속사로서 비록 ~할지라도, 그러나, 만약, 다만의 뜻을 나타낸다.

執 :　　집(執)은 손으로 무엇을 잡다, 지키다의 뜻이다.

鞭 :　　편(鞭)은 채찍, 매질하다의 뜻이다. 편은 학생을 가르치는 교직을 나타내는 말인 교편(敎鞭), 선생과 선배가 학생과

후배들을 타이르고 격려하며 앞으로 잘 이끌어가는 지도 편달(指導鞭撻) 등으로 쓰인다.

士 : 　사(士)는 무사와 문사의 뜻을 함께 가지고 있는데, 오늘날 전문가에 해당된다.

吾 : 　오(吾)는 1인칭 대명사로 나, 자신의 뜻이다.

亦 : 　역(亦)은 또, 또한, 모두의 뜻이다.

如 : 　여(如)는 동사로 같다, 따르다의 뜻으로 쓰이지만 접속사로 영어의 if처럼 가정의 맥락을 나타내는 만약의 뜻으로도 쓰인다. 여기서는 접속사로 쓰이고 있다.

從 : 　종(從)은 좇다, 따르다, 받아들이다의 뜻이다.

'好' 자를 만든 사람의 비밀

한자는 사물의 모양을 본뜬 글자이다. 人(인) 자는 무릎을 구부린 사람의 옆모습을 본떴고, 大(대) 자는 팔다리를 벌린 사람의 앞모습을 본떴다. 山(산)은 높이 솟은 산봉우리의 모양을 본떴고, 川(천)은 물이 흘러가는 물살의 모양을 본떴다. 이런 글자를 만들기는 그리 어렵지 않다. 특정한 형태를 가지고 있는 사물의 특성을 간단하게 형상화하면 되기 때문이다.

반면, 특정한 꼴을 가지고 있지 않아 볼 수 없거나 추상적인 개념(감정, 사상, 문화 등)을 글자로 만들려면 여간 어려운 일이 아니다. 山 자와 실제의 산 모양은 유사하여 그 연관성이 쉽게 드러나지만 추상적인 개념과 글자는 그 연관성이 잘 드러나지 않을 뿐만 아니라 글자의 형상화도 쉽지 않다. 心(심)은 사람의 심장을 형상화한 글자이다. 性(성)은 기쁨과 슬픔, 자질과 능력처럼 사람의 마음에서 생겨나는 현상을 나타냈다. 心이라는 글자가 생기자 性이라는 글자가 파생된 것이다.

그렇다면 좋아한다는 의미의 한자는 어떻게 형상화되었을까? 글자를 만든 언어의 창조자는 '好' 자로 좋아한다는 뜻을 나타내고자 했다. 왼쪽의 女(녀)는 어머니, 여성의 뜻이고 오른쪽의 子(자)는 아이(자식), 남성의 뜻이다. 갓 연애를 시작한 사람은 서로 떨어져 있더라도 수시로 전화나 문자를 통해 어디에 있는지 또 뭘 하는지 확인한다. 서로 연결되어 함께 있다는 느낌을 갖기 위해서일 것이다. 어린아이는 늘 엄마 뒤를 졸졸 따라다닌다. 화장실에 간 엄마가 자기 눈에 들어오지 않으면 금세 울음을 터뜨린다. 엄마가 화장실에서 나오면 울다가도 금방 울음을 멈추고 헤헤 웃는다. 아직 눈물방울이 마르지도 않았는데 말이다.

이렇듯 好는 한시라도 떨어지지 않으려고 하거나 떨어지면 불안하게 느끼는 연인 사이, 부모와 자식의 사이에서 실마리를 찾았으리라. 나는 好 자를 만든 언어의 창조자는 젊은 시절 뜨거운 연애를 해보고 아이를 키워보았으리라 짐작한다. 그렇지 않았다면 好 자를 도무지 만들 수 없었을 것이다.

나는 사람들에게 좋아할 '好' 자를 써보라고 한다. 글자가 쉬운 만큼 다들 자신 있게 '好' 자를 쓴다. 이때 사람들은 호 자의 여자 녀(女)와 자식 자(子)의 간격에 특별히 주목하지 않는다. 그래서 두 글자가 많이 떨어지기도 하고 조금 포개지기도 한다. 그러나 두 글자가 조금이라도 떨어지면 나는 좋아할 '호' 자가 아니라 밀어낼 '호' 자가 되었다고 말한다. 女와 子가 나란히 붙어 있는 호 자는 사람이 자신이 좋아하는 일을 한시라도 그만둘 수 없는 상황을 잘 나타낸다고 할 수 있다.

이제 우리는 공자가 "자신이 좋아하는 일을 좇아가리라"고 한 종오소호(從吾所好)의 의미를 이해할 수 있게 됐다. 자신이 좋아하는 일을 하고 있다면, 그 일을 결코 그만두지도 않을 뿐만 아니라 그 일을 하면서 삶의 의미를 찾을 수 있기 때문이리라. 공자 역시 아마 이러한 욕망 때문에 거듭된 실패와 생명의 위협 그리고 자식과 제자들의 죽음을 겪으면서도 무너지지 않고 자신의 길을 계속 갈 수 있었을 것이다.

'종오소호'를 보면 두 가지 마음이 느껴진다. 처음에는 그런 면이 있기에 공자가 고단한 삶을 버틸 수 있었겠다는 마음이 전해진다. 그 다음에는 그렇게 해서라도 자신을 지키려고 했던 공자 삶의 정조가 꽤나 처연했으리라는 마음이 전해진다. 처연하다고 해서 그의 삶이 비참하다는 것은 결코 아니다. 『논어』에 보이듯 공자는 두 가지 마음을 느꼈지만 평소 사람을 만나면 웃음을 잃지 않고 꿋꿋하게 삶의 무게를 버텨내고 있었다.

삶의 불안과 우울

"청년 실업 100만"의 현실에서 청년들은 미래에 대한 희망을 갖기 어렵다. 취업을 하더라도 비정규직이 다수를 차지한 상태에서는 어느 누구도 안심할 수 없다. 이러한 취업난은 성장이 고용으로 이어지지 않으면서 더욱더 심화되고 있으며, 따라서 실업 또는 실업의 위기는 이제 몇몇 사람의 문제가 아니라 모든 사람을 힘겹게 하는 심각한 문제가 되었다.

어찌 보면 인생 자체가 불안하고 우울할 수밖에 없다. 시험을 앞둔 고3 수험생은 하루하루 불안에 떨며 시험이 끝나기만을 바라겠지만 그 뒤에는 또 다른 시험이 기다리고 있다. 뜨겁게 사랑하며 결혼을 앞둔 예비 신랑신부는 축복 속에 결혼식을 치르겠지만 이후에 펼쳐질 출산과 육아 그리고 집값을 생각하면 답이 나오지 않는다. 한 치 앞을 모르는 삶을 살아가야 하는 운명에 놓여 있는 한 우리는 불안으로부터 완전히 자유로울 수 없다. 게다가 경기가 나빠지고 경쟁이 치열해지는 와중에 각종 사건 사고의 소식이 전해지면 삶의 불안은 한층 깊어져서 사람을 우울하게 만든다.

19세기 러시아의 대표 시인 푸시킨(1799~1837)은 사람은 알 수 없는 미래와 우호적이지 않은 현실 때문에 될 듯 말 듯 알 수 없는 세상에 속아 휘둘릴 수밖에 없다고 읊고 있다. 하지만 그는 또한 사람이 뜻대로 되지 않는 현실과 미래로 인해 영원히 속지 않고 세상을 헤쳐 나갈 수 있다고 보았다. 왜냐하면 사람은 세상의 흐름을 따라가는 수동적 존재에 그치지 않고 현실에 도전하여 이길 수 있기 때문이다. 이로써 삶은 뜻대로 될 듯 뜻대로 되지 않는 속임의 연속이 아니라 그러한 속임을 넘어선 희망을 품고 있게 된다.

삶이 그대를 속일지라도
슬퍼하거나 노하지 말라!

우울한 날들을 견디면

믿으라, 기쁨의 날이 오리니.

마음은 미래에 사는 것

현재는 슬픈 것

모든 것은 순간적인 것, 지나가는 것이니

그리고 지나가는 것은 훗날 소중하게 되리니.

(최선 옮김, 「삶이 그대를 속일지라도」 중)

　잘게 나눈 시간의 단위가 아닌 하나로 합친 전체의 단위로 보면, 삶은 끝없는 고난의 연속이 아니라 결국 기쁨의 날을 맞이하게 된다. 기쁨의 날 앞에 있던 우울한 날들은 우울하기만 한 시간이 아니라 소중한 시간이 된다. 따라서 우울할 때 우울감에 갇힐 것이 아니라 우울한 지금이 그 상태로 멈춰 있지 않고 결국 지나가리라고 노래할 수 있는 것이다.

　푸시킨의 시에서 현재 슬픈 것이 영원하지 않고 순간적이며, 결국 지나가게 되리라고 한 것은 애니메이션 〈겨울왕국〉(2013)의 OST 'Let it go'에도 그대로 나타난다.

추위도 나를 괴롭힐 수 없고,

(The cold never bothered me anyway)

참 재미있게도 무시무시한 것도 멀어지면 작게 보이거든

(It's funny how some distance makes

everything seem small ······)

지나가게 내버려둬, 지나가게 내버려둬.

(Let it go, Let it go)

공자처럼 좋아하는 삶을 살았던 김득신

공자도 아무것도 보장되지 않는 삶을 살아가며 미래에 대한 불안을 느꼈다. 공자는 돈을 벌어야 하는 상황에 내몰리고 있었다. 하지만 그는 그런 삶을 피하려고도 하지 않았고 미워하지도 않았다. 오히려 그것이 자신의 운명이라면 그 운명을 달게 받아들이겠다고 선언하며, 시장에서 채찍을 들고 질서를 잡는 일을 하겠다고 했다.

하지만 다르게 살아갈 수 있는 가능성이 1%라도 있다면, 공자는 자신이 좋아하는 삶을 살고자 했다. 자신이 내몰린 삶을 살면 불안과 우울의 늪에 더 깊이 빠져들게 되리라는 것을 알고 있었기 때문이다. '이 상황에서도 시간은 현재에서 미래로 흘러가지만 공자는 끝나지 않는 현재에 머물며 점점 왜소한 존재가 되어간다.' 공자는 자신이 진정으로 좋아하는 일에 몰두함으로써 불안과 우울에서 벗어나 평안과 명랑의 정조를 지켜낼 수 있었다.

공자와 같이 조선시대에도 자신이 좋아하는 일을 함으로써 우려와 불안을 날려버린 인물이 있었는데, 바로 김득신이다. 김득신(金得臣, 1604~1684)은 조선 중기의 인물로 당시 최고의 시인이라는 명망을 얻었다.[2] 그는 공자와 달리 진주목사 김시민(金時敏)의 손자이며 부제학 김치(金緻)의 아들로 소위 "있는 집안" 출신이었다. 하지만 그는 머리가 지독하게 나빠 모든 것이 다른 사람에 비해 뒤처졌다. 한자를 익히고 문장을 짓는 것에도 도통 재능이 없었고 방금 익히고 외운 문장도 돌아서면 잊어버렸다. 집안에서는 김득신에 대한 기대를 접고 양자를 들여 과거에 응시하라고 성화였지만 아버지 김치는 김득신의 노력을 믿으며 기대를 저버리지 않았다.

김득신은 자신의 지능이 떨어진다는 사실을 인정하고 더 많은 노력을 기울이기로 했다. 그의 「독수기(讀數記)」라는 글을 보면 『사기열전』 중 「백이열전」을 11만 3000번 읽었다. 서른여섯 편의 다른 글도 모두 1만 번 이상 읽어서 그 의미를 완전히 터득하게 됐다. 하고자 하는 일에 대한 지독한 노력은 김득신을 불안과 우울로 몰고 갈 수 있는 길을 닫게 만들었다. 아버지의 자식에 대한 신뢰만이 아니라 자기 자신에 대한 믿음이 결국 김득신을 웃게 한 것이다. 이현석(李玄錫)이 쓴 김득신의 「묘갈명(墓碣銘)」을 보면 그의 경험이 다음과 같이 적혀 있다.

> 학문에 힘쓰는 자는, 재주가 다른 이에 미치지 못한다고
> 스스로 선(한계)을 긋지 말라.
> (勉學者, 無以才不猶人自畫也.)
> 이 세상에 나처럼 머리가 나쁜 사람도 없었을 것이지만,
> 나는 결국 이루었다.
> (莫魯於我, 終亦有成.)
> 모든 것은 힘쓰고 노력하는 데 달려 있다.
> (在勉強而已.)

다른 사람의 말이었더라면 자기 자랑을 한다며 예사롭게 넘어갈 수 있다. 하지만 김득신의 말이기에 감동적인 울림으로 다가온다. 방금 외운 것을 기억하려고 하지만 아무것도 생각나지 않을 때 그 참담함, 몇백 번을 읽었지만 그때마다 전혀 다른 글로 여겨질 때 그 멍청함, 이것을 감내하기가 어찌 쉬울 수 있겠는가? 이 참담함과 멍청함을 받아들이고 노력을 한 끝에 김득신은 59세에 과거 급제하고 성균관에 입학했다. 그가 고향 집을 떠나 성균관에 첫 발을 디뎠을 때의 그 벅찬 감동은 푸시킨이 말한 "기쁨의 날"과 같았으리라. 또 공자가 내몰린 삶을 살지 않고 자신이 좋아하는 삶을 살며 느꼈던 즐거움과 같았으리라.

떠밀린 삶을 살면 다수를 따라가니 '나'는 덜 불안하지만 여유가 생길 때마다 뒤를 돌아보며 다른 길을 가지 않았던 나를 부끄러워한다. 이에 반해 좋아하는 삶을 살면 미래를 한 치 앞도 내다보지 못하니 불안하기 그지없지만 충실한 시간을 보내는 만큼 자아의 분열을 겪지 않는다. 공자, 김득신, 푸시킨 이 세 사람은 다른 시대를 살았지만 닮은꼴의 삶을 살아가려고 했던 인물이리라.

02

성근습원

(性近習遠)

본성보다 습관에서
차이가 난다

공자 역시 인생에서 1만 시간의 법칙을 믿었다.
노력으로 빚어낸 '나'야말로 행복의 근원이 된다.

사람은 가려우면 긁고 배가 고프면 먹고 문제
가 생기면 고민한다. 이것은 사람마다 서로 닮은 측면이다. 시험을 치
면 성적이 어떤 이는 높고 어떤 이는 낮으며, 스포츠를 배우면 기량이
어떤 이는 뛰어나고 어떤 이는 뒤떨어진다. 이것은 사람마다 서로 다
른 측면이다. 같은 측면이 있기 때문에 '사람'으로 묶일 수 있지만 다
른 측면이 있기 때문에 차이가 생긴다. 사람은 같은 점으로 인해 공감
과 위안을 느끼지만 다른 점으로 인해 갈등과 고통을 느낀다.

여기서 같고 다른 측면을 함께 고려하면 한 가지 의문이 생기게 된
다. "사람 사이에 왜 차이가 생기는 것일까?" 이는 사회생활을 한 이
래로 인류가 해답을 찾아온 묵은 질문이지만 달리 생각해보면 끊임
없이 되묻는 질문이기도 하다. 이에 대해 유전자, 출신, 재능, 능력, 천

성, 계급, 신분, 학습, 환경, 노력 등 여러 가지 대답이 제시됐다. 이를 정리하면 선천적인 요소와 후천적인 요소로 묶을 수 있다. 유전자, 천성 등이 선천성에 속한다면 학습, 노력 등이 후천성에 속한다. 공자는 습관이 사람을 다르게 빚어낸다고 생각했다.

「양화」
(17.02/453)

공자가 한마디 했다.
"사람들의 본성(경향성)은 서로 엇비슷하지만
습관이 서로의 차이를 만든다."

子曰 : 性相近也, 習相遠也.
자왈　성상근야　습상원야

子曰:　자왈(子曰)에서 자(子)는 공자를 가리키고 왈(曰)은 말하다, 한마디 하다의 뜻이다. 『논어(論語)』는 공자가 제자를 비롯한 당대의 사람들과 나눈 대화들을 수록하고 있기에 공자가 발언자로 등장하는 경우가 많다. 그래서 대부분의 문장은 '자왈(子曰)'로 시작된다. '자왈'은 공자가 말한다는 뜻이지만 오늘날 직접 인용에 사용하는 문장 부호인 큰따옴표(" ")와 같다. 즉, '자왈'은 그 다음의 내용이 공자가 직접 한 말을 그대로 전한다는 표시를 나타내는 것이다.

孔子:　'공자(孔子)'의 이름은 공구(孔丘)이다. 한자 '자(子)'는 다
양한 용례로 쓰인다. 예컨대 자(子)는 자식, 아들, 접미사
로 쓰인다. '자녀(子女)'에서 자는 아들이고, '의자(椅子)'
에서 자는 접미사이다. '공자'의 자는 존칭이다. 제자와
후학들이 공구를 존경하여 가문의 성 '공(孔)' 다음에 '자
(子)' 자를 붙여서 공자라고 부르는 것이다. 맹자(孟子),
장자(莊子)에서 자 자가 쓰이는 것처럼 학문적 성취를 거
둔 사람이라면 누구나 자를 붙여 불렀다. 공자가 살았을
당시는 학자만이 아니라 정치인, 공직자도 자로 불리었
다. 오늘날의 경우 신정근은 '신자'가 되고, 류현진은 '류
자'가 되는 것이다.

性:　성(性)은 본성, 경향성의 뜻이다.

相:　상(相)은 부사로는 서로의 뜻이고 동사로는 보다, 돕다라
는 뜻인데 여기서는 부사로 쓰인다.

近:　근(近)은 가깝다는 뜻으로 멀다는 뜻의 원(遠)과 의미상
으로 반대된다.

習:　습(習)은 익히다, 습관의 뜻이다.

'성(性)'의 어원

'성(性)'은 사전적인 풀이를 넘어서 좀 따져볼 필요가 있다. 편하게
지내던 친구 사이도 문제가 생기면 정색을 하며 "우리 이야기 좀 하

자"라고 하듯이 '성'도 무슨 뜻을 가지고 있는지 살펴볼 만하다. 공자 이후로 동양 철학은 '성'을 중심으로 펼쳐질 정도로 중요한 의의를 가지고 있다.

성은 글자만 보면 어려워 보이지 않는다. 왼쪽의 忄은 마음 '심(心)' 자와 같고, 오른쪽의 '생(生)'은 태어나다, 생기다라는 뜻이다. 이 둘을 합치면 우리는 성이 "마음에서 생기는 것"과 관련이 있다는 것을 알 수 있다. 곡식의 씨앗을 땅속에 심으면 새싹이 땅을 뚫고 모습을 보이는 것처럼 사람이 어떤 일을 겪으면 감정을 느끼기도 하고 고민을 하면 생각이 새록새록 돋아나는 것과 비슷하다. 예컨대 칭찬을 받으면 기뻐하고 사랑하는 사람을 잃으면 슬퍼한다. 이러한 감정이 마음에서 생겨나는 것이다.

이렇게 동양 철학은 마음에서 생겨나는 것이 모두 성이냐 아니냐를 두고 논쟁을 벌였다. 조선시대의 사상계를 뜨겁게 달구었던 이황과 기대승의 '사단 칠정 논변(四端七情論辨)'[3]도 알고 보면 성의 범위를 둘러싸고 벌어진 학술 토론이었다고 할 수 있다.

성(性)은 경향성인가 본성인가

그렇다면 왜 성의 범위를 둘러싸고 논쟁이 벌어졌을까? 그것은 결국 '성의 뜻이 무엇인가?'라는 문제와 맞물려 있다. 성은 크게 두 가지 맥락으로 풀이될 수 있다. 첫째가 경향성이고, 둘째가 본성이다. 경향성은 기울어지는 성향을 나타낸다. 어린아이가 놀이터에서 미끄럼틀을 타려고 계단을 올라가 미끄럼틀 위에 앉아 있는 상황을 상상해보라. 엉덩이가 평평한 곳에 있으면 아이는 미끄럼틀 아래로 내려가지 않는다. 하지만 엉덩이를 비스듬하게 기울어진 면에 걸친 채 손을 놓으면 몸이 어느새 쑥 미끄러져 땅바닥에 있게 된다. 이렇게 미끄러져 내려오는 상황에서는 멈추거나 뒤로 돌아가려고 해도 그럴 수가 없다.

사람의 마음은 온갖 감정을 드러내고 능력을 발휘할 수 있다. 예컨대 사람은 화를 낼 수도 있고 웃을 수도 있고 울음을 터뜨릴 수도 있다. 화를 낸다는 것은 사람이 드러낼 수 있는 감정 중에 화의 상태로 기울어졌다는 것이고, 웃는다는 것은 사람이 드러낼 수 있는 감정 중에 기쁨의 상태로 기울어졌다는 것이다. 화를 내던 사람이 일정한 시간이 지나고 난 뒤에는 기뻐서 웃을 수 있다. 하지만 지금 화를 내고 있는 사람이 동시에 기뻐서 웃을 수는 없다. 이렇게 보면 경향성은 사람이 어떤 상황에 놓이면 드러내는 상태를 말한다. 이러한 경향성은 순전히 개인적인 성향도 있지만 민족과 인종의 집단적 성향도 있다. 예컨대 "길동이는 무슨 일이 생기면 잠수를 타!"라는 말은 개인적 경향성을 나타낸다. "한국 사람은 신바람이 나면 불가능한 일도 해낼 수 있어!"라는 말은 민족적 경향성을 말한다.

본성은 사람을 비롯해서 사물이 가지고 있는 고유한 특성을 가리킨다. 예컨대 소금은 맛이 짜다. 짠맛은 소금의 본성이다. 설탕은 달다. 단맛은 설탕의 본성이다. 따라서 우리는 '짜지 않은 소금'과 '달지 않은 설탕'을 상상할 수 없다. 본래의 성질을 가지지 않는 소금을 소금이라고 할 수 없고 설탕을 설탕이라 할 수 없기 때문이다.

사람도 소금과 설탕처럼 본성을 가지고 있다면, 어떠한 상황에서도 잃을 수 없는 고유한 성질을 가지고 있다는 말이다. 아리스토텔레스가 "사람은 이성적 동물이다"라고 말했는데, 이성이 바로 사람의 본성이 되는 것이다. 하위징아가 『호모 루덴스』에서 "사람은 유희적 동물이다"라고 말했는데, 유희(놀이)가 바로 사람의 본성이 되는 것이다. 맹자는 사람이 잘못을 하면 부끄러워하고 그것을 다시 되풀이하지 않으려고 한다는 '수오지심(羞惡之心)'을 말했는데, 이 수오지심이 사람의 본성이 되는 것이다.

성의 두 가지 풀이는 초점이 다르다. 경향성은 사람이 상황에 따라 가변적으로 반응한다는 점을 나타낸다. 본성은 사람이 어떠한 상황에 놓이느냐에 상관없이 실현해야 하는 가치를 나타낸다. 바로 이런 점 때문에 성의 의미와 범위를 두고 뜨거운 논쟁을 벌였던 것이다.

인류의 영원한 문제

해가 바뀔 무렵이면 사람들은 약속이나 한 듯이 지난해를 돌아보고 새해의 계획을 세운다. 흔히들 12월은 반성하는 달로, 1월은 다짐하는 달로 삼는다. 1월에 세운 계획은 시간이 지나면 지날수록 지키지 못하는 경우가 많아진다. 연초 금연과 다이어트를 시작했다가도 2월이 되면 다시 담배를 피우고 음식을 가리지 않게 된다.

계획은 지키려고 세우는 것인데, 왜 이렇게 제대로 지키지 못하는 것일까? 사실 이 물음은 한 개인만이 겪는 상황이 아니라 유사 이래로 인류가 겪는 공통의 문제이다. 계획을 세워놓고 달성하는 정도에 따라 사람 사이에 차이가 생긴다. 그리고 이러한 차이는 같이 어울리는 사람 사이에 영향을 끼친다.

지금으로부터 2500여 년 전에 살았던 공자도 같은 문제를 고민했다. 공자가 뛰어난 사람이라서 그런 것이 아니라 사람이라면 누구나 겪을 수밖에 없는 문제이기에 고민하지 않을 수 없었다. 공자는 역사와 현실에서 수많은 사람을 만났다. 그 결과 그는 "경향성(본성)보다 습관이 사람 사이의 차이를 만들어내는 결정적인 요인이다"라고 보았다.

유전자는 바탕, 습관은 결정적 요소

이에 대해 누군가는 금방 공자에게 "유전자, 출신, 천성 등 선천적 요소가 사람에게 커다란 영향을 미치지 않을까요?"라고 질문을 던질 수 있다. 그렇다면 유복한 집안에서 태어난 사람과 고아원에서 자란 사람 중 어떤 사람이 더 많은 능력을 계발할 수 있을까라고 묻는다고 가정해보자. 전자라고 대답하는 사람이 많을 것이다. 그것은 결국 후천적인 요소보다 선천적 요소가 사람을 좌우하는 측면이 강하다고 할 수 있다.

여기서 우리는 본성(경향성)과 습관이 사람에게 작용하는 방식에 주목할 필요가 있다. 이 문제를 마라톤 시합에 적용해서 살펴보면 이해가 쉽다. 본성(경향성)은 마라톤 시합의 출발과 초반 상태에 영향을 준다면, 습관(연습)은 마라톤 시합의 중반과 후반 상태에 영향을 준다.

발이 평발인지 키가 큰지 등이 달리기 시합에 영향을 주는 것은 사실이다. 하지만 신체적 조건이 마라톤 성적을 전적으로 결정하지는 못한다. 신체적 조건이 불리한 사람이 그 결함을 극복하고 우승을 차지할 수 있기 때문이다. 동양 선수는 전통적으로 하계 올림픽의 육상, 수영 종목과 동계 올림픽의 스케이팅 종목에서 열세를 면하지 못했다. 그러나 박태환, 이상화, 김연아 등은 신체적 조건은 불리할 수 있지만 결정적인 요인이 아니라는 점을 실증해냈다. 이렇게 보면 경향성(본성)은 사람의 능력을 키울 수 있는 좋은 바탕이지만 습관이 사람의 개성을 살려낼 수 있는 결정적 요인이라고 할 수 있다.

공자를 '공자'로 만든 1만 시간의 노력

공자는 모든 것을 성취한 입장에서 습관의 힘을 강조하는 것이 아니다. 그는 할아버지 같은 아버지와 누나 같은 어머니 사이에서 태어났다. 세 살 때 아버지가 돌아가시자 어머니는 공자를 데리고 오늘날 취푸(曲阜)로 이사를 했다. 공자는 훗날 대학자가 어떻게 일상적이고 잡다한 일까지 잘하느냐고 질문을 받을 정도로 젊은 시절에 닥치는 대로 별별 일을 다 하면서 생계를 유지했다.

이렇게 보면 공자가 경향성(본성)이 아니라 습관의 힘을 강조하는 것은 다른 사람을 관찰한 결과로만이 아니라 자신의 인생에서 길어낸 육성이라고 할 수 있다. 여유롭기보다는 결핍되어 있고 성공을 거두었다기보다 실패를 거듭하는 삶을 살면서도 좌절하지 않고 습관의 힘을 밀고 나갔던 것이다. 흔히 오늘날 성공의 열쇠로 말하는 '1만 시간의 법칙'[4]을 공자 스스로 실증해낸 것이다. 1만 시간의 습관은 공자가 부족하고 결핍된 상태를 초월하게 하는 힘으로 작용했다.

우리는 남의 경험과 성취를 나의 롤 모델로 삼으려는 경향이 있다. 공자도 물론 역사와 현실의 사람들로부터 배운 점이 있지만 그는 자기 스스로 롤 모델이 되었다. 본성(경향성)은 이미 가진 것이기 때문에 사람에게 여유와 방심을 줄 수 있지만 습관은 아직 없는 것이기 때문에 사람에게 분투와 노력의 에너지를 줄 수 있다. 그렇게 생긴 에너지가 습관이 제2의 천성이 되도록 만드는 것이다.

03

불가이위
(不可而爲)

안 되는 줄 알면서 시도하다

실패는 피해야 하지만 혐오해서는 안 된다.
실패도 성공만큼 나를 키운다.

일의 결과를 둘로 나누면 성공 아니면 실패이다. 사람은 성공하기를 바라지 실패하기를 바라지 않는다. 그러나 사람은 실패로부터 완전히 자유로울 수가 없다. 인생에서 실패는 사람의 주위를 늘 어슬렁거리기도 하고 다 된 밥에 재를 뿌리는 격으로 사람을 놀라게 하기도 한다. 그럼에도 불구하고 성공만을 꿈꾼다면 어떻게 될까? 하나하나의 성공이 기쁨을 주겠지만 성공의 노예가 되면 그 의미마저 제대로 즐기지 못하게 될 것이다.

실패는 성공만큼이나 사람을 단단하게 키운다. 실패는 다음에 또 할 수 있는 실패의 가능성을 줄이는 것이다. 그리고 그 과정을 통해 '내'가 지금 하고 있는 일을 더 깊이 들여다보게 된다. 결국 '나'는 자신이 하고 싶은 것에 조금씩 더 다가가서 완전히 하나가 될 수 있다.

따라서 실패는 겪으면 쓰라리고 아프지만 그렇다고 전염병인 양 화들짝 놀라며 멀리 달아날 필요는 없는 것이다.

「헌문」
(14.14/389)

자로가 노나라의 석문에서 하룻밤을 묵었다.

자로가 아침 일찍 일어나 석문의 문지기를 만났다.

문지기가 자로에게 물었다. "어디에서 왔습니까?"

자로가 대꾸했다. "공씨의 문하에서 왔습니다."

문지기가 한마디 했다.

"안 되는 줄 뻔히 알면서도 무엇이든 해보려고 하는 사람 말이지요?"

子路宿於石門.

자로숙어석문

晨門曰: 奚自?

신문왈 해자

子路曰: 自孔氏.

자로왈 자공씨

曰: 是知其不可而爲者與?

왈 시지기불가이위자여

宿: 숙(宿)은 묵다, 머무르다의 뜻이다. 숙은 숙소(宿所), 하숙생(下宿生)의 말로 널리 쓰인다.

晨: 신(晨)은 동이 트기 전의 새벽, 이른 아침을 가리킨다.

奚: 해(奚)는 어찌, 어디의 의문사이다.

自: 자(自)는 스스로, 몸소의 뜻으로 많이 쓰이지만 여기서는
       ~로부터의 뜻이다.

爲: 위(爲)는 공자가 실패에도 불구하고 할 수 있는 일이라면
       무엇이라도 가리지 않고 적극적으로 움직인다는 뜻을 나
       타낸다.

與: 여(與)는 주다, 더불어의 뜻으로 쓰이지만 여기서는 뜻은
       없고 어감을 전달한다. 앞의 기(其)와 뒤의 여(與)는 공자
       가 어떠한 상황에서도 넘어지지 않고 꼭 하려고 한다는
       어감을 나타낸다.

무엇을 어떻게 해야 할까?

오늘날 우리는 산업화의 시대를 거쳐 정보화와 세계화의 새로운
파고를 맞이하고 있다. 이 때문에 우리는 새로운 시대에 맞는 지혜를
찾기 위해 인문학 열풍을 쐬고 있다. 인문학이 기존의 사고를 성찰하
고 새로운 시대를 열어갈 수 있는 생각의 힘을 길러줄 수 있으리라
기대하기 때문이다.

공자는 종족 중심의 사회에서 중앙 집권적 관료 국가가 등장하는 시
대를 살았다. 이로 인해 춘추시대의 개별 국가들은 형제 · 자매의 나라
라는 공통 의식을 저버리고 살아남기 위해 약육강식의 경쟁을 벌였

다. 이러한 상황에서 공자의 고민은 크게 두 가지로 압축될 수 있다.

첫째, 중원 지역의 문화를 전체적으로 바라볼 때 개별 국가의 대립과 갈등 그리고 침략과 약탈을 통제하는 '경찰국가'의 역할을 할 수 있는 천자(天子)의 나라를 세우는 것이다. 둘째, 조국 노(魯)나라의 상황을 고려하면 현실의 힘을 바탕으로 군주의 권력을 위협하고 조롱하는 유력한 세 가문(三家, 계손씨 · 숙손씨 · 맹손씨)의 전횡을 해결하는 길을 찾는 것이다.

둘 중 어느 것 하나 쉬운 일이 없었다. 천자의 나라가 국제 질서를 유지하는 경찰국가의 노릇을 하려면, 당시 사람들이 힘의 우열에 따라 움직이지 않고 공통으로 지켜야 할 가치를 존중해야 한다. 오늘날 미국과 국제 연합은 민주주의, 인권, 정의를 명분으로 개별 국가의 정쟁에 개입하고 있다. 민주주의와 인권이 보편 가치로 간주되고 있는 상황에서 그 가치가 훼손됨으로써 고통받고 있는 사람들을 모른 체할 수 없다는 논리이다.

춘추시대의 경우 천자의 나라가 경찰국가 노릇을 하려면 일방적으로 천자의 지위만을 지키라고 요구할 것이 아니라 서로 지켜야 할 평화, 정의(도리), 호혜 등의 가치를 집행해야 한다. 하지만 천자는 이름만 '하늘(하느님)의 아들'일 뿐 하늘을 대신해서 지상의 세계를 규제할 수가 없었다. 그렇게 하기를 바랄 뿐 그럴 만한 기반이 없었다. 그렇게 해야 한다는 당위성(當爲性)은 있지만 실제로 그렇게 할 수 있는 현실성(現實性)이 없었다.

공자의 조국 노나라 사정도 별반 다를 바가 없었다. 노나라는 명색이 제후의 나라이므로 왕이 국정의 중심을 잡아야 했다. 하지만 실상은 그렇지 않았다. 제후의 지배를 받아야 할 유력 가문들, 예컨대 계손씨 · 숙손씨 · 맹손씨가 노나라의 군권과 토지를 장악하고 있었다. 그 결과 제후는 토지의 1/4만을 관리하고 군권은 행사조차 할 수 없었다. 제후의 지배를 받아야 할 대부(大夫)가 오히려 제후를 지배하는 일이 일어난 것이다. 제도와 규범으로 보면 있을 수 없는 일이 일어난 것이었다. 당연히 지배할 자가 지배하고 지배받을 자가 지배를 받는 상황으로 돌아가야 했다. 비정상의 정상화가 이루어져야 했다.

노나라 제후가 얼마나 무기력한 존재였던가를 알려주는 일화가 있다. 「헌문」에 보면 이웃 제(齊)나라의 진항(陳恒)이 자기 나라의 간공(簡公)을 살해했다. 살인 자체가 범죄인 데다가 신하가 한 나라의 왕을 살해했으니 가만히 넘어갈 일이 아니었다. 공자는 이 소식을 듣고서 목욕재계를 하고 노나라 애공(哀公)을 찾아갔다.(14.22/370)

공자: "제나라 진항이 주군을 살해했습니다. 토벌에 나서야 합니다."
애공: "세 대부의 집안을 찾아서 이야기하시오."

애공은 자신이 아무것도 할 수 없는 현실을 그대로 인정하고 있다. 공자는 비정상의 현실을 바로잡기 위해 '정명(正名)'의 기치를 높이 내걸었다. 사람은 '어버이', '자식' 등의 혈연적 호칭, '과장', '사장', '장관', '국회의원', '대통령' 등의 직무상 호칭 등의 사회적 호칭으로 불린다. 각각의 호칭은 그 호칭에 해당되는 사람을 가리키기도 하고, 또 그 호칭에 어울리는 언행과 역할을 제대로 하리라고 기대하는 규범을 가리키기도 한다.

예컨대 '자식'은 현실의 부모가 낳은 자식을 가리키기도 하고 자식으로서 해야 할 도리를 가리키기도 한다. 따라서 한 사람의 자식이라면 "자식은 자식다워야 한다." 대통령도 마찬가지이다. 선거를 통해 선출된 제몇 대 대통령을 가리키기도 하고 헌법에서 대통령이 수행하도록 규정된 직무를 가리키기도 한다. 따라서 한 사람의 대통령이라면 "대통령은 대통령다워야 한다." 공자는 정명을 통해 현실의 사람과 그 사람이 해야 할 규정 사이의 불일치를 메워야 한다는 점을 요구했던 것이다.

훗날 맹자는 정명에 따라 행동하기를 요구만 할 것이 아니라 요구를 하더라도 하지 못하면 어떻게 해야 될까를 고민했다. 그는 오랜 고민 끝에 '역성혁명(易姓革命)'을 주장했다. 이 주장은 정도전이 조선을 건국하면서 활용하기도 했다. 이렇게 보면 공자는 자신의 시대가 안고 있는 문제를 해결하기 위해 치열한 사고를 했던 것이다.

행복한 고생학

공자가 무엇을 하려고 했는지 이해하려고 하면 『논어』를 읽어보는 것이 가장 좋다. 사람들은 각자 공자에 대해 나름의 이미지를 가지고 있다. 그 중에 가장 널리 알려진 것이 '성인(聖人) 공자'이다. 공자가 동아시아 문명의 기틀을 다졌을 뿐만 아니라 보통 사람과 다른 인격의 높이에 도달했다는 것이다.

다른 하나는 근대에 들어 공자를 초시대적인 영웅이 아니라 '봉건시대의 사상가'로 규정하려는 이미지이다. 특히 1949년 신중국이 수

립된 뒤에 공자를 지나간 역사의 인물로 한정하려는 정치적 의도와 맞물려서 이런 이미지가 많이 퍼지게 됐다. 최근 중국의 국제적 위상이 높아지면서 공자를 '중화주의(中華主義)'의 상징물로 보는 입장이 있다. 중국이 자국의 문화적 위상을 강조하기 위해 공자를 중국적 가치의 대표자로 부각시키고 있는 것이다.

사실 공자에 대한 다양한 이미지는 나름대로 역사적 연원과 시대적 특성을 반영하고 있다. 이론적으로 가능하기 때문에 맞다 틀리다는 관점으로 단정하기가 어렵다. 하지만 이러한 관점은 특정한 시공간에서 태어난 자신의 이상을 실현하고자 꿈꾸었지만 숱한 실패를 맛본 '인간 공자'의 모습을 제대로 전달하기가 어렵다. '성인 공자'의 이미지에 갇히면 공자가 현실의 문제를 풀기 위해 고민하고, 고민 끝에 내놓은 사상이 현실에서 거부당하는 맥락을 설득할 수 없다.

'봉건 사상가 공자'의 이미지에 갇히면 『논어』는 고고학의 오래된 지층과 같다. 과거의 모습을 알 수는 있지만 오늘의 삶과 연결시킬 수 있는 통로가 없어진다. 이러한 관점은 『논어』에서 오늘의 문제를 푸는 비법이 아니라 생각의 실마리를 찾으려는 인문학적 사고를 불가능하게 한다.

공자를 있는 그대로 이해하려면 후대의 관점에서 공자를 바라보는 것이 아니라 공자의 생애를 따라가면서 그가 했던 선택과 주위 사람들의 평가를 들어보는 쪽이 낫다. 어떤 이미지로 포장된 공자가 아니라 아직 요리가 되지 않은 날것 상태의 공자가 사실에 더 가깝기 때문이다. 『논어』와 후대의 기록을 보면 공자를 성인의 이미지로 덧씌우려는 노력도 보이지만 현실의 문제로 고민하는 인간 공자의 담백

한 모습을 그대로 전하기도 한다.

『논어』를 읽다 보면 「미자(微子)」라는 제목이 붙은 제18편을 만난다. 이 편은 나머지 편들보다 성인으로 포장되기 이전 날것 상태의 공자를 만날 수 있다. 당시 사상가들은 공자처럼 세상의 위기를 구할 방략을 가슴에 품고 전국을 돌아다니며 자신의 정견을 펼치는 유세객(遊說客)과 현실 참여를 위험한 일로 보고 산림에 은거하며 자족한 생활을 살아가는 은둔자 그룹으로 나뉘었다. 제18편을 읽다 보면 공자와 은둔자가 우연히 만나 서로 엇갈리는 대화를 나누는 장면이 몇몇 나온다.

장저(長沮)와 걸닉(桀溺)은 산림에서 함께 농사를 지으며 은거하는 인물이었다. 그들은 공자를 만난 뒤 자신들을 '세상을 피해 사는 사람(피세지사辟世之士)'으로 부르고, 공자를 '사람을 가리며 만나는 사람(피인지사辟人之士)'으로 불렀다. 공자가 세상을 구한다고 하면서 여러 사람들을 만나러 다니지만 실상 뜻에 맞는 사람을 고르는 것이라고 비판하는 말이다.

하조장인(荷蓧丈人)은 "사지를 부지런히 놀리지도 않고 오곡이 무엇인지 구분할 줄도 모른다(사체불근四體不勤, 오곡불분五穀不分)"라며 공자를 노골적으로 비꼰다. 공자가 세상을 구하려고 하면서 먹고사는 일에 종사하지도 않고 곡식조차 분간할 줄 모른다고 험담하는 것이다. 『논어』에 나오지 않지만 공자는 심지어 '상갓집의 개(상가지구喪家之狗)'를 닮았다는 말까지 듣는다. 세상을 구하기 위해 돌아다니다 일행과 헤어진 적이 있었는데, 당시 누군가가 공자의 초라한 행색을 보고 한 말이다.

공자와 은둔자는 서로 정치적 지향만이 아니라 삶의 의미가 달랐다. 은둔자의 눈을 통해 공자를 바라보면 공자는 위인과 성인보다는 세상을 좋게 만들기 위해 포기하지 않고 하나의 길을 찾아가는 사상가의 모습이 더 뚜렷하게 드러난다. 아울러 은둔자의 말은 공자를 비판만 하는 것이 아니라 "그만하면 충분하지 않으냐!"라고 위로하는 측면이 느껴지기도 한다. 이처럼 반대자들도 공자를 무시하는 것이 아니라 공감하는 태도를 드러낸다는 점에서 보면, 공자의 고생은 헛되기만 한 것이 아니라 행복한 일면이 있었다고 할 수 있다.

공자의 유언, 그리고 우리가 이어가는 '논어 21편'

『논어』와 후대에서 공자를 평가하는 숱한 찬사와 비판의 말이 많다. 그 중에서 '인간 공자', '역사적 인물로서의 공자'를 가장 잘 드러내는 말을 꼽으라면 "불가능한 줄 알고서 무엇이라도 하려고 한 사람(知其不可而爲者)"이라고 할 수 있다.

공자는 자신이 말했듯이 날 때부터 천재가 아니었다. 알고 싶은 것이 있으면 끊임없이 묻고 도움을 받을 수 있으면 먼 길을 마다하지 않았던 그의 '호학(好學)' 정신이 있었기 때문에 공자가 태어날 수 있었다. 그는 실패를 맛보면 그것으로 인해 좌절하거나 포기하지 않았다. 실패하면 실패한 원인을 찾고 찾아낸 원인을 다시 되풀이하지 않았다. 이런 과정을 통해 '자신'과 '자신이 하고 싶은 이상'이 불리한 여건과 거듭된 실패에도 불구하고 결코 떨어질 수가 없었다. 둘이 떨어진다면 공자의 인생이 한 줌의 의미도 없이 사라지게 되는 것이다.

어떠한 것도 공자를 쓰러뜨리지 못했지만 단 하나가 공자를 무너뜨렸다. 그것은 다름 아니라 '시간'이었다. 아무리 의지가 단단하고 열망이 뜨겁고 호학 정신이 지칠 줄 모른다고 하더라도 죽음만은 피할 수 없었다. 그는 노년에 죽음을 예감하는 듯한 발언을 했다.

　　태산이 무너지는구나,

　　대들보가 쓰러지는구나,

　　철인이 시드는구나!

　　(泰山其頹乎, 梁木其壞乎, 哲人其萎乎!)

　　(『예기(禮記)』「단궁(檀弓)」상)

　공자는 위의 노래를 읊조린 뒤에 병을 얻었다. 그는 다시 자신이 죽은 뒤에 관을 어디에 놓는지에 관한 꿈을 꾸었다. 그리고 7일 만에 세상을 떠났다. 누구보다 세상에 책임을 느끼고 시대를 아파했지만 성공보다 실패로 점철된 인생을 살았다. 하지만 그는 그 인생을 불행하다고 느끼지 않고 "할 수 있는 것을 다하지 못한 것"에 대한 안타까움을 드러냈다.

　지금 전해지는 『논어』는 모두 20편으로 되어 있다. 공자가 죽은 뒤에 그의 후배들은 그의 이상과 가치를 재해석하며 제21편의 『논어』를 쓰려고 했다. 공자는 죽었지만 『논어』는 계속 확장되었던 것이다. 오늘도 마찬가지이다. 그의 이상과 가치가 오늘날에도 공감과 사랑을 받는다면, 『논어』의 제21편이 계속 쓰여질 것이다.

04
온고지신
(溫故知新)

옛것을 익혀서
새것을 알다

과거가 없는 현재는 없다.
과거의 미화나 부정보다 반성이 중요하다.

오늘날 사회 곳곳에서 '새것' 타령을 한다. 회사에서는 "새로운 아이디어가 없느냐?"라고 다그치고, 방송에서도 "새 아이템이 없느냐?"라고 달달 볶는다. 사실 우리가 이렇게 새것을 바라고 찾게 된 것은 그리 오래되지 않았다. 전근대에만 해도 "하늘 아래에 새것이 없다"라는 생각이 널리 퍼져 있었다. 이에 따라 새것은 기이하고 이상하며 비정상적인 것으로 여겨졌다. 다른 것을 찾는 호기심(好奇心)은 기이한 것을 좋아하는 위험한 마음으로 간주됐다.

근대에 이르러 사람이 남과 다른 개성을 추구하면서 새것이 사람의 정체성이자 사물의 특성으로 각광을 받게 됐다. 새것이 화려하게 각광을 받게 되자, 지금까지 있었던 것은 금방 아무런 가치가 없고 낡은 헌것으로 여겨졌다. 이전에 있었던 것을 무시하거나 부정해야 할 대상으로 여기게 됐다. 그렇다면 과연 새것은 어디에서 오는 것일까? 공자는 몸을 앞으로 향하면서도 뒤를 둘러보는 것을 잊지 않았다. 과거는 앞으로 나아가야 하는 출발점이지만 송두리째 부정해야 할 허무가 아니기 때문이다.

「위정」
(02.11/027)

옛것을 익혀서 새것을 뽑아낼 줄 알면,
시대의 스승이 될 만하다.

溫故而知新, 可以爲師矣.
온고이지신 가이위사의

溫: 온(溫)은 데우다, 익히다, 따뜻하다, 원만하다의 뜻이다.

故: 고(故)는 까닭, 이유, 옛, 옛날, 원래 등의 뜻으로 쓰인다. 고(古)가 단순히 시간상으로 오래된 것을 나타낸다면 고(故)는 까닭, 이유를 지닌 이야기를 나타낸다.

可以: 가이(可以)는 능(能)과 함께 ~을 할 수 있다는 가능을 나타내는 보조 동사이다. 영어의 can에 해당된다.

爲: 위(爲)는 가장 일반적으로 하다의 뜻으로 돕다, 이루다 등 여러 가지 뜻으로 쓰이지만 여기서는 되다의 뜻으로 쓰인다.

矣: 의(矣)는 뜻이 없고 종결형 어미로 쓰인다. 보통 주관적
       의사를 나타내는 평서문 등에 쓰인다.

과거의 두 얼굴

사람은 자신 앞에 닥친 문제를 해결하며 살아간다. 기존에 해오던 방식이 아무런 문제를 일으키지 않는다면, 시간을 과거, 현재, 미래로 구분할 생각을 하지 못한다. 과거는 현재를 낳은 어머니로서 현재와 갈등을 일으키지 않는다. 이때 과거가 없다는 것은 현재가 그만큼 빈약하다는 뜻이 된다.

기존의 방식이 현실에 유효하지 않게 되면, 사람은 시간을 과거와 현재로 구분하게 된다. 과거에 통용되던 방식은 더 이상 현재로 쓰이지 않기 때문이다. 이때 과거는 현재의 문제를 푸는 자원이 아니라 문제를 일으키는 원인이 된다. 문제의 자원은 긍정의 대상이 되지만 그 원인은 부정의 대상이 될 수밖에 없다. 이것이 바로 과거의 두 얼굴이라고 할 수 있다.

보통 공자와 유교에 대해 과거의 가치를 무조건 현재와 미래에 되살리려고 하는 복고주의(復古主義)로 보는 경향이 많다. 그러나 온고지신(溫故知新)은 공자가 과거를 현재와 미래를 여는 자원으로 본다는 점을 보여주고 있다. 과거가 그 자체로서 존중되는 것이 아니라 새것을 찾을 수 있는 자원의 보고로 간주되고 있다. 즉, 과거를 그대로 답습하라는 것이 아니라 시대의 상황에 맞게 재해석하라는 것이다.

우리는 온고지신의 실례로 「자한」을 찾을 수 있다.

삼베로 만든 관(모자)이 예에 맞다. 요즘 명주로 만든다. 요즘이 더 검소하므로 대중으로 따라가겠다. 당 아래에서 인사하는 게 예에 맞다. 요즘 당 위에서 인사를 한다. 요즘이 거만하므로 대중과 다르더라도 나는 당 아래에서 인사하겠다.[5]

공자 당시 관(冠)은 사람의 복식에서 빼놓을 수 없는 중요한 부분이었다. 공자는 '검소하다'는 기준에서 관의 재료를 바꾸는 당시의 풍속에 동의했다. 또한 사람이 다른 사람을 방문했을 때 인사하는 자리가 중요하다. 같은 인사라도 당 위에서 하느냐 당 아래에서 하느냐에 따라 호의를 나타내는 방식이 다르기 때문이다. 당시 사람들은 당 위에서 인사했지만 공자는 당 아래에서 하는 인사법을 고수하려고 했다. 인사가 기본적으로 호의를 나타내는 절차인 만큼 상대방에게 '오만하다'는 느낌을 주는 것보다 반긴다는 느낌을 주는 것이 바람직하기 때문이다.

이렇게 보면 공자는 과거의 무게로부터 꽤나 자유로운 사람이었다고 할 수 있다. 그는 과거의 무게에 눌려 한번 정해진 예를 끝까지 고수하는 것이 아니라 시대의 합리적 관점에 따라 과거의 기준을 바꾸고 있다. 공자와 유교는 시간으로 보면 분명 과거의 것이다. 하지만 그것의 가치를 덮어놓고 긍정하거나 부정한다면, 그 자체는 결코 바람직한 자세라고 할 수 없다.

우리가 현재와 미래를 지금보다 더 자유롭고 정의로운 사회로 만들려고 한다면, 지금까지 있었던 모든 가치와 이념에서 미래의 자원을 길어내야 한다. 그렇게 하려면 문제를 푸는 자원과 문제를 일으키는 원인이라는 과거의 두 얼굴을 잘 갈라내려는 객관적이고 공정한 태도를 가져야 한다.

모든 것은 유교 탓이다

정도전과 이성계는 조선을 유교 국가로 만들고자 했다. 조선은 일본, 청과 잇달아 전쟁을 벌이며 망국의 위기에 이르렀지만 국가 개조를 통해 18세기에 영조와 정조의 치세를 이루었다. 하지만 세도 정치가 시작되면서 조선과 대한제국이 서세동점의 상황에 능동적으로 대응하지 못하다가 결국 일본의 식민지로 전락하고 말았다. 여기서 많은 사람이 망국의 원인을 유교에서 찾았다.

그 이후에도 한국에 좋지 않은 일이 생길 때마다 그 원인을 유교로 돌렸다. 예컨대 정경유착으로 인해 대형 부패와 비리 사건이 터질 때도 유교가 원인이라는 진단이 나왔다. 또 최근 세월호 참사에서 많은 사망자가 생긴 원인을 유교로 보는 주장이 있다.

한반도에서 일어나는 모든 부정적인 현상의 원인을 유교로 돌리는 주장이 타당한 것일까? 한 사회에 부정적인 현상과 사건이 발생했을 때 그 원인을 정확하게 진단해야 불행한 일을 되풀이하지 않을 수 있다. 엉뚱한 원인을 찾아놓고 실컷 분풀이를 한다면, 감정의 위로를 받을 수는 있지만 앞으로도 이전의 실패가 반복되는 것을 피할 수 없다.

이념과 가치는 사람의 판단, 선택 그리고 행위에 결정적인 영향을 끼친다. 이념은 "무엇을 해야 하는가?"를 판정하는 기준으로 작용하기 때문이다. 이런 측면에서 보면 유교가 조선과 대한제국의 망국을 초래한 원인이라고 할 수 있다. 그런데 사람은 기존 이념과 가치를 충실하게 지킬 수도 있지만 새로운 상황이 나타나면 그에 따라 새로운 이념과 가치를 세울 수 있다. 새로운 이념을 세우는 것은 전적으로 그 시대를 살아가는 사람들의 책임이라고 할 수 있다. 사람은 기존 이념의 노예가 되어 새로운 변화를 완강하게 거부할 수도 있지만 기존 가치를 부정하고 새 시대를 창조할 수도 있다.

지금 우리는 유교의 나라를 만들려고 했던 조선과 대한제국을 뛰어넘어 민주 공화국의 시대를 살고 있다. 이 변화는 우리가 19세기의 역사적 경험을 살려서 20세기 중반에 선택한 결과이다. 따라서 현대 사회에서 일어난 사회적 부정과 비리 그리고 중대한 사건 사고의 원인을 과거의 이념에서 찾을 수는 있겠지만 정확한 원인과 결과의 규명이라고는 할 수 없는 것이다. 과거의 이념, 즉 유교가 오늘날 문제의 원인이라면 우리는 모두 이념의 노예라는 이상한 결론에 이르게 된다.

오히려 정책적 결정을 내리고 그 결정의 잘잘못을 가리지 못한 구체적인 사람이야말로 불행한 사건과 정책적 파국의 원인이라고 할 수 있다. 이런 관점에서 보면 유교가 모든 일의 원인이라는 주장은 오늘날 일어나고 있는 사건과 실책의 원인을 정확하게 찾지 못하고 엉뚱한 대상으로 떠넘기는 '희생양(scapegoat)' 찾기 놀이라고 할 수 있다. 희생양 놀이는 사건과 실책으로 인한 고통을 겪고 있는 사람에게 위안을 안겨줄 수 있겠지만, 원인을 잘 밝혀서 제대로 된 대책을 찾아 과거의 잘못을 되풀이하지 않도록 하는 데에 아무런 도움을 주지 못한다.

역사 허무주의를 피하자

김경일 교수가 『공자가 죽어야 나라가 산다』(1999)라는 책을 펴내서 베스트셀러가 된 적이 있다. 당시 우리는 국가 부도 사태를 당해서 일찍이 유례가 없었던 고통의 긴 터널을 지나고 있는 중이었다. 이때 김경일 교수의 책이 나오자 우리가 지금 당하는 고통이 모두 유교에서 왔다는 주장이 널리 퍼지기 시작했다.

이 책은 가부장 문화를 심화시켜서 여성을 억압하고 기성의 권위를 강조하여 자유로운 상상력을 죽이고 중화의식을 내면화시켜서 속국 의식을 벗어나지 못하게 하는 원인을 공자와 유교에서 찾았다. 이를 '공자 바이러스'라고 명명하기도 했다. 이러한 판단에 따르면 공자는 지금 우리를 괴롭히고 못살게 구는 모든 원인의 원인이니 죽이지 않을 수가 없었다.

김경일 교수의 책은 부분적으로 신선한 제안을 담고 있지만 그 도발적인 주장으로 인해 제안의 가치를 스스로 떨어뜨렸다. 특히 모든 부정적 현상의 원인을 공자에게 돌리는 단순한 환원론은 전혀 과학적이지도 않다. 일시적으로 거대한 공자를 공격하는 시원한 느낌을 느낄 수는 있지만 금방 잘못된 공격으로 인해 치명적인 반격을 받지 않을 수가 없다.

오늘날 공자는 조선시대에 누렸던 '성인(聖人)'과 '만인의 스승'이라는 절대적이며 독존적인 지위를 누릴 수 없다. 그의 말이 현대 사회가 당면한 문제를 풀 수 있는 유일하고 절대적으로 옳은 가치가 될 수 없기 때문이다. 그렇다고 공자와 유교로 인해 일구어온 역사와 그 자취를 송두리째 부정하는 허무주의자의 자세를 취해서는 안 된다.

온고지신(溫故知新)의 온(溫)은 기존에 있는 것을 데우는 것이다. 일상적인 예를 들자면 집에 돌아와 밥솥에는 밥이 없고 냉장고에 찬밥이 남아 있을 때가 있다. 찬밥을 전자레인지에 데우기만 하면 새 밥과 같이 먹기 좋은 밥이 된다. 사고 활동에 견주면 온은 기존에 있던 생각을 화학적으로 재결합하여 달아오르게 만드는 작업이다. 기존의 사고 패턴에 따르지 않고 새로운 방식으로 생각들을 새롭게 조합하고 조작하는 과정을 통해 이전에 없던 아이디어가 툭 튀어나온다.

온고지신은 자신에게 있던 것을 전부 내다버리거나 쳐다보지 않고 남의 것을 기웃거리는 것이 아니라 상상력과 사유의 조작을 통해 이미 나에게 있는 것을 다른 방식으로 재조합하여 사고의 새 길을 여는 과정이다. 요컨대 온고지신은 나를 익숙한 방식이 아니라 낯선 방식으로 만나는 대화라고 할 수 있다.

05

인능홍도
(人能弘道)

사람이 길을 넓힐 수 있다

점이 모여서 선이 된다.
선이 모여 입체의 삶이 된다.

　　　　　무슨 일을 하든 간에 처음에는 떨리고 긴장이
된다. 학교 입학하는 날, 회사 첫 출근하는 날, 결혼식 날, 승진한 날
이면 기분은 좋지만 앞으로 일을 잘해낼 수 있을까 걱정이 앞선다. 자
칫 첫날 실수라도 하면 쥐구멍에라도 숨고 싶어진다. 내가 투명 인간
이 되어 아무도 나를 보지 못했으면 얼마나 좋을까라는 상상을 하기
도 한다. 내가 실제의 크기보다 작은 점과 같은 존재로 여겨진다.

　그러나 시간이 지나고, 실수하며 배우는 과정 등을 통해 처음에는
낯설었던 일들이 조금씩 익숙해져 간다. 처음에 했던 실수를 떠올리
며 '그땐 왜 그렇게 했을까?'라며 스스로 의아해하기도 한다. 하지만
시키는 일을 잘하게 되어도 다시 또 다른 새로운 일을 해보라고 하면
여전히 두렵다.

나는 점에서 선과 같은 존재로 성장했지만 여전히 부족하다고 느낀다. 한 가지 일을 10년 정도 하게 되면 베테랑이 된다. 무슨 일이 생겨도 당황하지 않고 일을 척척 처리한다. 선에서 입체와 같은 존재가 된 것이다. "점에서 선을 거쳐 입체로의 성장"은 내가 다른 누군가의 지시 없이 스스로 할 수 있는 능력이며 실력을 키워낸 것이다. 내가 나아갈 길은 그렇게 생겨난다.

> 「위령공」
> (15.29/424)

사람이 길을 넓혀가지,
길이 사람을 넓힐 수 없다.

人能弘道, 非道弘人.
인능홍도 비도홍인

能: 능(能)은 영어의 can처럼 잘하다, 할 수 있다라는 보조 동
      사로 쓰인다.
弘: 홍(弘)은 넓다, 넓히다의 뜻이다. 홍익인간(弘益人間)에서
      홍(弘)은 널리의 뜻이다.
道: 도(道)는 길, 이치, 근원, 말하다, 이끌다의 뜻이다. 흥미
      롭게도 도(道)의 다양한 의미는 길을 중심으로 모두 연결
      되어 있다. 길은 사람으로 하여금 출발지에서부터 목적

지로 나아가도록 이끌어간다. 길 자체가 말을 하지는 않
는다. 그러나 길이 있다는 것은 길을 따라가면 무엇이 나
온다는 것을 알려준다고 할 수 있다. 길을 따라가면 목적
에 이를 수 있고, 올바른 삶을 살아갈 수 있다면 그 길은
내 삶의 이치라고 할 수 있다. 이런 측면에서 보면 한자
도(道)는 한국어 길의 의미와 완전하게 일치된다고 할 수
있다.

非:　　비(非)는 아니다, 등지다, 거짓, 비난하다의 뜻이다.

신채호의 '노예 정신' 비판

루쉰(魯迅)과 신채호(申采浩)는 함께 거론되지 않지만 의외로 많은
공통점을 가지고 있다. 일단 두 사람은 조국이 외세의 침략을 받아 망
국의 위기 또는 망국으로 이어지는 시대를 살았다. 즉, 두 사람은 서
양 제국주의가 동아시아로 쳐들어오는 서세동점의 상황을 목격했
을 뿐만 아니라 근대의 일본이 급성장하면서 동아시아의 맹주로 등
장하는 역사를 생생하게 경험했다. 그 결과 두 사람의 생애는 루쉰
(1881~1936)이 신채호(1880~1936)보다 1년 늦게 태어난 것을 제외
하면 같은 해 세상을 떠났다.

그들은 비통에 빠져 한탄하며 시간을 보내지 않았다. 두 사람은 조
국이 외세의 침략에 맥을 못 추고 멸망의 위기로 빠져드는 원인을 찾
아내고자 했다. 그 결과 두 사람은 약속이나 한 듯이 조국 사람들이
'노예 정신'에 빠져서 주체적으로 미래를 개척하지 못한다는 점을 지

적했다.

　루쉰은 신해혁명 이후 새로운 시대가 열리지 못하고 구습을 닮아 가는 시대의 한계를 『아Q정전(阿Q正傳)』에 그려내고 있다. 『아Q정전』은 명색이 소설의 주인공이지만 정확한 이름이 무엇인지도 모르는 사회 최하층 날품팔이꾼 '아Q'의 이야기를 전기 형식으로 쓴 소설이다. 아Q는 시류에 따라 자신의 역할을 갈아입으려고 하지만 결국 아무런 정체성 없이 시대에 끌려다니다가 도둑으로 몰려 총살된다. 아Q는 참담하게 실패했음에도 "내가 봐줘서 졌다"는 식으로 자신을 위로하며 실패를 정면으로 바라보려고 하지 않는다. 루쉰은 이를 '정신 승리법'으로 명명하며 사람들에게 조국의 멸망이 머지않았음을 경고하려고 했다.

　신채호도 조선과 대한제국이 일본 군국주의의 세력 앞에 속절없이 멸망의 길을 걷는 상황에 통탄을 금할 수 없었다. 하지만 그는 나라가 망하더라도 그 나라의 정신마저 망한 것은 아니라고 보았다. 나라의 정신을 잃지 않는다면 형체로서의 나라는 얼마든지 되찾을 수 있다고 보았다. 이 때문에 그의 『조선 상고사』의 집필은 필연적이라고 할 수 있다. 역사를 통해 나라의 정신이 어떻게 형성되어 유지 발전되었는지 밝혀야 망국 이후에도 잃지 않아야 할 정신의 정체가 뚜렷해지기 때문이다.

　아울러 그는 조선의 정신을 탐구하면서 망국의 원인이 자신의 사상을 스스로 일구어내지 못한 노예성에 있다고 보았다.

　　우리나라에 부처가 들어오면 한국의 부처가 되지 못하고 부처의 한국이 된다. 우리나라에 공자가 들어오면 한국을 위한 공자가 되지 못하고 공자를 위한 한국이 된다. 우리나라에 기독교가 들어오면 한국을 위한 예수가 되지 못하고 예수를 위한 한국이 되니 이것이 어쩐 일이냐? 이것도 정신이라면 정신인데 이건 노예 정신이다. 자신의 나라를 사랑하려거든 역사를 읽을 것이며, 다른 나라 사람에게 나라를 사랑하게 하려거든 역사를 읽게 할 것이다.

(「낭객(浪客)의 신년만필(新年漫筆)」)

신채호의 주장은 지금 읽어도 여전히 한국의 사상계를 향한 유효한 비판이다. 해외의 학술계에 새로운 사조와 학설이 대세를 이루면, 우리나라의 학술계는 너도나도 할 것 없이 해외의 선진 학술을 수입하여 전파하느라 열을 올린다. 1997년 국가 부도 사태, 2014년 세월호 참사는 망국의 상황에 비할 수는 없지만 결코 가볍게 볼 수 없는 심각한 사회적 현상이다. 이런 현상이 되풀이되고 있지만 아직까지도 그 원인을 분석하여 대안을 내놓지 못하고 있다. 신채호가 오늘의 한국을 찾아온다면, '형태의 나라'를 찾았을지 모르지만 '정신의 나라'를 세우지 못했다고 통탄할 것이다.

인생에는 답이 없다

인문학 열풍이 불면서 정부와 자치 단체만이 아니라 공공 기관과 기업에서 인문학 강연을 많이 가진다. 강연을 하고 나면 자연스레 질의응답의 시간으로 이어진다. 질문은 대체로 두 가지 유형으로 구분

된다. 하나는 강연에서 더 깊이 다루지 못한 내용을 더 알고자 하는 유형이 있고, 다른 하나는 강연의 내용을 개인의 상황으로 끌어가서 자신의 문제 상황을 어떻게 풀 수 있는지 묻는 유형이 있다.

전자는 보충 설명을 하면 납득이 되지만 후자는 답변을 해도 선뜻 이해하기가 어렵다. 왜 후자의 경우는 질문과 답변을 해도 만족스러운 반응을 보이기가 어려운 것일까? 인생에는 답이 없기 때문이다. 모든 학문은 정도의 차이가 있지만 추상적인 특성을 가진다. 어떤 한 경우에만 해당되는 것이 아니라 일반적인 상황에 해당되는 이야기를 하려고 하기 때문이다.

예컨대 취업을 준비하는 사람이 성공한 샐러리맨에게 "어떻게 하면 취업을 할 수 있을까요?"라고 질문을 했다고 하자. 여기에 "무슨 직종을 하고 싶은지 미리 정하라!"라고 조언을 할 수 있다. 이 대답은 분명 유효한 팁일 수 있지만 아직 하고 싶은 것이 없는 사람에게는 별다른 도움이 되지 않는다. 또 "국내만이 아니라 해외 취업에 눈을 돌려라!"라고 조언을 할 수 있다. 이 대답도 바늘구멍보다 작은 국내 취업 시장의 문을 인정하고 다른 곳에서 기회를 찾으라는 점에서 그럴 듯한 방안이지만 외국 생활을 꿈에도 생각하지 않는 사람에게는 아무런 소용이 없다.

개인의 취업만이 아니라 행복과 불행, 인간관계, 미래는 중요한 문제이다. 누군가에게 질문을 하면 어느 정도 실마리를 잡을 수는 있지만 어느 것 하나 속 시원하게 답을 얻을 수는 없다. 내 상황에 꼭 들어맞는 답을 찾으려면 강연이 아니라 솔루션이나 컨설팅을 하는 전문가를 찾아야 한다. 그렇게 전문가를 찾는다고 해도 결국 최종 결정은 내가 내려야 한다.

방송만 틀면 각종 건강 정보가 쏟아지지만 내 몸에 맞는 비법은 내가 찾아야지 누가 권하는 것으로는 충분하지 않다. 외부인은 나를 알려고 해도 한계가 있지만 나는 설명하지 않아도 자신을 잘 알고 있다. 따라서 제한된 정보에서 답을 찾는 외부인보다 모든 것을 알고 있는 내가 나의 문제를 푸는 최고 전문가라고 할 수 있다. 내가 살면서 풀고자 하는 질문은 다른 사람이 아니라 스스로 답을 찾아야 한다. 이렇게 내가 문제를 내고 답을 찾아가는 것이 바로 나의 인생을 수놓은 무늬가 되는 것이다.

고통의 인문학

인문학은 여러 가지 특징을 지니고 있다. 인문학은 지친 사람을 위로해주고 헤매는 사람에게 길을 보여주고, 미래의 이상적 삶을 기획하며 사회의 부조리를 비판하는 다양한 특성을 가지고 있다. 하지만 인문학은 특정한 영역의 솜씨를 길러주는 기술이 아니라 자신의 삶을 개척할 수 있는 힘을 길러 인격을 갖추게 하는 배움이다. 이러한 의미는 교양으로 번역되는 영어의 'culture'가 원래 경작하다의 뜻이고, 독일어의 'Bildung'은 꼴을 갖춘다의 뜻이라는 점에서도 잘 드러난다.

땅에 농사를 지으려면 적합한 자연 환경만큼이나 인간의 노동이 필수적이다. 손을 대지 않으면 땅에 풀이 우거져서 수확을 할 수 없다. 따라서 농사는 곡식의 성장을 방해하는 요인에 대항해서 사람이 가꾸는 만큼 수확할 수 있다. 사람도 자신의 삶에 불리한 여건에 굴복하지 않고 이겨내는 만큼 성취를 이루게 된다. 이 성취가 바로 '나다움'을 키워내는 과정인 것이다. 이것은 사람마다 별다른 차이가 보이지 않던 유아기와 달리 청소년 시기를 거치면서 점차 신체적 꼴만이 아니라 정신적 모습을 드러내는 것과도 같다. 이것이 바로 꼴을 갖춘다는 형성(形成)이라는 말의 뜻이기도 하다.

이렇게 보면 인문학은 결국 내가 앞으로 나아가려고 해도 나가지 못하는 고통 상황에 놓여 있다는 것을 전제한다. 내가 지금까지 쌓은 지성으로 문제를 풀려고 해도 나아갈 바를 모르는 것이다. 그리고 내가 지금까지 익숙하고 편하다고 느끼던 것을 낯선 것처럼 바라보며 앞으로 계속 그렇게 느낄 수 있는지 자신에게 근거를 묻는 작업이기도 하다. 따라서 철학을 비롯해서 인문학을 하려면 골치가 아픈 것은 사실이다. 하지만 골치 아픈 일은 아프기만 한 것이 아니라 성장을 위한 통증이다.

잘나가던 프로 운동선수가 더 이상 골을 넣지 못하고 더 이상 안타를 치지 못한다. 우리는 이를 흔히 슬럼프라고 한다. 대개 슬럼프에 빠진 선수들은 지금까지 자신의 것이라고 생각했던 것을 철저하게 다시 생각하고 기본으로 돌아가려고 한다. 익숙한 것을 그대로 가지고 간다면 슬럼프에서 벗어날 수 없다. 익숙한 것을 버리는 것 자체가 고통이다. 이미 내 몸에 착 달라붙어 있고 내 정신에 깃들어 있는 삶의 습관을 버려야 하기 때문이다.

인능홍도(人能弘道)는 고통의 인문학을 표현하는 말이다. 사람은 지성과 의지에서 한계를 가질 수밖에 없지만 그 한계를 넘어서려는 고통을 치르면서 자신이 걸어왔던 지금의 좌표를 조금 더 앞으로 밀어낼 수가 있다. 그것이 바로 길을 넓힌다는 홍도(弘道)이다.

전쟁 영화에서 부상을 당한 병사가 숨이 턱턱 막히는 고통을 이겨내며 앞으로 한 걸음 한 걸음 나아가서 아군을 만나는 장면을 연상해 보라. 육체와 정신의 고통은 병사로 하여금 그 자리에 식물처럼 "꼼짝하지 마라!"라고 유혹하지만 그것은 고통에 순응하여 죽음을 맞이하라는 소리에 불과하다. 유혹에도 불구하고 꼼짝하는 만큼 사선(死線)을 뒤로하고 생선(生線)을 잡아당기게 된다.

"인능홍도"는 공자가 평생 고통을 이겨내 온 자신의 자취를 대변하는 말이기도 하고 다음 사람들에게도 삶에 대한 분투를 권하는 말이기도 하다.

Learning

2강

배움

나에게 없는 것을 있게 하는 사건

2강에서는 삶에서 갖는 배움의 의미를 살펴보고자 한다.

사실 우리는 과잉 학습의 시대를 살아가고 있다. 대학에 들어가고 자격증을 따고 면허증을 받기 위해 필요할 때마다 쉬지 않고 배운다. 이렇다 보니 배움에 대한 신선한 감동을 느끼기보다는 시큰둥한 반응을 보인다. "도대체 또 뭘 배워야 한다는 거야?"

우리는 단군 이래 최고와 최대의 학력(學歷) 사회를 살아가고 있다. 그렇다면 우리는 모든 일이 술술 풀려서 최고로 행복한 삶을 살아가고 있는가? 그렇지 않다. 무슨 일만 생겨도 어찌할 줄 몰라 우왕좌왕, 허둥지둥하다가 골든타임을 놓쳐버린다. 지나고 나서 "제대로 배워둘걸!"이라고 후회하지만 이미 때는 늦은 뒤이다.

배움은 결코 수학 문제를 푸는 것에 한정되지 않고 돈을 버는 비법에만 제한되지 않는다. 배움은 자신의 힘으로 홀로 우뚝 살아갈 수 있는 능력을 키우는 것이다. 즉, 어떠한 상황에 놓여도 무너지지 않고 버틸 수 있는 야생 능력을 갖고, 어떠한 일을 하더라도 더 잘하는 길을 찾는 탐구 정신을 갖는 것이다.

이렇게 야생 능력과 탐구 능력을 발휘하면, 우리는 설사 정답이 없는 사태를 마주하게 되더라도 살길을 찾게 된다. 이렇게 보면 배움은 지금

나에게 가능성(씨앗)으로만 있던 것을 나중에 현실로 이루는 과정이다. 즉, 과거와 현재에서 미래의 나를 찾아가는 여정이라고 할 수 있다. 그렇게 만난 나는 또 현재의 나가 되어 앞으로 주역이 될 새로운 나를 찾으려고 할 것이다.

배움은 똑같은 것을 몇 번이고 되풀이하는 것을 포함하지만 그것만이 아니라 배워본 적이 없는 것을 찾는 것까지 포함한다. 또한 배움은 자리를 차지하고 앉아서 타인으로부터 들으려고만 할 것이 아니라 내 안에서 아주 조금 모습이 드러난 새싹을 활짝 피우도록 이끌어내는 과정이다. 이로써 배움은 부족하기에 불편하고 모자라기에 주눅이 들었던 나를 충분히 채워가게 만드는 창조의 과정이라고 할 수 있다.

<table>
<tr>
<td>

06

호지불여락지

(好之不如樂之)

</td>
<td>

좋아함을 넘어 즐김으로

몰입하는 사람이 아름답다.
몰입은 삶의 권태와 고통을 넘는 힘이기에.

</td>
</tr>
</table>

사람은 무슨 일을 시작해서 끝까지 매듭을 짓기가 어렵다. 책을 사도 끝까지 읽기가 어렵고, 연초에 금연과 다이어트 등 여러 가지 결심을 해도 중도에 그만두기가 쉽다. 그래서 '처음은 있지만 끝이 없다'는 '유시무종(有始無終)'이라는 말이 널리 쓰이고 있다. 무언가를 시작할 때는 누구나 다들 '처음도 있고 끝도 있다'는 '유시유종(有始有終)' 또는 '유종지미(有終之美)'의 주인공이 되려고 마음먹었을 것이다.

일을 끝까지 하려고 했지만 도중에 그만두는 이유를 대라면 참으로 많을 것이다. "사정이 바뀌었다", "마음이 달라졌다", "건강이 나빠졌다", "근무 여건이 조정됐다", "생각하지 못했던 일이 생겼다" 등등 사람마다 자신의 까닭을 내놓을 것이다. 공자도 자신이 가던 길을 중도에 포기하고 싶은 생각이 들지 않았을까? 지금까지 걸어왔던 길이 억울해서 그냥 앞으로 갔던 것일까? 아니다. 그는 한순간도 멈출 수 없는 에너지를 품고 있었기에 그만둘 수 없었다. 그렇다면 그 힘은 도대체 어디에서 오는 것일까?

「옹야」
(06.20/141)

무엇을 아는 것은 좋아하는 것만 못하고,
무엇을 좋아하는 것은 즐기는 것만 못하다.

知之者不如好之者,
지지자불여호지자
好之者不如樂之者.
호지자불여락지자

知: 지(知)는 알다, 느끼다, 깨닫다라는 뜻이다.

之: 지(之)는 가다라는 동사로 쓰이지만 여기서는 타동사의 목적어를 나타내는 대명사이다. 이 대명사는 특정한 대상이 아니라 불확정한 대상을 가리킨다.

者: 자(者)는 사람, 놈, 것의 뜻으로 쓰이지만 여기서는 명사절을 이끄는 용례로 쓰이고 있다.

樂: 樂은 음이 세 가지나 된다. 음악, 풍류의 뜻으로 쓰이면

'악'으로 읽고, 즐기다의 뜻이면 '락'으로 읽고, 좋아하다의 뜻이면 '요'로 읽는다. '요'는 많이 쓰이지 않고 오로지 '요산요수(樂山樂水)'의 용례에만 쓰인다.

'좋아함'과 '즐김'은 어떻게 다를까?

누구나 한번쯤 들어봄직한 공자의 이 글귀에 대해 한 가지 의문이 떠오른다. "좋아하는 것과 즐기는 것 사이에는 별 차이가 없는 게 아닌가?" 따라서 이 글귀에서 앞부분은 타당하지만 뒷부분은 불필요한 것으로 보인다. 옛날 주석가들도 이런 의문을 품었던 모양이다. 그들도 다들 좋아하는 것과 즐기는 것의 차이를 밝히고자 했다. 그 중 한 사람의 사례를 소개하면 다음과 같다.

북송(北宋) 시대의 학자 장식(張栻, 1133~1180)은 곡식을 먹는 것에 비유하여 설명하고 있다.

> 곡식에 비유하자면, 아는 사람은 어떤 것이 먹을 수 있는지 식별할 수 있다.
> (譬之五穀. 知者, 知其可食者也.)
> 좋아하는 사람은, 어떤 것을 먹고서 입맛에 맞는 것을 찾을 수 있다.
> (好者, 食而嗜之者也.)
> 즐기는 사람은, 입맛에 맞는 것을 찾아서 배불리 먹을 수 있다.
> (樂者, 嗜之而飽者也.)
> (『논어집주(論語集註)』)

장식의 풀이는 나름 일리가 있다. 일단 제주도의 고사리갈치조림이나 인도의 난(naan) 등 어떤 음식이 있다는 사실을 알아야 먹어도 볼 수 있다. 음식이 있다는 것을 알아도 먹어보지 않으면 입맛에 맞는지 알 수 없다. 많은 음식을 먹어보고서 그 중에 어떤 것이 먹을 만한지 나누게 된다. 그렇게 먹을 만한 음식의 메뉴가 정해지더라도 그 중에서 즐겨 찾는 것이 생긴다. 어떤 음식을 즐기게 되면 어떤 상황에서 그 음식을 먹으려고 하게 된다. 그것을 먹지 못하면 음식을 먹어도 먹지 않은 느낌이 드는 것이다.

장식의 풀이에 바탕을 두면 지(知), 호(好), 락(樂)은 공통점을 가지고 있으면서도 '나'와 밀착도에서 차이가 난다. 지(知)는 '나'와 일정한 거리를 두고서 그것의 객관적 특징을 찾아내는 것이다. 즉, 이름과 존재를 아는 것에서부터 여러 가지 특성을 알아차리는 것이다. 예를 들어, '컴퓨터'라는 사물이 있다는 것을 알고 그것으로 무엇을 할 수 있는지 아는 것이다. 현대인이 아니라면 컴퓨터가 있다는 것을 안다고 하더라도 좋아한다거나 즐긴다는 반응이 생길 리가 없다.

호(好)는 지를 바탕으로 하여 일정한 방향성이 생긴 것이다. 무엇을 좋아하는 호는 '내'가 그것과 가까이 있으려고 하고 그것의 가치를 긍정하는 마음의 움직임이다. 그 반대도 있다. 싫어하는 오(惡)이다. 오는 그것과 멀리 떨어져 있으려고 하고 그것의 가치를 부정하는 것이다. 스마트폰 신제품이 나올 때마다 사려고 애쓰는 사람이 있고 대수롭지 않게 여기는 사람이 있다. 전자는 지금 쓰고 있는 스마트폰에 만족하지 못하고 신제품을 좋아하기 때문에 무리를 해서라도 내 것으로 만들려고 한다. 반면 후자는 신제품을 그다지 좋아하지 않기 때문에 굳이 가지려고 하지 않는다.

락(樂)은 '내'가 그것과 늘 같이 있으려고 하고 그것과 함께 있으면 편안하고 유쾌한 감정을 느낀다. 반대로 그것이 없으면 '나'는 허전하게 느낀다. 이런 점에서 즐기는 락과 좋아하는 호의 차이가 있다. 좋아하는 호는 언젠가 싫어하는 오로 변할 가능성을 부정하지 않는다. 물론 이런 변화는 뚜렷한 이유가 있을 수도 있고 '그냥'으로 말할 때처럼 별다른 이유가 없을 수도 있다. 락은 반대 상태로 바뀔 수 없다. 즉, 락은 그 자체로 만족스러운 것이라고 할 수 있다.

작심(作心)과 기심(起心)의 차이

우리는 무엇을 해야 한다는 사실을 알고 있으면서도 선뜻 몸을 일으켜서 시작을 하지 못하는 경우가 있다. 시험공부를 하려고 하는데 엄마가 "시험이 코앞인데 여태 뭐하고 있느냐?"라고 한마디 하면 공부하려던 마음이 저 멀리 달아나버린다. 여기서 '내가 무엇을 하려고 스스로 일으키는 마음'과 '외부의 요인에 의해 강요를 받아서 먹게 되는 마음'의 차이가 중요하다. 전자가 '기심(起心)'이고 후자가 '작심(作心)'이다.

작심(作心)은 글자 그대로 마음을 만든 것이다. 이전에 없던 마음을, 어떤 일을 계기로 새롭게 먹는 것이다. 예컨대 중간고사에서 시험을 망친 학생이 집에 돌아와 부모님의 꾸중을 듣고는 "다가오는 기말고사에서 좋은 성적을 거두어야지!"라고 결심을 했다고 하자. 학생은 원래 좋은 성적에 대한 마음이 없었는데, 부모님의 질책을 듣고서야 비로소 그런 마음을 가지게 된 것이다. 여기서 우리는 왜 작심이 삼일과 연결되어 "작심삼일(作心三日)"의 말이 생겨났는지 그 의미 맥락을 이해할 수 있다.

작심은 원래부터 '내'가 스스로 그런 마음을 가진 것이 아니라 외부의 개입에 의해 억지로 또는 강제로 그런 마음을 가지게 된 것이다. 따라서 외부의 개입이 강하지 않으면 작심은 언제든지 그만둘 수 있는 가능성을 지니고 있는 셈이다. 작심삼일은 이처럼 끝까지 지속되지 못하고 도중에 그만둘 수 있는 가능성을 나타내는 표현이라고 할 수 있다.

기심(起心)은 글자 그대로 마음을 일으키는 것이다. 이것은 우리가 병으로 아파서 누워 있다가 몸이 조금 나아진 뒤에 자리에서 일어나는 장면을 떠올리면 이해하기가 쉽다. 몸이 아프면 아무것도 하고 싶지 않다. 밥 먹는 것도 노는 것도 다 귀찮다. 그래서 아예 잠자리에서 일어나려고 하지 않는다. 하지만 몸이 나은 뒤에 뭔가를 하려고 하면 제 힘으로 몸을 서서히 일으켜 세우지 않을 수가 없다. 이를 기신(起身)이라고 할 수 있다.

기심은 무엇이라도 전혀 하고 싶은 것이 없는 마음 상태에서 무엇을 해볼까라는 생각이 드는 마음이다. 이 마음은 하고 싶은 생각이 들어서 내가 "꼭 해야지!"라는 결심을 낳는 원동력이 된다. 기심이 들게 되면 귀찮던 일도 반기게 되고, 힘겹던 일도 즐겁게 되고, 지루한 일도 흥겹게 되고, 많이 남은 일도 서둘러 끝내고 싶은 일이 된다. 이로부터 기심은 일단 시작하면 웬만한 반대 작용이 없는 한 끝까지 진행하려는 내부의 에너지로 움직이게 된다.

시간과 관련해서 기심(起心)과 작심(作心)은 묘한 긴장 관계를 나타낸다. 기심이 들려면 시간이 걸린다. 마음이 선뜻 동하지 않기에 다른 사람이 보면 꾸물꾸물대는 것으로 보인다. 그리하여 작심의 강요가 끼어든다. "아직도 뭘 하고 있느냐?" 또는 "이러다가 때를 놓치겠다"는 생각과 더불어 '작심'을 하게 되는 것이다. "작심삼일"이라는 말을 자주 한다는 것은 우리 사회가 '나'를 가만히 내버려두지 않고 계속 무엇을 빨리 하라고 요구하는 측면이 강하다는 것을 반영하고 있다. 사람이 스스로 움직이는 시간의 차이를 인정한다면 "작심삼일(作心三日)"의 말이 줄어들고 "기심불변(起心不變)"의 말이 더 늘어날 것이다.

몰입의 아름다움

후대에 공자를 두고 '성인(聖人)'이라고 평가한다. 하지만 그런 공자라고 해서 무더위에 지치지 않고 추위에 떨지 않고 실패에 가슴 아파하지 않았을까? 그렇지 않다. 그도 인간인 한 고단한 삶에 어깨가 축 늘어지고 희망이 보이지 않는 상황에 맥이 빠지고 자식과 제자들의 죽음에 살 의욕이 꺾이지 않았겠는가?

공자 역시 보통 사람들이 겪는 희로애락을 느끼면서도 그는 분노에 사로잡혀 까닭 없이 타인을 미워하지 않았고 불안에 갇혀 발광을 보이지도 않았다. 공자는 자신이 하고 있는 일에 몰입을 할 수 있었기에 자신을 온전히 지켜낼 수 있었고, 자신이 걸어가기로 한 삶을 그대로 버텨낼 수 있었다. 「술이」를 보면 공자가 세상을 떠돌아다니다가

중국 최고의 명문 대학 중 하나인 칭화대학의 교훈이 "자강불식, 후덕재물(自强不息, 厚德載物)"이다. 자강불식은 자기 단련을 말하고, 후덕재물은 사회 기여를 말한다.

제나라에서 군주의 모델로 여겨지는 순(舜)임금 시절에 국가(國歌)로 연주되었던 소(韶)를 듣게 됐다. 그는 소 음악에 얼마나 심취했던지 석 달 남짓 고기 맛을 몰랐다고 한다.(07.14/165)

공자가 제나라에 머물 때 순임금 시절에 국가로 연주되던 소 음악을 듣게 됐다. 공자는 그 음악을 듣고 얼마나 감동을 받았는지 석 달 남짓 고기 맛을 몰랐다. 그리고 공자는 그 감동을 이렇게 나타냈다. "소 음악을 감상하다가 이렇게 될 줄은 꿈에도 몰랐구나!"
(子在齊聞韶. 三月不知肉味. 曰: 不圖爲樂之至於斯也!)

여행객은 처음에는 일상을 벗어났다는 사실에 기쁨을 감추지 못한

공자가 순임금의 소 음악을 들었던 산둥성 치박(緇博)시 임치(臨緇)의 현장이다. 아래는 '공자문소처'를 알리는 간판과 함께 현장이 쇠문으로 가로막혀 있는 모습이고, 위는 쇠문의 창살 사이로 '공자문소처'의 비석을 찍은 모습이다. 비석 뒤가 그릇 공장이라 그 공장에서 나는 소리를 음악 연주로 착각하기도 했다.(2015년 10월 촬영)

다. 하지만 그렇게 시간이 지나가면 객지 생활에서 맛보는 즐거움도 권태롭게 된다. 슬슬 집에 돌아갈 생각을 하게 된다. 하지만 돌아갈 곳이 없는 나그네라면 사정이 다르다. 새 우는 소리에도 고향 집이 떠오르고 길가에서 까르르 웃는 아이의 웃음소리에도 가족이 보고 싶어 미치게 된다.

공자도 15여 년에 이르는 기나긴 시간 동안 타국을 떠돌았다. 시름이 깊어 "그만 집으로 돌아가고 싶다!"라는 독백을 할 만하다. 하지만 공자는 제나라에서 소 음악을 들은 뒤에 근심 걱정이라고는 털끝만큼도 없는 아이처럼 즐거워하고 있다. 소 음악을 듣고서 느낀 즐거움은 한때 흥분해서 소리치는 것이 아니다. 그 즐거움은 공자의 영혼을 촉촉이 적셔서 다른 것을 생각하지 못할 정도로 감동이 컸고 한 계절이 바뀔 때까지 지속될 정도로 깊었다. 이것이 바로 공자가 불운에도 불구하고 자신을 지키는 '몰입'의 시간이다.

공자는 몰입의 시간을 가졌기 때문에 역설적으로 자신을 더 단단하고 더 굳건하게 벼릴 수 있었다. 『주역』의 말로 하면 "스스로 굳건하게 벼리면서 한순간도 멈추지 않는다"라는 "자강불식(自强不息)"이라고 할 수 있다. 이로써 공자는 시운(時運), 환경, 타인에 의해 슬퍼하고 기뻐하는 단계를 넘어서서 온전히 자신의 열망으로 자신을 태우는 '부도옹(不倒翁)'이 된 것이다. 공자는 자신의 운명을 밀어내지 않고 사랑했기에 초인(超人)이 될 수 있었다. 우리가 공자를 성인이 아니라 초인으로 바라본다면, 나와 공자 사이에 놓인 막연한 거리감을 줄일 수 있을 것이다. 아울러 공자가 어떻게 불우한 환경을 스스로 극복해나갔는지를 이해할 수 있을 것이다.

07

발분망식
(發憤忘食)

화를 푸느라 밥을 잊다

사람은 단식을 왜 할까?
음식보다 중요한 것이 있기 때문이다.

우리는 밥에 대해 상반된 견해를 가지고 있다. 일을 하다가 식사 시간이 되면 누구라도 대뜸 "밥 먹고 합시다"라고 외친다. 이어서 "그래, 다 먹자고 하는 일인데, 밥 먹고 계속합시다"라고 맞장구를 친다. 일보다 밥이 우선이라는 말이다. 하지만 무엇을 하다가도 걸핏하면 음식 타령을 하는 사람을 두고 '밥보'라고 부른다. 먹는 것이 중요하지만 음식을 너무 밝히기 때문이다.

생명을 유지하려면 영양을 섭취해야 한다. 우리가 즐겨 찾는 산림도 사람에게는 편안한 안식처이겠지만 동식물에게는 치열한 생존의 현장이다. 식물은 더 많은 햇빛을 받으려고 빨리 자라는 경쟁을 벌이고, 동물은 먹이 사슬에 따라 치열하게 움직인다. 사람은 자발적으로 단식을 하는 유일한 존재이다. 가령 아이가 고가의 장난감을, 청소년

이 신종 스마트폰을 손에 넣기 위해 떼쓰며 단식을 하기도 한다. 공자
도 밥을 잊는 단식을 할 수 있다고 말했다. 도대체 그는 무엇 때문에
단식을 했을까?

섭공이 자로에게 공자의 특성을 물었다.

자로가 어찌할 줄 몰라 미처 대꾸를 못했다.

공자가 일러주었다.

"자네는 왜 이렇게 이야기하지 않았소.

그 사람의 됨됨이는 말입니다.

화가 나서 한 가지 주제에 깊이 열중하다 보면

밥 먹는 것도 잊어버리고,

나아가는 길에 즐거워하며 삶의 시름마저 잊어버려서

앞으로 황혼이 찾아오는 것조차 의식하지 못합니다."

葉公問孔子於子路.

섭공문공자어자로

子路不對.

자로부대

子曰: 女奚不曰: 其爲人也,

자왈 여해불왈 기위인야

發憤忘食, 樂以忘憂.

발분망식 락이망우

不知老之將至云爾.

부지노지장지운이

葉: 葉은 나뭇잎을 뜻하면 '엽'으로 읽고, 사람의 성씨를 나
          타내면 '섭'으로 읽는다. 전자는 엽서(葉書)로 쓰이고, 후
          자는 송나라의 유명한 사상가로 섭적(葉適)이 있다. 섭공
          (葉公)은 초나라 정치가이자 군사 전문가이다. 그가 당
          시 섭(오늘날 허난성 지역) 지역을 관할하고 있었기 때문에
          '섭공'으로 불리었다.

於: 어(於)는 장소, 비교, 목적을 나타내는 개사(介詞)로 우리
          말의 조사에 해당된다. 별도의 뜻은 없지만 기능에 따라
          ~을(를), ~보다, ~에게 등의 맥락으로 쓰인다.

對: 대(對)는 상대, 짝의 명사로 쓰이고, 대답하다의 동사로도
          쓰인다.

奚: 해(奚)는 어찌, 어느, 무엇을 뜻한다.

忘: 망(忘)은 잊다, 저버리다의 뜻이다.

憂: 우(憂)는 근심하다, 걱정하다, 상(喪)을 뜻한다.

老: 노(老)는 늙다, 나이 들다, 쇠하다의 뜻이다. 여기서는 나
          이가 점점 들어 죽음을 바라보는 나이가 되었다는 맥락
          으로 늙음, 노화, 황혼을 나타낸다.

至: 지(至)는 이르다, 다다르다, 미치다의 뜻이다.

"나는 여전히 배가 고프다"

공자는 춘추시대에 자신의 이상을 실현하고자 조국 노나라만이 아니라 여러 나라를 돌아다녔다. 그러나 그는 자신의 뜻을 펼칠 만한 기회를 갖지 못했다. 이런 점에서 공자는 정치적으로 실패했다고 할 수 있다. 그럼에도 불구하고 그는 풍부한 학식으로 인해 국제적으로 명망을 얻었다. 때때로 공자를 찾아 자신의 궁금증을 풀고자 하는 사람도 있었다. 섭공 역시 그런 사람 중의 한 명이었다.

섭공은 공자를 만나기 전에 자로에게 그가 어떤 사람인지 사전 정보를 파악하려고 했다. 평소 공자에게도 대드는 자로였지만 스승에 대한 평가는 주저하며 말을 잇지 못했다. 나중에 이 이야기를 듣고서 공자는 스스로 자신을 소개하는 글을 썼다. 오늘날의 말로 하면 공자가 '자소서'를 쓴 셈이다.

발분망식.(發憤忘食.) 락이망우.(樂以忘憂.)
부지노지장지운이.(不知老之將至云爾.)

열여섯 글자를 되풀이해서 읽으면 한 편의 동영상을 보는 듯하다. 공부를 하다가 문제가 뜻대로 풀리지 않았다. 공자는 "밥 먹고 합시다"라며 자리를 털고 일어서지 않는다. 그는 자신이 풀 수 없다는 사실에 대해 자기 자신에게 화를 냈다. 그러나 공자는 그 화에 지배되지 않고 오히려 그 화를 이끌어 문제를 계속 붙잡고 있다. 답을 찾을 때까지 그는 자리에서 일어나지 않았다.

그러다 보니 밥 먹을 시간이 훌쩍 지나 있었다. 답을 찾고 나면 허기가 한꺼번에 밀려올 만하다. 하지만 공자는 허기보다도 즐거움에 압도되어 지금 자신이 어떤 집안일로 근심 걱정을 하고 있는지 의식하지 못했다. 생활의 고통을 지각하지 못한다는 뜻이 아니라 즐거움의 크기가 근심의 크기를 뛰어넘는다는 뜻이다.

그 결과 공자는 두 개의 세계에 살게 된다. 하나는 아내가 바가지를 긁고 아이의 등록금을 벌어야 하는 일상의 세계이고, 다른 하나는 알고자 하는 진리를 찾느라 근심을 잊을 수 있는 즐거움의 세계이다. 그렇기 때문에 세월의 무게가 짓눌러오는 노년의 고통마저 느끼지 못하는 것이다. 공자의 자기 소개서는 한마디로 하면 "나는 아직도 배가 고프다(I am still hungry)"라고 할 수 있다. 그는 자신이 찾은 것에 만족하지 않았기에 고픈 배를 참아가며 자신의 길을 걸었던 것이다.

한국 축구 대표팀을 맡았던 히딩크 감독은 평가전이나 A매치 경기에서 이기고도 늘 "아직 배가 고프다"라는 말을 입에 달고 살았다. 계속 이기고 싶다는 욕망을 그렇게 표현하고 결국 2002년 월드컵 4강이라는 전대미문의 성과를 이루어냈다. 몇 번의 승리에 배가 불러서 만반의 준비를 하지 않았더라면 월드컵 조 예선을 통과하지 못했을 것이다.

창작의 동기는?

공자가 훗날 인문학을 하는 사람들에게 『논어』라는 책만큼 영향을 준 것이 따로 있다. 바로 공자가 쓴 자기 소개서에 담긴 열여섯 글자

중 '발분망식(發憤忘食)'이다. 오늘날 대학의 인문학이 낮은 취업률로 인해 이곳저곳의 공격을 받기도 하고 외면을 받기도 한다. 공자와 그 후학들이 활동하던 시절도 지금과 다를 바가 없었다. 공자가 자신의 후계자로 가장 아꼈던 제자 안연은 30세 전후로 일찍 죽었다. 그의 요절은 인문학을 하는 사람의 운명을 보여준 사건이라고 할 수 있다.

그렇다면 발분망식이 왜 그렇게 후학들에게 큰 영향을 주었을까? 공자 후학들은 가난한 삶과 어려운 환경을 맞이하며 발분망식에서 저술과 창작의 동기를 찾을 수 있었기 때문이다. 환경이 녹록지 않다고 해서 "나는 안 돼!"라며 좌절하지 않고 "내가 왜 못해!"라는 결기를 낼 수 있다. 지금 당장 좋은 작품을 써내지 못하더라도 "언젠가 나도 할 수 있다!"라는 용기를 가질 수 있다.

최근 〈미생〉이라는 만화로 공전의 히트를 쳤던 윤태호 작가는 방송에 출연해서 20억을 벌어 빚 갚는 데에 썼다는 이야기를 했다. 윤태호 작가는 〈미생〉을 그리면서 오랜 시간 동안 별다른 벌이가 없어 부인이 생활비를 처갓집에서 빌려서 생활했다. 시청자들은 20억의 엄청난 금액에 주목할지 모르지만 만화가는 좋은 작품을 그려야겠다는 일념으로 기나긴 시간을 오로지 버텨냈다. 그 일념도 좋은 만화를 향한 발분망식에서 시작됐다고 말할 수 있다.

공자 사후에 그의 발분망식에 가장 크게 공감했던 사람으로 사마천(司馬遷)이 있다. 사마천은 한나라의 북쪽에 있는 흉노족과의 전투에서 패했던 이릉(李陵)을 변호하다가 한나라 무제(武帝)에게 무고(誣告)를 했다는 혐의를 받아 궁형을 당했다. 거세를 당하고 환관이 된 사마천은 인간적 모멸로 몸서리를 치며 "사느냐 죽느냐"를 두고 고민에 고민을 거듭했다. 그는 자신을 죽음의 문턱까지 밀어붙였다가 살기로 결심하며 지난날 '고통 속에 살았던 인물'을 생각했다.

주나라 문왕(周文王)은 감옥에 갇혀서 『주역』을 썼고, 공자는 진(陳) 과 채(蔡) 지역에서 굶주림으로 고통을 겪으며 『춘추』를 지었고, 좌구명(左丘明)은 눈을 잃고서 『국어(國語)』를 지었다. 여기에 생각이 미치자 사마천은 억울한 누명으로 인해 자신이 받은 고통에 아파만 할 것이 아니라 문왕·공자·좌구명의 길에 따라 승화시키기로 마음을 먹었다. 이제 그의 고통은 치욕에 그치지 않고 살아야 하는 창작의 원동력이 됐다. 그래서 『사기』를 '발분지서(發憤之書)'라고도 말한다.

> 이들은 모두 하고자 하는 뜻에 막히고 맺힌 바가 있어서 자신의 길을 펼칠 수 없었다. 따라서 지난날의 일을 풀이하여 다음 세대에게 생각을 펴 보이려고 했다.[6]

공자는 훗날 사마천과 같은 궁형을 당하지는 않았다. 그는 어린 나이에 아버지가 돌아가시고 편모슬하에서 자라면서 자신이 좋아하는 길을 가며 자신이 찾아낸 평화의 길을 세상 사람들에게 제시했다. 하지만 어느 누구도 그것을 달갑게 받아들이려고 하지 않았다. 그는 점점 사회적으로 고립되어갔다. 이 고립은 사마천의 신체적·정신적 고통에 비할 수 없지만 그 자신을 무기력하게 만들고 그 자신의 생각을 허무하게 만드는 고통을 주었다.

아마 자신을 찾아오는 제자가 없었더라면 공자는 자살을 시도했을지도 모른다. 그는 자신을 찾아오는 제자들과 좋은 세상의 그림을 그리고 그를 위한 방도를 찾으려고 노력하며 살아야 하는 이유를 찾았던 것이다. 그렇게 제자들과 나눈 이야기가 단어로 문장으로 변해서 『논어』가 탄생했다. 사마천도 궁형 이후 꽁꽁 맺힌 한과 똘똘 뭉친 심사를 글로 풀어내서 『사기』를 써냈던 것이다. 그래서 공자와 사마천은 울분이 창작의 동기라는 점을 몸소 보여준 인물이 됐다.

줄탁동시(啐啄同時)

병아리가 알에서 깨어나려면 자신의 약한 부리로 껍데기 안쪽을 쪼아야 하지만 그 힘이 약하기 때문에 어머니가 밖에서도 쪼아야 한다. 새끼가 안에서 쪼는 것을 '줄(啐)'이라 하고 어미가 밖에서 쪼는 것을 '탁(啄)'이라 한다. 줄과 탁이 같은 시간에 일어날 때 병아리는 두꺼운 껍데기를 뚫고서 세상으로 나올 수 있다.

공자가 아무리 학식을 쌓았다고 하더라도 혼자였더라면 기나긴 시간의 고통을 견뎌낼 수가 없었을 것이다. 그의 주위에 자신을 찾아와서 인문의 가치를 공감하고 인문의 길을 함께 걸어가는 사람들이 있었기 때문에 『논어』에 나오는 토론의 마당이 펼쳐질 수 있었다. 공자는 이 마당에서 거니는 기쁨을 이렇게 읊었다.

덕은 외롭지 않다. 반드시 이웃이 있다.[7]

즉, 보이는 옆이든 보이지 않는 먼 곳이든 자신을 알아주는 사람이 있다는 것을 공자는 느꼈고, 이 느낌은 그가 고독을 이겨낼 수 있는 원동력이 됐다. 이렇게 보면 공자와 제자의 관계도 줄탁동시의 사례에 해당된다고 할 수 있다.

줄탁동시가 왜 중요한가? 그것은 발분망식을 한 다음에 사람을 계속 끌어갈 수 있는 힘을 채워주는 역할을 할 수 있기 때문이다. 공자 제자 중에 염옹(冉雍. 자는 중궁仲弓)은 출신이 나빠서 그것을 핸디캡으로 여겼다. 「옹야」에서 공자는 중궁을 얼룩소에 비유한 적이 있다.

> 털빛이 붉고 뿔이 가지런하더라도 얼룩소 새끼라면, 제관이 그 녀석을 제물로 쓰려고 하지 않겠지만, 산과 강의 귀신이야 어찌 그 녀석을 내버려두겠느냐?[8]

소가 제물로 쓰이려면 색깔, 생김새, 영양 상태 등 다양한 조건을 갖춰야 한다. 얼룩소는 조건을 다 갖춰도 제물이 될 수가 없다. 얼룩소 자체가 결격 사유가 되기 때문이다. 하지만 공자는 산천의 귀신이 조건을 다 갖춘 제물을 흠향(歆饗)하리라고 보았다. 이 이야기는 중궁의 태생을 얼룩소에 견준 비유이다. 중궁의 신분이 변변찮아서 누구도 눈여겨보려고 하지 않았다. 하지만 공자의 눈에는 중궁의 신분이 들어오지 않고 그의 인품과 열정이 들어왔다.

공자와 중궁의 관계도 줄탁동시에 해당된다. 공자가 있기에 중궁은 인문학을 계속 배우고 힘들지만 살려는 의지를 돋을 수 있었다. 아무도 중궁을 알아주지 않는 가운데 공자만은 그를 알아주었기 때문이다. 알아준다는 것은 절벽에 매달려 있는데 손을 내미는 것과 같다. 중궁과 공자는 제자와 스승의 관계를 넘어서는 세기의 우정이라고 할 수 있다. 살면서 이런 친구를 만난다면 그것은 참으로 큰 행운이다.

세상에는 우정 이야기만큼 큰 감동을 주는 이야기가 없다. 내가 아플 때 위로해주고, 내가 쓰러질 때 손잡아주고, 내가 외로울 때 이야기를 들어주며, 내가 기쁠 때 함께 떠들어주는 친구야말로 어둠에 있는 나에게 앞길을 비춰주는 등불과 같다. 거꾸로 이런 친구와 우정을 계속 나누려면 쉽게 좌절하고 쉽게 포기하는 것이 아니라 발분망식해야 한다. 발분망식(發憤忘食)과 줄탁동시(啐啄同時)는 나와 친구가 오래 함께 길을 걸어가게 할 수 있는 힘이 되는 것이다.

08

불분불계
(不憤不啓)

괴로워하지 않으면
길을 터주지 않는다

공자 역시 인생에서 1만 시간의 법칙을 믿었다.
노력으로 빚어낸 '나'야말로 행복의 근원이 된다.

한 해의 시작은 1월이다. 하지만 학교의 개학,
프로 스포츠의 개막처럼 3월에 시작하는 것들도 많다. 개인적으로도
봄과 함께 취미와 여가 활동을 준비하는 사람이 많다. 아마도 추운 1
월보다는 따사로운 3월이 움츠렸던 몸과 마음을 활짝 열어서 새로운
시작을 하기에 더 좋기 때문이리라. 하지만 시작과 함께 일이 술술 풀
려가는 사람이 있는 반면 처음부터 일이 꼬여서 뜻대로 되지 않는 사
람도 있다.

공자도 학생들이 정해진 교과에 따라서 배움을 시작하고 개인적으
로 계획과 각오를 다지는 경우를 많이 봤다. 학생들이 의욕과 달리 길
을 잃고 서성거리고 힘겨워할 때 공자는 고민을 많이 했다. 당장 헤쳐
나갈 길을 알려줄까, 아니면 혼자 길을 찾을 때까지 격려하며 기다려

줄까? 공자는 어느 것이 올바른 길인지 고민 끝에서 답을 내놓았다. 학생이 자신의 모든 힘을 쏟고도 길을 찾지 못할 때 그때 비로소 말을 건넨다는 것이다. 공자는 왜 당장 알려주지 않고 뜸을 들이며 기다려야 한다고 생각했을까? 공자의 성격이 괴팍해서 그랬을까, 아니면 다른 깊은 의도가 있었던 것일까?

「술이」
(07.08/159)

무지에 분노하지 않으면 갈 길을 터주지 않고,
표현에 안달하지 않으면 퉁겨주지 않는다.
또 사물의 한 면을 제시해주어
그것으로 나머지 세 면을 추론하지 못하는 이에게는
되풀이하여 지도하지 않는다.

不憤不啓, 不悱不發.
불분불계 불비불발
擧一隅, 不以三隅反, 則不復也.
거일우 불이삼우반 즉불부야

憤: 분(憤)은 성내다, 화내다라는 뜻으로 타인이 아니라 자기
        자신이 못하는 것에 대해 화를 내는 상황을 가리킨다.
啓: 계(啓)는 열다, 가르치다, 알려주다라는 뜻이다.

悱:	비(悱)는 말하지 못하다라는 뜻으로 알고 있지만, 적절한 표현을 찾지 못해서 답답해하는 상황을 말한다.
發:	발(發)은 드러나다, 끄집어내다, 쏘다의 뜻이다.
擧:	거(擧)는 들다, 오르다라는 뜻이지만 여기서는 예를 들다, 실례를 제시하다, 실마리를 내보이다라는 맥락으로 쓰이고 있다.
隅:	우(隅)는 건물의 모퉁이, 구석을 가리키지만 여기서는 사물의 다양한 측면이나 의미의 여러 가지 계기를 뜻한다.
反:	반(反)은 되돌리다, 돌아가다의 뜻이지만 여기서는 제시된 실마리를 바탕으로 하여 추론하거나 답을 찾아내는 반응을 보이는 것을 말한다.
復:	復은 돌아오다, 회복하다의 뜻이면 '복'으로 읽고, 다시, 다시하다, 되풀이하다의 뜻이면 '부'로 읽는다.

기다림의 괴롭힘인가 미학인가?

세상에는 얄미운 사람이 많다. 특히 비밀을 말해줄 듯하며 말해주지 않으면 그 사람이 얄밉기 그지없다. 알려줘도 되는데 괜히 비밀을 가지고 사람에게 장난친다는 생각이 들기 때문이다. 교육 현장에도 이런 식으로 비밀을 알려주지 않는 선생들이 있다. 선생이 질문을 던지면 학생이 그에 대답을 하고, 선생이 과제를 내면 학생은 그것을 푸는 형식으로 진행되곤 한다. 학생이 선생의 질문에 선뜻 대답을 찾지 못하고 아무리 생각해도 과제의 해답을 풀지 못하면 답답하고 갑

갑해진다. 이때 거꾸로 학생이 선생에게 질문을 던질 수 있다. 그러나 선생이 선뜻 실마리를 던져주지도 않고 해답을 말해주지 않으면 학생은 그렇게 해서는 안 된다고 생각하지만 선생이 얄밉게 여겨진다.

공자는 제자가 해결되지 않는 문제로 씨름을 하거나 질문을 하면 자세하게 대답하지 않았다. 공자도 정답이라는 비밀을 가지고 학생들을 괴롭힌 것일까, 아니면 학생이 스스로 답을 찾을 수 있도록 끈기 있게 기다린 것일까? 공자는 후자의 유형을 취했다. 그는 왜 그렇게 했을까? 공자는 학생들이 자신이 할 수 있는 최대한의 노력을 기울이는 만큼 배움의 세계에서 내적 성장을 한다고 믿었다. 아울러 그렇게 해서 알게 된 것은 다른 사람의 도움을 받지 않았다는 점에서 '내 것'이라고 할 수 있다.

공자의 이러한 학습법은 '계발술(啓發術)'이라고 할 수 있다. 그리스의 소크라테스(BC 470~399)는 끊임없는 문답을 통해 상대가 자신의 잘못을 스스로 깨닫거나 질문의 대답을 찾도록 만들었다. 그러한 대화법을 산파술(maieutike)이라고 한다. 무지든 앎이든 깨달음을 얻는 측면이 아이를 낳는 측면과 닮아 있기 때문이다. 계발술도 학생이 모르는 문제를 풀어갈 수 있도록 길을 터주고 표현하지 못하는 말을 통겨주므로 막힌 생각의 길을 뚫어준다. 이런 점에서 공자나 소크라테스는 같은 교수법을 취했다고 할 수 있다. 그들은 학생들이 몰라 쩔쩔매는 상황을 즐긴 것이 결코 아니다. 그들은 학생들이 남의 말을 듣고서 그것을 내 것으로 만드는 것이 아니라 오로지 자신의 지성으로 생각을 해내서 내 것을 일구어내는 "소중하고 아름다운 창조의 시간"으로 안내한 것이다.

요즘 대학생들이 남의 글을 자신의 과제에다 옮겨놓고 아무런 표시 없이 제 것으로 여기거나 대학원에서 남의 힘을 빌려 학위 논문을 작성하는 일이 종종 이슈가 되곤 한다. 현대인은 고대인보다 내 것을 주장하는 권리 의식이 발달해 있다. 하지만 자신이 읽어본 남의 글을 자기 것인 양 취급한다면 이것은 내적 성장이 아니라 절도라고 할 수밖에 없다. 아마도 우리는 오랫동안 생각해서 해답의 실마리를 찾는 '계발술'보다 바로바로 정답을 알려주는 '주입식(注入式)' 교육에 너무 익숙해서 스스로 생각할 수 있는 힘을 기르지 못한 것이 아닐까?

자문(諮問)과 교육의 차이

인간은 아무리 배우더라도 지식의 한계를 벗어날 수 없다. 현대인이 고대인에 비해 자연에 대해 많은 지식을 가지고 있다고 하더라도 지식의 빈틈이 없을 수 없다. 사람은 이러한 지식의 빈틈을 어떻게 메울 수 있을까? 자문(諮問)과 교육이 무지로 인한 잘못과 부족을 채워줄 수 있다. 자문은 어떤 일을 효율적이고 바르게 처리하기 위해 그 분야에 전문적인 지식을 가진 사람이나 기관에 의견을 묻는 것이다. 교육은 사회생활에 필요한 지식이나 기술 및 바람직한 인성과 체력을 갖도록 가르치는 조직적이고 체계적인 활동이다. 자문과 교육은 무지의 상황을 극복하게 해주는 공통점에도 불구하고 중요한 차이를 지니고 있다.

자문은 아주 짧은 시간 안에 필요한 일을 해결하기 위해 타인의 지식을 빌리는 것이지만 교육은 긴 시간에 걸쳐 실용적인 것만이 아니라 가치 있는 것을 배우는 것이다. 자문은 닥친 문제를 해결하는 것으로 끝나지만 교육은 앞으로 닥칠 문제를 합리적으로 해결하는 능력을 기르므로 끝이 없다. 이런 측면에서 보면 공자는 제자들에게 자문을 한 것이 아니라 교육을 했기 때문에 답답해하는 학생들에게 선뜻 정답을 알려주지 않았던 것이다.

교육(教育)이라는 말은 맹자가 제일 먼저 사용했지만 19세기 말과 20세기에 이르러 널리 쓰이는 말이 됐다. 맹자는 군자가 누리는 세 가지 즐거움, 즉 삼락(三樂)을 말했다.

군자에게는 세 가지 즐거움이 있지만(君子有三樂)

세상의 왕 노릇은 그 안에 포함되지 않는다.(而王天下不與存焉.)

부모님이 모두 살아계시고(父母俱存)

형제들도 별 탈이 없는 것이(兄弟無故)

첫 번째 즐거움이다.(一樂也.)

우러러보아 하늘에 부끄러움이 없고,(仰不愧於天,)

굽어보아 사람에 부끄러움이 없는 것이(俯不怍於人)

두 번째 즐거움이다.(二樂也.)

세상의 영재를 얻어서 교육하는 것이(得天下英才而教育之)

세 번째 즐거움이다.(三樂也.)

(『맹자』「진심」상20)

맹자의 말에 나오는 '교육(教育)'은 어원상 회초리로 아이를 야단친다는 '교(教)'자와 갓 태어난 아이를 기른다는 '육(育)'자로 되어 있다. 이 때문에 교육에서 '사랑의 매'가 불가피하다는 말이 나왔다.

훗날 후한(後漢) 시대의 문자학자 허신은 교를 "윗사람이 알려주고 아랫사람이 본받는다(上所施, 下所效也)", 육을 "아이를 가르쳐 착하게 만든다(養子使作善也)"로 풀이했다. 이러한 풀이를 액면 그대로 받아들일 수는 없지만 교는 본받는다, 따라 하다라는 뜻을 지니고 육은 기르다, 키우다, 자라게 하다라는 뜻으로 볼 수 있다. 이를 종합하면 교육은 앞선 사람을 보고 따라하며 자신에게 부족한 점을 일깨워서 크게한다는 뜻이다.

교육이라는 뜻의 영어 단어 education은 라틴어의 educo에 기원을 두고 있는데, 이것은 '밖으로(e)+끌어낸다(duco)'의 뜻을 담고 있다. 이에 따르면 education은 사람이 자신 안에 있는 자질, 능력을 끌어내서 문제 상황을 풀어낸다는 뜻이라고 할 수 있다.

교육은 한자(教育)상으로든 영어(education)상으로든 한마디로 지금 당장 써먹을 지식을 빌리는 것이 아니라 자기 스스로 해결할 수 있는 능력과 힘을 기르는 과정이다. 이 과정에는 모방, 깨달음, 계발, 성장 등 다양한 측면이 들어가 있는 것이다.

공자의 '계발술', 제자를 키우는 비법

『논어』를 읽으면 공자가 제자와 나누는 대화의 내용을 자주 볼 수 있다. 그 대화 속에서 우리는 공자의 인간적인 면을 엿볼 수 있다. 공자의 제자 자유(子游)는 공부를 마친 뒤에 무성(武城)의 군수가 됐다. 공자는 원래 제자들이 관직보다 학문을 계속 연마하기를 바랐지만 현실 정치의 참여를 반대하지는 않았다. 공자 스스로도 학문적 성취를 거둔 뒤에 자신의 이상을 실현하기 위해 여러 나라를 돌아다녔던 전례가 있었다.

제자 자유가 관직에 나가자 공자는 가만히 있지 않고 축하 방문을 했다. 무성의 경계에 들어서자마자 공자는 금슬을 타고 노래를 부르는 소리를 들었다. 공자는 뜻밖이라고 생각했는지 빙그레 웃었다. 공자는 자유를 만나자 농담 반 진담 반으로 "소 잡는 칼로 닭을 잡으려고 하는가?"라고 물었다. 이 말의 뜻은 이렇다. 공자가 강조하는 예악(禮樂)은 한 나라의 차원에서 실시할 수 있는 교육이지 소도시 차원에서 실시할 수 없는 교육이라는 말이다.

자유는 공자의 말을 듣고서 바로 반박했다. "군자가 예악을 배우면 주위 사람들을 아끼고 존중하며 소인이 예악을 배우면 소통하기가 쉽다." 즉, 예악을 배우는 것은 군자든 소인이든 가릴 것 없이 모든 사람에 해당된다는 말이다. 따라서 나라의 차원만이 아니라 소도시에서도 예악의 교육을 실시해야 한다는 것이었다.

자유는 공자의 문하에 있을 때 예악을 갈고닦았다. 그는 예악을 배우며 '앞으로 공직을 맡으면 어떻게 해야지!'라는 나름대로의 포부를 품게 됐다. 그는 무성의 군수가 되자 그 포부를 실천했던 것이다. 그런데 다른 사람이 아니라 자신에게 예악을 알려주었던 스승 공자가 예악의 가치를 부정하는 발언을 하는 것이 아닌가? 자유는 깜짝 놀라 공자의 말을 반박했다. 공자는 자유의 조리 있는 반론을 듣고서 곧바로 "자유의 말이 옳고 자신의 말이 농담이다"라며 사과 아닌 사과를 했다.

물론 공자는 자유의 반응을 의도한 것이 결코 아니다. 하지만 공자가 처음에 자유에게 건넨 말은 자유로 하여금 예악의 근본 가치를 다시 생각해보도록 만들었다. 그 결과 자유는 예악이 계층과 지역을 떠나 모든 사람에게 해당된다는 사실을 자각하게 되었을 뿐만 아니라 소도시의 예악 교육이 얼마나 중요한지 현장 체험을 통해 절감하게 된다. 이러한 체험은 다시 공자에게로 전해져서 "예악이 사람을 바꿀 수 있다"는 주장을 실증하게 만들었다.

이렇듯 공자와 제자의 대화는 교실 안만이 아니라 밖에서도 고도의 긴장을 요구했다. 가볍게 건넨 말 한마디조차도 근본적인 의미를 생각해보게 만들 수 있기 때문이다. '공자 학교'는 남의 것을 내 것으로 착각하는 교실이 아니라 내 것을 일구기 위해 철저하고 치열하게 토론하는 세계였다. 이렇게 선생과 학생이 생산적인 긴장을 유지한 덕분에 공자 학교는 누구라도 오고 싶은 곳이 되었으리라. 공자 학교에 가면 누구라도 내 것을 건질 수 있다는 믿음이 있었기 때문이다.

비전의 스승은 없다

09
학무상사
(學無常師)

모든 것을 가르쳐주는 절대적인 스승은 없다.
스스로 배우고 가르치는 일도 중요하다.

배움은 '나' 밖에 있는 것을 '나' 안으로 가져
오는 정신적 활동이다. 배움은 다른 어떤 정신적 활동보다 어렵고 지
속적인 노력이 필요하다. 오랜 시간에 걸쳐 의미를 깨치고 완전히 나
의 것으로 소화시키려면 실패와 좌절을 맛보지 않을 수가 없다. 그래
서 책을 읽는다거나 생각을 깊이 하는 배움과 연관된 활동을 학교를
떠난 후에는 "먹고살기 바빠서 그만두었다"라고들 말한다.

하지만 배움이 학교 안에서만 일어난다고 생각하면 오산이다. 학교
를 떠난 뒤에도 다른 사람들이 하는 언행을 통해 '나는 어떤 사람인
지'를 배울 수 있고 인문학을 접하며 '아직도 만나지 못한 나'를 찾을
수 있다. 학교 졸업 이후에 배움을 그만두기 때문에, 우리는 각종 비
리와 부정부패의 사슬을 끊지 못하고 있고 올바르고 행복한 삶을 실

천하지 못하고 있다. 만일 공자도 학교만을 다니고 졸업 이후에 배우지 않았다면 동아시아 문명에서 '최초의 스승'이 되지 못했을 것이다.

위나라 공손조가 자공에게 물었다.
"당신의 스승 중니는 누구에게 배웠습니까?"
자공이 대꾸했다.
"주나라의 건국 영웅 문 임금과 무 임금이
걸으신 길이 아직 땅에 떨어져 없어지지 않았고,
그 세례를 받은 사람들의 기억에 남아 있습니다.
현인이라면 그 문화의 핵심을 기억하고 있고
그렇지 않은 이라도 문화의 자잘한 조각을 기억하고 있습니다.
문 임금과 무 임금이 걸으신 길이 없는 곳이 없습니다.
우리 선생님이 어디인들 배우지 않았겠습니까,
또 어떻게 영원한 스승이 따로 있었겠습니까?"

衛公孫朝問於子貢曰: 仲尼焉學?
위공손조문어자공왈 중니언학
子貢曰: 文武之道, 未墜於地, 在人.
자공왈 문무지도 미추어지 재인

賢者識其大者, 不賢者識其小者.

현자식기대자 불현자식기소자

莫不有文武之道焉.

막불유문무지도언

夫子焉不學? 而亦何常之有?

부자언불학 이역하상지유

公孫朝: 공손조(公孫朝)는 위(衛)나라의 고위 공직자에 해당되는
            대부(大夫) 신분이다.

文: 문(文)은 주(周)나라 건국의 기틀을 닦은 문 임금을 가리
            킨다. 성은 희(姬)이고 이름은 창(昌)이다. 그는 당시 은나
            라에 상응하는 군사력과 정치력을 지녔지만 은나라와의
            전면전을 벌이지 않았다.

武: 무(武)는 주나라의 왕업을 이룩한 무 임금을 가리킨다. 성
            은 희이고 이름은 발(發)이다. 그는 동쪽 강태공과 연합하
            여 당시 주도권을 쥐고 있던 은나라와의 목야(牧野) 전투
            에서 승리를 거두었다.

墜: 추(墜)는 떨어지다, 영향력이 없다의 뜻이다.

於: 어(於)는 어조사로 뜻이 없는데, 장소 앞에 쓰이면 ~에서,
            비교 앞에 쓰이면 ~보다를 나타낸다.

識: 識은 알다, 기억하다의 뜻이면 '식'으로 읽고, 기록하다,
            적다의 뜻이면 '지'로 읽는다.

學無常師: 학무상사(學無常師)는 원문에 없지만 제일 마지막 구절을

새롭게 조합해서 널리 쓰이게 된 말이다. 배움의 길에는 모든 것을 가르쳐주고 언제나 이끌어주는 절대적 선생은 없다는 말이다. 원효와 지눌 등 독창적인 세계를 개척한 사람들의 학문을 상징하는 말로 널리 쓰인다.

자유로운 교육과 출세의 도구

공자는 교육과 관련해서 커다란 업적을 남겼다. 공자 이전에 교육은 왕실에서 왕족과 귀족 자제들을 대상으로 품위를 유지하고 세계를 관리하는 일종의 제왕학(帝王學) 중심으로 이루어졌다. 『오경(五經)』 중 하나인 『역경』은 바로 이러한 제왕 교육을 위한 텍스트라고 할 수 있다. 교육은 과거로부터 집성된 기성의 지혜를 특별히 제왕의 후보자에게 전해주는 형식으로 이루어졌다. 즉, 공개되지 않는 지혜를 비밀리에 전수하는 형태를 띠었다고 할 수 있다.

이런 점은 『오경』이 인도의 초기 철학을 담은 문헌으로 널리 알려진 『우파니샤드(Upanisad)』와 상통하는 지점이다. 『우파니샤드』는 대부분 스승과 제자의 문답으로 되어 있는데, 원래 산스크리트어로 '사제 간에 무릎을 맞대고 가까이 앉음'이라는 뜻이다. 이를 바탕으로 교육은 학생이 스승이 앉은 자리에 가까이 앉아 스승에게 직접 전수받는 신비한 지식을 뜻하게 됐다.

공자는 관료의 길이 확정되지 않은 민간의 젊은이를 상대로 질문과 탐구를 통해 진리를 찾아갔다. 이런 측면에서 공자의 교육은 이전 오경과 우파니샤드의 교육과는 다른 질적 차이를 갖는 반면 플라톤의 교육과 닮았다고 할 수 있다. 제자들 중에는 관직 진출을 위해 전문 능력과 경력을 쌓으려 공자 학교를 다니기도 했다. 또 다른 한편으로는 관직 진출을 아예 접고 학문 자체를 위한 학문에 관심을 가지기도 했다.

공자는 학문과 정치의 선순환을 부정하지 않았지만 학문 자체의 즐거움에 매료된 제자를 바라기도 했다. 이런 측면에서 보면 공자는 배우기를 원하는 사람을 대상으로 자유롭게 진리를 탐구하는 민간인 중의 지자(智者)였다. 아울러 공자 학교는 플라톤이 그리스 아테네에 세웠던 아카데메이아(Acadēmeia)와 비슷한 부분이 있다.

이 지점에서 우리는 공자의 교육과 학문이 후대의 그것과 달라지는 측면에 주의할 필요가 있다. 공자는 교육에서 자유로운 학문 탐구를 중시했다. 반면 그의 학문이 한 제국에서 관료 진출을 위한 지침서가 되고 송(宋) 제국 이후의 과거 시험에서 필수 교재가 되면서 자유로운 특성을 잃게 됐다. 학자보다 관료의 특성이 부각되면서 나타난 현상이라고 할 수 있다. 공자는 현실 정치의 참여를 배제하지 않지만 학문의 독자성을 유지하고자 했다. 이 때문에 현실의 정치가 학문의 가치를 존중하지 않으면 두 세계의 긴장을 마다하지 않았다.

제국이 수립된 뒤로 공자의 학문을 현실에 실현하고자 했던 유자(儒者)들은 현실 정치의 참여를 지상 목표로 설정하면서 정치에 의한 학문의 종속을 가져왔다. 물론 이러한 상황에서도 유자들은 과거 합격을 위한 학문과 성인(聖人)이 되기 위한 학문을 엄격하게 구분하고서 '현실 정치로부터 거리'를 확보하려고 했다. 그들은 거리를 확보하는 논리를 『논어』에서 찾았다.

옛날의 학자들은 자신의 영혼을 돌보려고 했지만 오늘날의 학자들은 다른 사람의 이익을 돌보려고 한다.[9]

얼핏 생각하면 남을 위한 공부가 뭐가 그리 나쁘냐고 의아하게 여길 수 있다. 여기서 초점은 배워서 남을 돕느냐 돕지 않느냐에 있지 않고 자신의 영혼을 살찌우느냐 그렇지 않느냐에 있다. 공자는 학문이 이해와 욕망 등의 세속적 가치로만 환원되지 않고 자기 자신의 삶으로 회귀하여 심신을 깨끗하게 정화시키고 아름다움을 느끼고 올바름을 옮겨야 한다고 보았다. 이러한 학문관은 송나라 이후 과거제가 실시되면서 다소 흔들리기도 했다. 예컨대 주희(朱熹, 1130~1200)나 이황(李滉, 1501~1571)과 같은 공자의 후배들도 과거 공부가 출세의 수단이며 당파의 이익을 지키는 도구로 전락했다고 보았다. 그들은 과거가 더 이상 위기지학(爲己之學)이 아니라 위인지학(爲人之學)에 불과하다며 출사를 포기했다.

조선시대의 남명 조식(曹植, 1501~1572)도 그런 인물 중 하나였다. 조식은 관직이 유학의 이상을 실현하는 기회가 아니라 사화(士禍)처럼 정쟁으로 변해버린 것에 실망했다. 아울러 그는 관직에 있지 않기 때문에 현실 정치가 유교의 이상과 어긋날 때 과감하게 상소를 올려 시정을 요구했다. 어린 나이에 보위에 오른 명종을 대신하여 문정왕후가 수렴청정을 하자 조식은 문정왕후를 '과부'라 부르며 현실 정치를 강하게 비판했다.(「단성소(丹城疏)」)

공자와 노자의 만남

공자는 신도 아니고 신의 대리인(사자)도 아니고 선지자도 아니다. 그는 도대체 누구로부터 무엇을 배워서 고대 사회에 면면히 내려오던 지식의 물길을 통합해낼 수 있었을까? 이 물음은 오늘날의 사람도 묻고 싶은 것이기도 하고 당시 사람도 물어보고 싶은 것이었다. 위나라의 공손조는 그렇게 궁금해하던 사람을 대표해서 질문을 던진 사람이라고 할 수 있다.

이러한 질문을 풀어주는 이야기가 『사기』 「노자한비열전(老子韓非列傳)」에 나온다. 노자는 주나라 왕실 도서관을 관리하던 사관으로 재직했다. 공자는 주나라 뤄양(洛陽)으로 가서 노자를 만나 예(禮)와 관련된 대화를 나누었다고 한다. 두 사람의 만남은 조선시대 중기 노숙한 이황과 신예 이이의 만남처럼 많은 관심과 상상력을 불러일으켰다.

공자가 예에 대해 질문하자 노자는 좀 더 넓은 관점에서 한 수 지도를 하듯이 말했다.

> 그대가 말하는 성현이란 이미 죽어서 몸과 뼈가 썩어버렸고 단지 말만 전해질 뿐이다. …… 그대는 교만과 탐욕, 허세와 탐욕을 버리도록 하시오. 이러한 욕망은 모두 그대에게 아무런 도움이 되지 않을 것이오. 내가 그대에게 해줄 말은 다만 이것뿐이오.

압축적으로 말하므로 말의 양은 적지만 뜻은 깊다. 공자가 말하는 성현은 이미 죽고 말만 남았다는 것은 애지중지 여길 가치가 없다는 말이다. 아울러 공자가 자신의 가치를 믿고 세상을 구하겠다고 덤비는 것도 어리석다는 말이다. 공자는 노자의 말을 듣고서 풀이 죽거나 기가 꺾이지 않았다. 서로가 다르다는 것을 확인했다는 듯이 담담하게 만남의 결과를 제자들에게 전했다.

> 달리는 동물은 그물로 잡고 헤엄치는 물고기는 낚시로 잡고 나는 새는 화살로 잡을 수 있다. 용은 구름과 바람을 타고 하늘을 오르니 나는 용에 대해 아무것도 알 수가 없다. 오늘 내가 노자를 만나니 그는 마치 용과 같은 사람이구나!

공자가 노자를 만났느냐를 둘러싸고 믿을 수 있다 없다는 논란이 있다. 설혹 두 사람이 만났다고 하더라도 공자는 노자에게서 무엇을 배웠다고 할 수가 없다. 두 사람의 가치와 방향이 워낙 달랐던 터라 공자는 자신의 가치와 신념을 더욱 단단하게 벼릴 수 있을지언정 새로운 것을 깨닫지는 못했을 것이다.

공자는 젊어서부터 강한 호기심을 가지고 있었고 알고 싶은 것이 있으면 사람을 찾아가 물었다. 또 그는 "세 사람이 길을 가다 보면 그 속에 나의 스승이 있다"라고 말하듯이 언제 어떤 상황에서도 배우려고 하는 자세를 가지고 있었다. 이렇게 본다면 세상 사람이 모두 공자의 스승인 셈이다. 역설적으로 말하면 제자들이 공자의 스승이라고 할 수 있다.

학문은 어떤 시점과 수준에 이르면 더 나아가지 않고 답보 상태를 보인다. 좋은 질문은 지적 자극을 주기에 충분한 요소이다. 적절한 질문을 받으면 그에 대한 답을 찾기 위해 온갖 노력을 기울이게 된다.

기존의 지식에서 답을 찾으면 질문은 그 자체로 해결되지만 답을 찾지 못하면 기존의 지식을 철저하게 재검토하지 않을 수가 없다. 이러한 재검토는 공자로 하여금 한순간도 머무르지 않고 계속해서 진리를 찾아 나서게 만들었다.

그래서 가르치기와 배우기가 완전히 다른 별도의 과정이 아니라 변증법적으로 통합되는 것이다. 『시경』 「열명(說命)」에서 "효학반(斆學半)"이라고 하고, 『예기』 「학기(學記)」에서 "교학상장(敎學相長)"이라고 했다. 둘 다 가르치기와 배우기가 서로 맞물려 있고 선생과 학생이 모두 성장할 수 있다는 뜻이다.

후생가외(後生可畏), 편집을 넘어 창조로

오늘날 우리는 분명히 전인 교육이나 인성 교육이 중요하다고 말한다. 그러나 현실에서는 내신, 수능 등에서 좋은 성적을 얻게 하는 선생님이 가장 좋은 선생님일 것이다. 내신에 필요하다고 하면 단시간 안에 뜀틀, 줄넘기, 공놀이까지 배우느라 과외 선생님을 찾는다. 이 때문에 학교 선생님보다 학원 선생님의 말이 더 중요시되고 있다. 우리가 '교육'의 영역을 오직 성적이라는 좁은 방식으로 받아들이다 보니 일어나는 당연한 현상이라고 할 수 있다.

공자는 오늘날의 우리와 달리 교육의 영역을 넓힐 수 있는 만큼 넓힌 사람이라고 할 수 있다. 그는 '교육 영역'에 현실 정치에 참여할 수 있는 능력을 키우거나 고전을 읽어낼 수 있는 학습 능력을 기르는 것만을 포함하지 않았다. 공자는 사람이 개인과 공동체의 범위에서 올바르고 행복하게 사는 것도 교육 영역에 포함했다. 이처럼 교육의 영역이 넓다 보니 교육이 특정한 공간, 생업에 종사하기 이전의 특정한 시간에만 일어나는 사건이 아니다.

따라서 내가 온전한 인격을 가꾸는 존재로 살아가려면 자연히 평생 교육을 해야 하고, 내가 겪는 모든 상황을 가르쳐주는 스승은 결코 있을 수 없다. 이 지점에서 우리는 나를 가르쳐주는 외부의 선생만이 아니라 나의 갈 길을 스스로 찾아가는 내부의 선생을 만나게 된다. 내부의 선생은 지금까지 있었던 선배들의 성과와 정보를 암송하거나 편집하는 것으로 충분하지 않다. 지금까지 없었던 새로운 상황을 개척하려면 분류와 편집이 아니라 파괴와 창조의 작업이 필요하다.

아울러 후배는 선배가 걸어간 삶을 밑바탕으로 더 나은 삶을 살아갈 가능성을 가지고 있다. 선배는 더 많은 가능성을 가진 후배를 두려워하지 않을 수 없다. 후생가외(後生可畏)인 것이다. 그리하여 공자는 자신이 모든 것을 할 수 없고 후배들에 의해 다음 세상이 더 좋아질 것이라 믿었다.

10
애이불상
(哀而不傷)

슬퍼하지만 다치지 않는다

감정의 평형은 안정된 삶의 기초이다.
울고 싶을 때 우는 것이 중용이다.

교과서에서 사람은 이성적 동물이라고 한다. 그러나 현실을 보면 사람은 제 감정에 휘둘려서 정신을 차리지 못한다. 운동 경기를 보면 제 감정에 이기지 못해 상대 팀 선수를 가격하는 일이 일어난다. 이때 우리는 팀을 위해서라도 "참아야지!"라고 말한다. 그럼에도 불구하고 참을 수 없는 것 또한 사람의 특성이라고 할 수 있다. 감정이 다쳐서 무시당했는데도 가만히 있다면, 주먹을 휘두른 사람은 자신의 존엄이 허물어졌다고 생각하기 때문이다.

우리는 감정을 적절하게 표출하라는 말에 동의할 수 있다. 하지만 정작 긍정적인 감정을 어떻게 표현하면 적절하고 부정적인 감정을 어떻게 표현하면 적절한가라고 물으면, 명확한 답변이 들려오지 않는다. 공자는 정의하기 어려운 문제에 도전을 했다. 물론 공자의 말이 얼마나 분명한지는 개인의 판단과 느낌에 따라 다르겠지만 그는 어디까지 즐거워하고 슬퍼할지 기준을 제시하고자 했다.

┌─────────────┐
│ 「술이」   │
│ (03.20/060) │
└─────────────┘

「관저」는 여자와 남자 사이의 애틋한 그리움을 다루면서도 즐거움이 묻어나지만 결코 흐트러지지 않고, 슬픔이 돋아나지만 감상으로 흐르지 않는다.

關雎, 樂而不淫, 哀而不傷.
관저 락이불음 애이불상

關:　　관(關)은 빗장, 열쇠의 뜻이다. 열쇠는 잠그는 것이 기본
　　　　역할이므로 관에는 닫다, 잠그다의 뜻이 있다.
雎:　　저(雎)는 물가에 사는 물수리, 징경이를 가리킨다.
關雎:　관저(關雎)는 합쳐서 물수리를 나타내기도 하고, 관은 새
　　　　가 우는 의성어(꾸욱꾸욱, 구룩구룩 등)이고 저가 물수리를
　　　　나타낸다고 구분하는 풀이도 있다.
樂:　　락(樂)은 즐기다, 즐겁다는 뜻이다.
淫:　　음(淫)은 현재 음탕(淫蕩), 음란(淫亂), 관음증(觀淫症)처럼
　　　　성적 쾌락을 나타내는 말로 많이 쓰이지만, 원래 음은 기
　　　　준을 벗어나다, 과도하다, 지나치다의 뜻을 나타낸다. 여

119

기서도 즐거움이 원래 긍정적인 감정의 표출이지만 그것이 적절함을 넘어서 과도한 상태로 드러나는 것을 가리킨다.

哀:　애(哀)는 주로 상실로 인해 생기는 감정을 나타내며 슬프다, 불쌍히 여긴다의 뜻이다.

傷:　상(傷)은 다치다, 이지러지다, 상처를 나타낸다. 여기서 상처는 몸이 아니라 마음의 상처를 가리킨다. 예컨대 실연의 상처, 분단의 상처 등과 비슷하다.

「관저」는 왜 『시경』의 대표 시가 되었는가?

구룩구룩 물수리는, 황하의 섬에 있네. 아리따운 아가씨, 군자의 좋은 짝.

올망졸망 조아기풀, 이리저리 뜯네. 아리따운 아가씨, 자나 깨나 구하네.

구해도 찾지 못해, 자나 깨나 생각하네. 끝없는 그리움, 잠 못 자며 뒤척이네.

올망졸망 조아기풀, 이리저리 뜯네. 아리따운 아가씨, 거문고 뜯으며 사귀리.

올망졸망 조아기풀, 이리저리 뜯네. 아리따운 아가씨, 종과 북 치며 즐기리.

관관저구, 재하지주.(關關雎鳩, 在河之洲.)

요조숙녀, 군자호구.(窈窕淑女, 君子好逑.)

삼치행채, 좌우류지.(參差荇菜, 左右流之.)

요조숙녀, 오매구지.(窈窕淑女, 寤寐求之.)

구지불득, 오매사복.(求之不得, 寤寐思服.)

유재유재, 전전반측.(悠哉悠哉, 輾轉反側.)

삼치행채, 좌우채지.(參差荇菜, 左右采之.)

요조숙녀, 금슬우지.(窈窕淑女, 琴瑟友之.)

삼치행채, 좌우모지.(參差荇菜, 左右芼之.)

요조숙녀, 종고락지.(窈窕淑女, 鍾鼓樂之.)

「관저」는 『시경』의 제일 앞에 나오는 시이다. 원래 『시경』은 가사와 악곡이 함께 있었지만 지금은 가사만 전해지고 있다. 우리가 『시경』을 볼 때는 노래로 불린다는 점을 감안해야 한다. 이 시는 풍(風)·아(雅)·송(頌)의 세 장르 중에 풍에 속한다. 풍은 오늘날 대중가요에 가까운 노래를 말한다. 아는 연회 등 공식 행사에 쓰였고, 송은 제사 등 기념 행사에 쓰였다. 이런 측면에서 「관저」는 서민들이 부르던 노래를 채집한 것이므로 소박하고 생기발랄한 방식으로 읽을 만하다.

1연에 나오는 물수리의 생태가 소개되지 않지만 2, 4, 5연에 나물을 뜯는 아가씨와 비슷하다는 것을 알 수 있다. 이 때문에 시인은 바로 숙녀를 말하지 않고 물수리로 시를 풀어가고 있다. 나물을 캐려면 이곳저곳을 다녀야 하고, 함께 나는 풀과 잘 구별해서 조아기풀을 뜯는다.(최남선의 『신자전(新字典)』에서 조아기풀로 풀이하고 있다.)

이렇게 조아기풀을 찾고 고르고 뜯는 과정이 물수리가 고기를 잡는 과정처럼 끈기 있고 신중한 태도를 보여준다. 시인은 물수리 대 먹이, 아가씨 대 조아기풀의 관계를 아가씨 대 군자의 관계로 전환시키고 있다. 앞에서 아가씨가 참한 품성을 가지고 있다고 말했으니 당연히 군자의 좋은 짝이 될 수 있다.

그런데 아가씨는 사랑을 마음에 담아만 두는 것이 아니라 그리움에 잠을 이루지 못할 정도로 힘겨워하기도 하고, 짝을 찾는다면 금슬과 종고를 연주하며 즐거운 시간을 보내리라. 바로 이 점이 공자의 마음을 움직이게 만들었다. 잠 못 들어 괴로워하지만 상심(傷心)하여 극단적인 선택으로 치닫지 않고, 즐거운 미래를 생각하지만 예의를 지키며 사랑을 키워가지 극단적인 애정 행각을 꿈꾸지 않는다.

훗날 『시경』이 유학의 가치를 대변하는 책이 된 뒤에 이 시는 문왕(文王)과 후비(后妃)의 덕을 말한 것으로 해석됐다. 하지만 시의 주인공을 특정 인물로만 한정하면 그 의미와 감동이 반감된다. 그러니 사랑의 열병을 앓는 사람이라면 누구라도 공감할 수 있는 내용으로 보는 것이 낫지 않을까?

감정의 중용(中庸)

우리나라는 최근 여러 가지 감정으로 인한 사건 사고가 줄을 잇고 있다. 고속도로 위에서는 자신의 차를 앞질렀다는 이유로 다시 상대 차를 추월한 뒤 그 앞에 갑자기 정차하고서 상대 운전자에게 위협적인 행위를 한다. 일종의 보복 운전이라고 할 수 있다. 자신의 차를 추월할 때 기분이 상한다고 상대 차량에게 가해를 한다면, 고속도로는 시한폭탄이 설치된 정글이 된다. 백화점에서는 판매원이 소비자에게 불친절했다고 사과를 요구하거나 심한 경우 무릎을 꿇을 것을 바라기도 한다.

가장 기본적인 것은 "내 감정도 중요하지만 상대의 감정도 중요하다"는 것이다. 따라서 "내 감정에 충실한 만큼 상대도 자신의 감정에 충실할 수 있다." 여기서 우리는 언론 보도의 선정적인 기사에 일희일비하지 않고 감정의 충돌을 합리적으로 바라보는 관점이 필요하다.

고속도로 위의 보복 운전은 사실 감정의 문제가 아니라 범죄에 해당된다. 고속도로가 개인의 전용 공간이 아니므로 상대 차량에게 나의 차량을 추월하지 말라고 요구할 수 없는 것이다. 이것은 개인이 자신의 감정을 조절하지 못해서 다른 사람에게 명백한 피해를 입히는 것이다.

고객의 불만 처리는 상황이 복잡하다. 일차적으로 판매원과 고객 사이의 문제이지만 그 사이에 백화점처럼 기업이 끼어들게 된다. 기업은 수익 극대화의 지상 과제에 따르면 판매원의 감정보다 고객의 감정을 중시하게 된다. 즉, 객관적 사실을 확인하고 그에 따른 응분의 조치를 하기보다 무조건 고객 우선의 입장을 취할 가능성이 있다. 이러한 상황은 결국 개인의 인격보다 자본의 논리를 중시하는 우리 사회의 단면을 나타내고 있다.

사람과 사람이 이야기를 나누는 과정에 이해와 호의만 있지 않고 오해와 갈등이 들어갈 수 있다. 오해와 갈등은 상대의 주장이 서로 다르기에 일어난다. 이때 그 해결책에 한쪽의 일방적인 우위가 아니라 대등하고 공정한 기준이 필요하다. 이 기준이 있지도 않고 있더라도 존중되지 않고, 무조건적인 일방의 독주를 견제하지 못한다면, 우리 사회는 일방이 행복할 뿐 다른 사람은 불행한 상태에 놓이게 된다.

이런 측면에서 보면 우리는 자신의 감정을 밀어붙이는 것이 아니라 감정의 조율이 필요하다. 그리고 그것이 바로 감정의 중용이라고 할 수 있다.

　명백하게 권리가 침해되었을 경우 그에 상응하는 보상이 필요하다. 하지만 사람 사이에는 규정과 법만으로 해결되지 않는 영역이 숱하게 많다. 각종 이견과 오해 그리고 실수 등이 여기에 해당된다. 나는 무엇을 말했다고 하지만 상대는 말하지 않았다고 할 수 있다. 이때 "내가 말했는데 말을 하지 않았다고 하느냐!"라며 흥분해 핏대를 올리면서 "상사를 불러라", "사장 나와라"라고 한다면, 이것은 제 감정을 존중받으려는 합리적 인간의 모습이 아니라 자본의 논리를 빌려 제 감정을 만족시키려는 감정 폭군에 지나지 않는다.

　감정 폭군은 제 감정을 보상받아 의기양양할지 모르지만 주위의 많은 사람을 괴롭히고 살맛을 잃게 만든다. 범죄는 아니지만 그 피해는 범죄에 결코 뒤지지 않는다. 여기서 우리는 서로의 '감정 인격'을 존중하는 문화가 필요하다. 그 길이 바로 감정의 중용을 지키는 것이라고 할 수 있다.

중용의 오해

　중용하면 사람들은 간혹 이래도 좋고 저래도 좋다는 것이 아닌가라고 오해를 하곤 한다. 즉, 치열하게 고민하지 않고 상황에 맞춰 자신의 입장을 취한다고 생각하는 것이다.

　중용을 오해하는 것은 현실의 삶이 그만큼 다양하다는 것을 나타낸다. 삶에서 일어나는 문제가 하나의 기준에 의해 적용된다면 사실 중용이 필요 없을지 모른다. 중용만 필요 없는 것이 아니라 사람도 필요 없다. 무슨 말일까? 문제가 단일한 기준에 의해 결정된다면, 그 기준을 에누리 없이 정확하게 적용할 기계만으로 충분하다. 오히려 기계가 사람 사이에서 갈등을 일으키지 않고 객관적 문제를 잘 해결할 수 있다. 사람은 기준을 주관적으로 해석하거나 새로운 문제를 또 일으킬 수 있기 때문이다.

이렇게 보면 중용은 삶의 문제가 단 하나의 기준에 의해 적용, 해결될 수 없다는 상황을 받아들인다고 할 수 있다. 이때 중용은 행위자 개인에게 일반 원칙을 개별 상황에 기계적으로 적용하는 것이 아니라 개별 상황에 집중해서 일반 원칙을 탄력적으로 적용하기를 요구한다. 중용은 일반 원칙의 가치를 인정하면서도 행위자 개인의 판단을 중시하는 특성을 가진다고 할 수 있다.

중용이 규칙이나 매뉴얼로 규정될 수 없는 특수하고 사적인 영역에 적용되는 경우를 살펴보자. 단체 생활을 할 때 "동료와 잘 지내라"라는 주문을 받아들일 수 있다. 이때 '잘 지내기 위한 노력'이 인사를 주고받거나 안부를 묻는 것이라면 어렵지 않게 할 수 있지만 경조사를 일일이 챙기고 가정사에 관심을 가지고 업무 시간 이외에 모임을 가지는 것이라면 부담스럽다. 여기서 우리는 "도대체 어디까지 해야 동료와 잘 지내는 것이냐?"라는 물음을 가질 수 있다.

이 상황을 이분법으로 접근하면, 예스와 노 둘 중에 하나를 선택하게 된다. 중용에 따르면 업무 시간 이외의 모임이 친목을 위한 단체 행사인지 횟수가 몇 차례인지에 따라 예스와 노의 획일적인 판단이 아니라 종합적인 판단이 가능해진다. 물론 획일적인 판단보다 중용을 따르는 것이 훨씬 머리가 아픈 일이다. 하지만 나와 나를 둘러싼 관계를 어떻게 유지하느냐라는 문제를 고려하면, 중용도 유효한 방법 중의 하나라고 할 수 있다.

중용이 공적으로 적용되는 경우를 살펴보자. 판매원이 매장을 찾는 고객을 친절하게 맞이하라는 요구를 받는다. 물론 요구하는 친절에 대한 서비스 교육을 받는다. 하지만 아무리 교육을 받는다고 하더라도 교육 이외의 상황에 놓일 수 있다. 고객이 짐을 어디까지 옮겨달라고 요구를 했다고 치자. 해야 할까 말아야 할까? 규정에 있으면 그것에 따르면 되지만 없을 경우 어떻게 해야 할까? 이분법에 따르면 예스와 노 둘 중에 하나이다. 즉, "규정에 따라 당연히 해야죠" "규정에 따라 할 수 없습니다"라고 말할 수 있다. 중용에 따른다면 고객의 상태, 매장의 상황 등을 고려해서 자신이 직접 결정을 내려야 한다.

또 역성혁명의 상황에서 나는 어떻게 해야 할까? 이분법에 따르면 반란에 해당되므로 참여할 수 없다. 참여하면 범죄가 된다. 하지만 지금의 정치가 어떤 상황이냐에 따라 달라질 수가 있다. 현 상황이 모든 시민에게 고통을 준다면, 정치 지도자 개인에게 반기를 드는 것이지만 시민의 고통에 제대로 대응하는 것이다. 중용에 따르면 역성혁명의 가담이 가능해진다.

머리 아픈 것을 싫어하면 하나의 원칙을 가지고 그대로 문제 상황에 적용하면 그것으로 끝이다. 하지만 문제를 모두에게 도움이 되는 방식으로 해결하려면, 중용이 행위자 개인의 품성과 개별 상황의 특수성을 섬세하게 고려한다고 할 수 있다.

Challenge

도전

미래의 또 다른 나를 만나는 시간

3강에서는 인생에서 도전이 갖는 의미를 살펴보려고 한다.

　도전의 반대말은 무엇일까? 보통 수성(守成)을 생각한다. 도전에 맞서서 지켜야 하므로 수성을 반대말의 적격으로 보기 때문이리라. 이것은 도전하는 측과 도전에 응하는 측 사이에서 일어나는 과정을 나타낸다. 한 사람이 도전을 할까 말까 하는 측면에서 생각하면 안주(安住)가 반대말이라고 할 수 있다. 지금의 상태에 만족하지 않고 또 다른 과제를 실행하기 위해 새로운 일을 만드는 것이 도전이라면, 지금의 상황에 만족하여 또 다른 변화를 귀찮아하는 것이 안주라고 할 수 있는 것이다.

　이것이 끝이 아니다. 안주는 나름대로 변화에 대해 저항하려는 의지를 나타낸다. 사무실의 인테리어를 바꾸려고 하면 "지금 이대로가 좋아. 바꿔봤자 나을 게 없어!"라고 신경질적인 반응을 보일지라도 자기 의사를 표시한다. 하지만 자신의 일만이 아니라 주위의 일에 대해 "이래도 좋고 저래도 좋다"는 식으로 아무런 반응을 나타내지 않는 경우가 있다. 무기력이라고 할 수 있다. 아예 반응이 없을 뿐만 아니라 어떠한 희망을 갖지도 않는다.

　이렇게 보면 도전이 무시무시하고 거창한 사건처럼 보인다. 무기력과 안주에 대해서는 맞는 말이다. 하지만 지금보다 나은 상태 또는 지금보다 나은 삶을 생각하는 사람에게 도전은 출발점일 뿐이다. 가만히 있는데 상황이 갑자기 좋아지지는 않기 때문이다.

그렇다면 도전은 어떻게 해야 할까? 이곳저곳이나 이것저것에 기웃거리는 것으로는 부족하다. 기웃거리다 솔깃한 무엇을 만날 수도 있지만 그 반응은 금방 사라질 수 있다. 내가 왜 변화를 바라는지에 대해 자기 스스로에게 대답할 수 있어야 한다. 이 대답이 바로 '미래의 새로운 나'가 태어나는 순간이다.

도전은 지금의 나와 미래의 새로운 나가 함께 공존할 때 일어날 수 있는 사건이다. 새로운 미래를 꿈꾸지 않는다면 지금의 나밖에 없다. 지금의 나밖에 없다면 지금에 만족하고 있으므로 변화에 나서려고 하지 않는다. 하나라도 불만족스러운 것이 있다면, 그것에 대한 도전을 시작할 준비가 되어 있는 것이다.

11

위산일궤
(爲山一簣)

산을 만드는 일도
한 삼태기의 흙부터

대박을 권하며 동전을 버리는 사회에 살고 있다.
동전 모으는 손의 꾸준함과 아름다움을 살펴보자.

　　　　　　일을 하면 1일, 1주일, 1분기, 1년 등 일정한
시간 단위로 결산을 한다. 실적에 따라 사람들의 희비가 엇갈린다. 높
게 쌓인 실적의 높이는 사람을 행복하게 만들고 야트막한 높이는 사
람을 왜소하게 만들 수 있다. 뒤처진 사람은 이러한 결과를 있는 그
대로 받아들이고 현재를 더 나은 미래로 나아가기 위한 자극으로 여
길 수 있다. 다른 방향도 가능하다. 어떤 사람은 한시라도 빨리 격차
를 좁혀야 하는 중압감에 사로잡혀서 결과를 수긍하지 못하고 격차
를 한꺼번에 뒤집으려고 몸부림치기도 한다.

　우리 사회는 요즘 '대박', '한 방에', '한 큐에', '단 한 번에', '인생역
전' 등의 말처럼 소의 걸음으로 착실하게 한 걸음씩 한 걸음씩 가는
것보다 성큼성큼 뛰어가는 것을 권하고 있다. TV의 대출 광고에서조

판 미래의 또 다른 나를 만나는 시간

장 | 도전

●

131

차 '전화 한 통화로 단박 대출'을 선전하고 있다. '대박'의 유혹은 달콤하지만 위험하다. 아니, 그것은 치명적이다. 순간을 이어서 평생을 살아가는 사람에게 대박은 되풀이되는 일상을 팽개치도록 권유한다. 위산일궤(爲山一簣)는 하나씩 조금씩 쌓아가는 '반복된 일상'의 의미가 결코 사소하지 않다는 것을 돌아보게 만든다.

「자한」
(09.19/229)

예컨대 흙을 쌓아 산 모양을 만들 때
겨우 한 삼태기 분량의 흙을 채우지 못한 채
일을 그만둔다면,
다름 아니라 바로 내가 그만둔 것이다.

땅을 평평하게 고르는 일을 할 때
겨우 한 삼태기 분량의 흙을 갖다 부었을 뿐이라도
일을 진척시켰다면,
다름 아니라 바로 내가 앞으로 나아간 것이다.

譬如爲山, 未成一簣, 止, 吾止也.
비여위산 미성일궤 지 오지야
譬如平地, 雖覆一簣, 進, 吾往也.
비여평지 수복일궤 진 오왕야

132

譬:	비(譬)는 비유하다, 예를 들다, 깨우치다의 뜻이다.
如:	여(如)는 무엇과 같다, 비슷하다는 뜻이다.
爲, 爲山:	위(爲)는 보통 하다, 되다라는 뜻으로 많이 쓰이지만 여기서는 쌓다, 만들다라는 뜻이다. 위산(爲山)은 흙을 쌓아서 산 모양으로 만들다라는 뜻이다. 위산은 평지(平地)와 같은 문법 구조로 평평한 땅이 아니라 땅을 평평하게 고르다라는 뜻이다.
簣:	궤(簣)는 물건을 담는 도구로 삼태기를 가리키는데 여기서는 흙을 퍼다 나르는 도구이다.
平, 平地:	평(平)은 평평하다, 고르다의 뜻이다.
覆:	복(覆)은 엎다, 뒤집다라는 뜻이지만 여기서는 먼저 흙을 삼태기에 담아다 다른 곳에 가서 삼태기를 엎어 그 속의 흙을 붓다라는 뜻이다.

다재다능했던 공자

『논어』를 읽다 보면 산을 만드는 조경과 땅을 평평하게 만드는 건설 공사처럼 생업과 관련된 이야기가 많이 나온다. 또 다른 곳에서는 뿔이나 나무를 가지고 공예품을 만드는 이야기도 나온다. 오늘날의 독자들은 이런 이야기를 듣고 나면 조금 당황스러울 수 있다. 우리는 공자를 서재에 앉아서 사색하고 제자들과 학문을 토론하는 '샌님'으로만 생각하기 때문이다.

현대인만이 아니라 당시에도 여러 방면에 걸쳐 다양한 기술을 가진 공자의 다재다능을 이상하게 생각한 사람들이 있었다. 노나라의 태재(太宰)가 공자 제자 자공(子貢)에게 공자는 "뛰어난 성인인데 어떻게 여러 가지 분야에 재주가 뛰어난가요?"라고 물을 정도였다. 자공은 나름대로 추측해서 태재에게 대답을 했다.

「자한」에 보면 나중에 이 이야기를 전해 들은 공자는 아주 쿨하게 대답했다. "나는 어렸을 적에 가난해서 사회적으로 기피하는 일이라도 닥치는 대로 해서 재능이 많다."(09.06/216) 공자는 자신의 성장기를 부끄러워하거나 숨기려고 하지 않았다.

공자의 말을 오늘날 인생 대담에서 편하게 하는 말투로 바꾸어 좀 더 자세하게 말하면 다음과 같다. "우리 집이 못살아서 안 해본 일이 없어요. 가축을 돌보는 일이나 창고를 지키는 일이나 당시에는 돈이 된다면 뭐든 다 했어요!"

공자는 이러한 성장 배경을 가지고 있었기 때문에 뛰어난 학자로서 고상한 척하려고 하지 않고 자신의 과거를 그대로 밝혔다. 공자가 보통 사람이 아닌 점이 한 가지 더 있다. 공자는 학문적 성취를 이룬 뒤에 자신의 경험을 일반화하지 않았다. 사람은 성장 배경이 각각 다르므로 "꼭 비천한 일을 해야 학문적으로 뛰어날 수 있다"라는 고집을 피우지 않았다.

공자는 자신이 젊어서 한 고생을 자신의 삶만으로도 충분하다고 보았다. 간혹 우리 주위의 자수성가한 사람을 보면 "나처럼 고생하면 모든 것을 다 할 수 있을 텐데 사람들이 고생을 하려고 하지 않아서 문제야!"라고 말하는 사람이 있다. 한 분야에 성취를 거두는 길은 한 가지가 아니라 여러 가지로 사람마다 다를 수 있다. 그래서 공자도 학문적 성취에 이르는 길이 자신의 길만이 아니라 다른 길도 가능하다고 말했던 것이다.

일의 성패와 주체적인 결단

이제 우리는 공자가 왜 자신의 이야기를 풀어가면서 직업과 관련된 비유를 사용하게 되는지 그 맥락을 이해할 수 있게 됐다. 그는 자신의 풍부한 경험을 살려서 듣는 사람들이 알아듣기 쉽게 설명하려고 했기 때문에 학문이 아닌 직업의 세계를 실례로 들었던 것이다.

공자는 왜 인공 산을 만들고 땅을 평탄하게 하는 이야기를 끄집어내고 있을까? 사실 인공 산을 만들고 땅을 평탄하게 하는 일은 한 삼태기의 흙을 옮기는 것으로 끝나지 않는다. 하루 이틀이 아니라 오랜 시간에 걸쳐 삼태기로 흙을 수없이 많이 퍼다 날라야 한다. 여기서 공자는 수없이 많이 흙을 옮기는 작업의 과정에 주목하지 않는다. 그는 삼태기로 흙을 옮기는 마지막 단계와 첫 단계에 주목하고자 한다.

수없이 많은 흙을 갖다 나른 끝에 인공 산의 완성을 눈앞에 두게 됐다. 그 과정에 그만두고 싶거나 도망가고 싶은 생각이 끊임없이 들었지만 이겨낸 것이다. 그리고 최후로 마지막 한 삼태기의 흙을 옮기면 인공 산이 완성되는 단계에 이르렀는데, 이때 마지막 한 삼태기의 흙을 남겨두고 공사를 중단했다고 해보자. 이것은 어리석은 것이 아니라 그만큼 힘들기 때문에 그런 것이다. 그러지 않을 거라 생각하지만 너무 힘들어 마지막 단계에서 포기한다면, 인공 산 쌓는 일은 다른 누군가가 아니라 바로 '내'가 그만둔 것이다.

또, 사람들이 울퉁불퉁한 길을 다니며 불만을 늘어놓았다. 그래서 길을 평평하게 하는 공사가 필요하다는 의견이 모였다. 하지만 누구도 흙을 옮겨서 길을 평평하게 하려고 하지 않고 말만 늘어놓는다면 길이 저절로 평평해질 리가 없다. 이때 '내'가 삼태기에 흙을 담아서 파인 곳에 그 흙을 옮긴다면, 다른 누군가가 아니라 바로 '내'가 일을 진척시킨 것이다.

여기서 공자는 일이 잘되기를 바라기만 하거나 시작한 일을 관성적으로 하는 것이 아니라 매 순간마다 지금 하고 있는 일의 의미를 묻고 있는 것이다. 그 물음을 극적으로 나타내기 위해 마지막 삼태기와 첫 삼태기에 주목하게 했다. 공자는 일의 성공과 실패가 외부의 영향을 무시할 수 없지만 결국 주체적 선택에 의해 결정된다는 점을 말하고자 했다. 공자가 금수저를 물고 태어났더라면 사회적 조건보다 주체적 노력을 강조하는 주장이 다소 가진 자의 여유로 보일 수 있다. 하지만 공자는 탄생에서부터 성장까지 실패와 결핍의 삶을 살았던 만큼 주체적 노력의 강조가 설득력을 가진다고 할 수 있다.

대박은 시한폭탄이다

우리도 새해나 변화의 전기에 그럴 듯한 목표를 세운다. 그리고 그 목표에 도달했다 싶으면 금세 또 다른 목표가 생겨난다. 그렇게 목표가 또 다른 목표를 낳는다. 우리가 목표를 향해 나아가야겠다고 생각하는 순간부터 결코 목표로부터 자유로울 수 없다. 우리는 하나의 목표를 달성하고 그 위에 새로운 목표를 향해 나아간다고 생각한다. 하지만 실제로는 하나의 목표를 달성하고 나면 결국 새로운 제로베이스에서 출발하는 셈이다.

근대 이래로 사람은 노동하는 삶을 피할 수 없다. 대박 신드롬은 피할 수 없는 노동을 끝장낼 수 있다는 탈출의 초대장으로 유통되고 있다. 하지만 이러한 대박은 소수에게만 가능함에도 불구하고 누구에게나 가능할 것처럼 착각하게 만든다. 이것은 지금의 고통을 미래의 희망과 교환하려는 가정에 대한 믿음일 뿐이다. 그 믿음이 유효한 힘으로 남아 있을 때 우리는 잠시나마 행복에 젖을 수 있다. 다수가 이 행복이 실제로 가능하다고 믿는다면 대박을 좇는 사회는 위험해진다.

사실 대박의 꿈은 상상의 세계에만 존재하므로 현실 세계에서는 끊임없이 떠다닐 뿐이다. 따라서 대박의 시한폭탄이 터진다면, 사회는 집단적인 우울증을 겪게 된다. 일의 고통은 여전하고 일의 고통을 끝낼 대박이 허상으로 드러나면서 탈출구 없는 사회의 모습이 그대로 드러나기 때문이다. 이것이 바로 우리 주위에 우울증을 앓고 있는 사람이 많은 이유이다.

강 위에 떠다니는 부유물을 건져내려고 했던 사람은 안다. 처음에는 부유물을 쉽게 손에 쥘 수 있으리라 상상하지만 우리가 부유물에 다가가면 다가가는 만큼 부유물도 우리로부터 멀어진다. 멀어지는 만큼 앞으로 다가가고 싶은 욕망이 세차게 일어난다. 이렇게 대박은 다가가려는 우리와 적절한 거리를 두고 있을 때 효력을 발휘한다. 거리가 좁혀지거나 대박을 손에 쥐면 모든 것이 화려하게 바뀔 것이라 상상한다. 그러나 갑작스레 바뀐 환경을 제대로 통제하지 못하면 흥청망청하다가 대박은 쪽박으로 바뀌게 된다.

공자는 우리가 인공 산을 그냥 쌓는 것이 아니라 마지막 한 삼태기를 옮기는 순간까지 생각해야 하고, 땅을 평평하게 고를 때 그냥 하는 것이 아니라 첫 삼태기를 옮기는 순간부터 생각해야 한다고 말하고 있다. "해야 할까 하지 말아야 할까?" '내'가 마지막까지, 그리고 처음을 옮겨야 하는 운명을 자각함으로써 인공 산은 산으로 완성되고 울퉁불퉁한 길은 평평한 길로 바뀌는 것이다.

단 한 번의 작업으로 땅을 고르는 허황된 대박을 꿈꾸면서, 꿈에서 이루어진 대박에 기대어 자신의 인생을 온갖 행복으로 장식하겠지만, 그 꿈은 역설적으로 현실에서 도피하려는 것이지 현실과 맞서려는 용기가 아니다. 행복을 향한 용기는 대박을 꿈꾸는 곳이 아니라 일상을 만나는 곳에 있기 때문이다.

대박을 이루고 행복한 삶을 이루면 무언가 이전과 완전히 다른 삶이 펼쳐지리라 상상하지만 그렇지 않다. 우리가 사람인 한 늘 하던 일상을 되풀이할 수밖에 없다. 행복한 삶이란 되풀이되는 단조로운 일상을 완전히 그만두고 화려하고 품위 있는 삶만을 시작하는 것이 아니다. 하기 싫어도 억지로 해야 하는 일상을 벗어나 하고 싶어서 하는 유쾌한 삶을 사는 것이다. 행복은 또 다른 삶이 그림처럼 펼쳐지는 신세계가 아니라 이전부터 있던 삶을 만족과 쾌활한 방식으로 새롭게 구성하는 것이다.

좋은 것을 골라 따라 해라

'모방'은 사람이 높은 곳으로 나아가려는
욕망의 움직임이다.
공자는 'first mover'가 되기 이전에
'fast follower'였다.

내가 지금보다 나아지려면 어떻게 해야 할까?
스스로를 아무리 돌아봐도 발전의 씨앗을 쉽사리 찾을 수 없다. 나아
가야겠다는 바람은 들끓지만 나는 늘 그 자리에 있다. 자신을 계속 들
여다본다는 것은 스스로를 괴롭히는 일이다. 시선이 절로 다른 사람
으로 향하게 된다. 내가 제자리를 맴돌고 있을 때 다른 사람은 벌써
저만치 앞서나간다. 이때 사람은 무시, 허영, 질투, 모방, 존경 등의 자
세를 취하게 된다. 이 다섯 가지 감정이 얼마만큼씩 뒤섞여 이루 다
헤아릴 수 없는 다양한 군상으로 나타난다.

'무시'는 다른 사람의 성취를 전혀 인정하지 않고 그 성취를 깎아
내리는 태도이다. '허영'은 자신에게 모자라고 부족한 것을 마치 넉넉
한 것처럼 보이려는 태도이다. '질투'는 나에게 없고 남에게 있는 것

을 싫어하면서 내가 없는 것을 가지려고 하기보다 남이 가진 것을 빼앗으려고 하는 태도이다. '모방'은 나에게 없는 것을 가진 남이 하는 언행을 따라 하려는 태도이다. '존경'은 남이 가진 것을 대단하게 여기지만 자신이 가지려고 하지 않는 태도이다.

공자는 자신이 모자란다고 생각할 때 자신보다 뛰어난 사람을 롤 모델로 삼는 '모방'의 태도를 취했다. 그 결과 공자가 태어나기 이전과 함께 살아가던 당대의 지적 성취들이 모두 '공자'라는 문화 용광로로 흘러들었던 것이다. 모방이야말로 공자가 문화의 틀을 창조해낼 수 있었던 자양분이었다.

「술이」
(07.22/173)

세 사람이 함께 길을 가면
그 속에 반드시 우리가 보고 배울 스승이 있기 마련이다.
나는 그 사람들의 뛰어난 점을 골라서 따라 해보고,
반대로 모자라는 점을 찾으면
나에게도 있는 그러한 점을 고칠 수 있다.

三人行, 必有我師焉,
삼인행 필유아사언
擇其善者而從之,
택기선자이종지

其不善者而改之.

기불선자이개지

三人:　삼인(三人)은 글자 그대로 하면 세 사람이지만 꼭 삼이라
　　　는 숫자에 얽매일 필요는 없다. 두세 사람 또는 서너 사
　　　람, 네다섯 사람 등으로 받아들여도 무방하다.

必:　　필(必)은 부사로는 꼭, 반드시, 오로지의 뜻으로 쓰이고,
　　　동사로는 꼭 하리라고 약속하다의 뜻으로 쓰인다.

師:　　사(師)는 스승의 뜻이다.

擇:　　택(擇)은 고르다, 가리다의 뜻이다.

善:　　선(善)은 좋다, 착하다의 뜻이고, 선자(善者)는 좋은 것의
　　　뜻이다.

從:　　종(從)은 따르다, 나아가다의 뜻이다.

改:　　개(改)는 개혁(改革)처럼 고치다, 바꾸다의 뜻이다.

而:　　이(而)는 접속사로 앞뒤의 의미가 비슷한 순접과 상반되
　　　는 역접이 있다.

之:　　지(之)는 용법이 아주 다양한데, 그것을 가리키는 대명사
　　　로 쓰이기도 하고, 주격 또는 소유격 조사로 쓰이기도 하
　　　며, 가다라는 동사로 쓰이기도 한다. 이처럼 단어의 용법
　　　이 정해져 있지 않고 문맥에 따라 달라지므로 고대 한문
　　　은 해석하기가 어렵다고 하는 것이다. 하지만 한문 문장
　　　의 구조에 익숙해지면 지(之)가 어떤 용법인지 쉽게 파악
　　　된다. 예컨대 여기서 지는 동사 다음에 쓰이고 있으므로

불특정한 대상을 가리키는 대명사로 쓰이는 것이지, 주격 조사나 동사가 될 수는 없다.

其:　　　기(其)는 영어의 정관사처럼 한정하는 맥락으로 쓰인다.

모방에서 길을 찾다

어른이 되고 나서 어릴 적에 읽은 책을 들춰보면 깜짝깜짝 놀랄 때가 있다. 『콩쥐 팥쥐』의 이야기는 착한 콩쥐가 행복을 누리고 나쁜 팥쥐가 벌을 받게 되는 걸로 끝이 난다. 결말에만 주목하면 해피엔딩이지만 과정에 주목하면 악인이 선인을 괴롭히는 내용으로 가득 차 있다. 어릴 때 결말이 아니라 과정에 주목했다면 『콩쥐 팥쥐』는 '누군가를 괴롭혀도 된다'라는 생각을 갖게 할 수 있다.

『놀부전』의 경우 결말은 『콩쥐 팥쥐』와 비슷하다. 놀부는 자신이 가진 것에 만족하지 못하고 남이 가진 것을 부러워한다. 그는 부러워하는 것에 그치지 않고 괜히 주위 사람을 괴롭히고 물건을 부수기도 하고 흥부의 행운을 가로채려고 한다. 그 결과 놀부의 몸은 어른이 되었지만 마음은 한 뼘도 성장하지 못한 아이의 상태에 머물러 있다.

공자는 팥쥐와도 다르고 놀부와도 달랐다. 그는 내가 갖지 못한 것을 남이 가졌다면 자신도 가지려고 했다. 그러나 남에게서 빼앗거나 남을 괴롭히는 방식이 아니었다. 공자는 자신이 부족하다는 것을 인정하고서 남이 가진 것을 배우려고 했다. 즉, 남의 의사에 반해서 빼앗는 것이 아니라 남이 가지게 된 맥락을 관찰하여 자신도 그것을 가지려고 했다.

이런 공자의 태도를 보면 내가 어릴 때 TV로 축구 시합에서 바나나킥을 본 뒤에 운동장에서 선수들의 동작을 따라 해보곤 했던 장면이 떠오른다. 나아가 공자는 자신에게 없지만 남에게 있는 것을 선별적으로 따라 하며 자신을 더 나은 사람으로 끌어올리고자 했다. 공자의 선별적 모방은 제자 안연에게서 자신을 끊임없이 담금질하는 '자기 혁명'의 용기로 이어졌다. 맹자의 전언에 따르면 안연은 모방이 도전의 에너지로 전환될 수 있는 길을 발견하고서 다음처럼 말했다.

위대한 성왕 순은 누구인가? 나는 누구인가?[10]

공자와 안연의 이야기는 박찬호의 경험에서도 확인할 수 있다. 요즘 류현진, 강정호 등 한국 프로팀에서 뛰던 선수들이 실력을 인정받아 곧바로 미국의 MLB로 진출하고 있다. 하지만 박찬호 시절만 해도 MLB는 상상할 수만 있을 뿐 결코 현실이라고 여기지 않았다. 박찬호는 1991년에 한·미·일 고교대표팀 친선 대회에서 우승하고 다저스 스타디움을 방문했다. 당시 그는 관중석 제일 뒤에서 경기를 바라보며 '내가 어디에서 뛸 수 있을까?'라는 상상을 품었다. 그 상상이 아시아 선수가 MLB에서 새로운 길을 개척하는 출발점이 됐다. 훗날 그는 인터뷰에서 자신의 인생을 다음처럼 말했다.

꿈은 상상력에서 생기는 거예요. 상상력이 조금씩 깊어질 때 비로소 꿈이 만들어져요. 다시 꿈이 깊어지면 목표가 만들어집니다. 마지막으로 목표가 만들어지면 그때부터는 몸과 마음이 만들어져요.

(박동희, '‘개척자’ 박찬호와 마포대교 그리고 영웅', 《매거진 S》)

공자는 자신을 앞서가는 사람을 보고서 좌절하지도 시기하지도 않았다. 그들은 자신이 걸어갈 길을 먼저 걸어간 사람이다. 즉, 그들은 나의 미래인 것이다. 그 미래를 예사로 보지 않고 자세하게 들여다본다면, 그만큼 ‘미래의 나’가 뚜렷하게 ‘현재의 나’에게로 다가올 것이다.

반면교사

우리는 자신보다 잘난 사람을 보면 기가 죽고, 못난 사람을 보면 기를 편다. 남이 나보다 낫다는 것을 흔쾌히 인정하기보다 어떻게 해서든 깎아내리려고 한다. “내가 누구보다 못하다”라는 것은 죽기보다 싫을 뿐만 아니라 삶의 욕망을 허무는 일이기 때문이리라. 이러한 인간의 성향으로 인해 우리는 남의 단점이라면 티끌만큼 작아도 잘 찾아내고 자신의 단점은 기둥만큼 커도 제대로 바라보지 못하는 것이다. 이를 성경에서는 “자기 눈의 들보와 남 눈의 티”로 대비시키고 있다.

너는 형제의 눈 속에 든 티는 보면서도 어째서 제 눈 속에 들어 있는 들보는 깨닫지 못하느냐? 제 눈 속에 있는 들보도 보지 못하면서 어떻게 형제더러 ‘네 눈의 티를 빼내 주겠다’ 하겠느냐? 이 위선자야, 먼저 네 눈에서 들보를 빼내어라. 그래야 눈이 잘 보여 형제의 눈 속에 있는 티를 꺼낼 수 있다.

(「루가의 복음서」 6:41~42, 공동번역)

공자는 사람들이 자신에게 너그럽고 남에게 엄격하다는 점을 이용해서 자기 자신을 바라보는 방법을 제안하고 있다. 자신의 잘못을 직접 들여다보지 못하니 먼저 남의 잘못을 들여다보라고 말한다. 남의 잘못을 찾아내는 눈을 가지고 자신을 살피면 비로소 자신의 잘못을 찾아낼 수 있다는 것이다. 남은 나와 상관이 없는 사람이 아니라 나를 비추어보는 거울이 되는 것이다. 나아가 남의 잘못을 보며 인간의 약점을 읽어낸다면, 한 번 잘못을 한 사람을 무조건 나무라기보다 다시 한 번 기회를 주는 따뜻한 태도를 지니게 된다. 우리는 서로에게 학생이면서 선생인 것이다. 좋은 일은 좋은 일대로 나쁜 일은 나쁜 일대로 모방의 정면교사(正面教師)가 되고 교훈의 반면교사(反面教師])가 되기 때문이다.

학교가 아닌 곳이 없다

공자는 모방에서 길을 찾는 "택선종지(擇善從之)"를 말하고 남의 잘못에서 자신을 돌아보는 반면교사를 말했다. 이때 우리는 배움이 일어나는 곳에 주목할 필요가 있다. 우리는 '배움' 하면 바로 학교와 학원을 떠올린다. 가정, 사회, 자연은 더 이상 배움의 장이 아니다. 반면 공자는 택선종지와 반면교사를 말하면서 "서너 사람이 서로 어울려서 지내는 상황"을 제시하고 있다. 이곳은 분명 책걸상이 놓여 있고 칠판과 교탁이 있는 교실이 아니다. 이곳은 생활이 일어나고 있는 삶의 현장이다.

공자의 배움과 지금의 교육 현실을 비교해보면 큰 차이가 있다. 일단 배움의 내용이 다르다. 오늘날 학교 교육은 대학 진학을 목표로 문제를 빨리 잘 풀어서 정답을 찾아내는 '기계-학생'을 만들어내고 있다. 아니면 문제를 보자마자 답을 찍어내는 '족집게-학생'을 만들고 있다. 반면 공자는 인생을 살아가면서 자신의 여정을 잘 가꾸고 배우는 '여행자-학생'을 말하고 있다. 어울리는 사람이 잘하면 그것을 내 것으로 만들고, 어울리는 사람이 잘못을 하면 내 안의 잘못을 찾아서 고치는 것이다. 이로써 나는 점점 이전보다 더 나은 사람(여행자)이 되어간다. 사람을 기계 아니면 족집게로 만드는 교육과 행복한 여행자로 만드는 교육의 차이가 결코 작다고 할 수 없다.

아울러 배움이 일어난 장소가 다르다. 오늘날 교육은 학교(학원)의 안과 밖으로 구분한다. 안은 공부하는 곳이고 밖은 공부에 방해되는 곳이다. 따라서 자연히 학생이 학교(학원)에 머무는 시간이 많으면 좋고 적으면 나쁘다고 생각한다. 공자의 교육은 학교의 안과 밖의 구분이 없다. 배움은 학교 안에서도 일어나고 밖에서도 일어나기 때문이다. 우리는 오늘날 "공부하러 학교에 갑니다"라고 말하지만 공자는 "이 세상 모든 곳이 학교다"라고 말한다.

여행은 최고의 배움터

"삼인행(三人行)"을 좀 더 적극적으로 풀이하면 익숙한 곳을 떠나 낯선 곳으로 가는 여행으로 볼 수 있다. 고향은 너무나도 익숙해서 아늑하다. 하지만 자극이 없으니 호기심도 일어나지 않고 모든 것을 알고 있으니 물을 일도 없다. 뭔가를 찾는 탐구는 없고 주위를 즐기는 향유가 있다.

하지만 여행을 떠나면 하나에서부터 열까지 낯설고 색달라서 긴장감이 생긴다. 몸이 조금 아파도 약을 어디에서 살지 모르니 알 만한 사람을 잡고 묻지 않을 수 없다. 많지 않은 시간에 많은 것을 보려고 하니 효율을 생각하고, 다시 오지 못할 듯하니 깊게 느끼려고 한다. 세포와 신경이 모두 날이 서서 하나라도 더 찾으려고 한다. 이렇듯 여행은 우리를 길을 찾고 여정을 짜고 의미를 깨닫는 탐구자로 만드는 것이다.

"삼인행"을 보자. 세 사람이나 열 사람이나 서른 사람이 한 교실에 앉아 수업을 듣고 문제를 풀어보자. 수업을 듣는 태도와 문제를 푸는 실력에는 차이가 난다. 그 이외의 차이가 드러날 틈이 없다. 하지만 세 사람이 길을 나서보라. 걸음을 걷는 걸음새가 다르다. 벌써 물음이 생긴다. "당신은 왜 그렇게 걸어요?" 대답이 이어지며 대화가 피어난다. 교실에서 침묵은 권장되지만 대화는 거절된다. 다른 사람에게 방해가 되기 때문이다. 여행에서 침묵은 의미를 삭이는 과정이고 대화는 의미를 찾아가는 과정이다. 어쩌면 우리는 너무 닫힌 공간 안에서만 배움을 찾는 교육 중독증에 걸려 있는지도 모른다.

공자는 우리의 손을 잡고 발을 교실 밖으로 이끈다. 닫힌 곳에서만 날개를 피는 주인 행세를 할 것이 아니라 툭 트인 곳에서 손님이 되어 미래의 나를 빚으라고 권하고 있다. 바람의 딸 한비야도 교실에만 갇혀 있었다면 오늘의 한비야가 되지 못했을 것이다. 한비야가 걸어서 지구를 세 바퀴 반을 돌고 지도 밖으로 행군했기에 깨달음을 얻는 행복한 여행자가 된 것이다.

어떤 일도
만만하게 보지 마라

익숙하다고 생각하면 실수를 저지른다.
일을 늘 처음 하는 것처럼 처리하라.

처음에 윤태호 작가의 웹툰으로 연재되었다가
드라마가 되면서 〈미생〉은 여러 사람들의 공감을 샀다. 대개 기업 드
라마는 업무보다 연애 이야기를 주로 다루지만 〈미생〉은 계약직과 정
규직 등 직장 세계의 생생한 민낯을 그대로 다루고 있기 때문이리라.
드라마 속 장그래는 초반에 '이면지 사건'으로 곤혹을 치른다. 이면지
에 영수증을 붙이던 장그래가 잠시 자리를 뜬 사이, 인턴 동료가 풀을
빌리러 왔다 풀이 묻은 이면지를 그대로 달고 나가 회사 로비에 떨어
뜨린다. 회사에서 생산한 문건은 기밀 보안 때문에 파쇄가 원칙인데
본의 아니게 사소한 실수를 하게 된 것이다.

물론 장그래의 상사 오 과장이 나중에 이면지 사건이 장그래의 잘
못이 아니라는 사실을 알게 되고, 오 과장과 장그래는 화해하게 된다.

이면지 처리는 업무 난이도로 따지자면 0에 가까운 일일 것이다. 하지만 그런 단순한 일도 순간 방심하면 '회사를 그만둬야 하나?'라는 생각이 들 정도로 심각한 사안이 된다. 일에 주눅이 들어서는 안 되지만 그렇다고 일을 만만하게 여겨서도 안 된다. 공자는 일을 먼저 두려워하라고 말한다. 그러면 매너리즘에 빠지는 것도 사소한 실수를 되풀이하는 일도 줄어들고, 기존에 해결하지 못한 일에 새로운 돌파구를 찾을 수 있다는 것이다.

「술이」
(07.11/162)

자로가 물었다.
"선생님이 지휘관으로 전군을 통솔한다면 누구와 함께하시겠습니까?"
공자가 대답했다.
"맨손으로 호랑이를 때려잡으려다 물려 죽거나
맨몸으로 강을 건너려다 허무하게 빠져 죽어도
후회하지 않을 사람과 나는 함께하고 싶지 않다.
반드시 할 일을 앞에 두고 두려워하고
미리 꾀(계획)를 내서 일을 잘하려는 이와 함께할 것이다."

子路曰: "子行三軍, 則誰與?"
자로왈   자행삼군 즉수여

子曰: "暴虎馮河, 死而無悔者, 吾不與也.
자왈　포호빙하 사이무회자 오불여야
必也臨事而懼, 好謀而成者也."
필야임사이구 호모이성자야

子路:　자로(子路)는 자(字, 성인이 되어 붙여진 이름)이고 본명은 중
　　　　유(仲由)이다. 자로는 공자의 제자 중에 가장 연장자로 공
　　　　자와 나이 차이가 아홉 살 정도였다. 자로는 직선적인 성
　　　　격이라 공자에 대한 비판도 주저하지 않았다. 자로는 위
　　　　나라의 내분에 휩싸여 공자보다 일찍 죽음을 당했다. 자
　　　　로의 시신으로 젓갈을 담갔다는 소식이 들려오자 공자는
　　　　집 안의 젓갈을 모두 내다버렸다고 한다.

行:　　행(行)은 다니다, 움직이다, 실행하다의 뜻으로 많이 쓰이
　　　　지만 여기서는 운용하다, 지휘하다의 뜻으로 쓰인다.

三軍:　오늘날 삼군(三軍) 하면 육군·해군·공군으로 생각하기
　　　　쉽지만, 당시는 육군이 주력이고 수군(水軍)이 보조 전력
　　　　으로 쓰였으며, 삼군은 상군(上軍)·중군(中軍)·하군(下
　　　　軍)이나 좌익(左翼)·중군·우익(右翼)처럼 군대의 편제를
　　　　가리켰다. 여기서 삼군은 군사의 편제나 대군(大軍)처럼
　　　　매우 많은 군사를 말한다.

誰:　　수(誰)는 누구를 뜻하는 의문 부사이다.

與:　　여(與)는 이 문장에서 동사로 함께하다, 참여하다, 돕다의
　　　　뜻으로 쓰였으며, 의문형 문장의 마지막에 허사로 쓰이

기도 하고, 명사로 무리, 한패, 집권당의 뜻으로 쓰이기도
한다.

暴: 暴은 갑자기, 사납다, 해치다의 뜻으로 쓰일 때 폭우(暴
雨)나 폭행(暴行), 횡포(橫暴)나 포악(暴惡)처럼 '폭'과 '포'
두 가지로 읽지만, 폭서(暴書)나 폭로(暴露)처럼 햇빛을 쬐
다, 드러내다의 뜻으로 쓰일 때는 폭으로만 읽는다. 여기
서는 무기를 갖추지 않고 맨손으로 싸우다라는 뜻으로
포로 읽는다.

馮: 馮은 사람의 성을 나타내면 '풍'으로 읽고, 타다, 오르다
의 뜻이면 '빙'으로 읽는다. 여기서 馮은 후자의 뜻으로
배를 타지 않고 강을 헤엄쳐서 건넌다는 맥락이다.

河: 하(河)는 강(江)과 함께 큰 물줄기를 나타낸다. 하와 강은
일반 명사로도 쓰이지만 하는 황하(黃河), 강은 장강(長江)
의 약칭으로 쓰이기도 한다.

悔: 회(悔)는 뉘우치다, 후회의 뜻이다.

臨: 임(臨)은 임하다, 닥치다, 내려다보다의 뜻이다.

懼: 구(懼)는 두려워하다, 두려움, 위태로워하다의 뜻이다.

謀: 모(謀)는 꾀하다, 헤아리다, 꾀, 책략의 뜻이다.

시교(詩敎), 시에 담긴 진리 찾기 놀이

포호빙하(暴虎馮河)는 공자가 지어낸 말이 아니라 『시경(詩經)』「소
아(小雅) 소민(小旻)」에 나오는 구절을 조합한 표현이다.

감히 호랑이를 맨손으로 때려잡지 못하고,(不敢暴虎.)

황하를 배 없이 건너지 못한다네.(不敢憑河.)

사람들은 죽을 수 있는 가까운 일은 알지만,(人知其一,)

나라가 망하는 먼 일을 알지 못하네.(莫知其他).

두려워 벌벌 떨며,(戰戰兢兢,)

깊은 연못 앞에 이른 듯이 하고,(如臨深淵,)

얇은 얼음을 밟듯이 하라!(如履薄氷!)

공자는 "불감포호(不敢暴虎), 불감빙하(不敢憑河)"의 시구절에서 포호와 빙하를 한 구절로 묶어서 '포호빙하'라는 표현을 만들어냈다. 호랑이를 잡고 황하를 건너려면 반드시 먼저 도구를 갖춰야 한다. 『구약 성서』의 삼손도 아니고 그리스 신화의 헤라클레스도 아닌 다음에야 맹수 중의 맹수인 호랑이를 어떻게 맨손으로 때려잡고, 오늘날 첨단 기기의 도움도 없이 넓고 넓은 황하를 어떻게 맨발로 건널 수 있겠는가? 포호빙하라는 말은 용기는 가상할지 몰라도 실제로 해낼 수 없는 일을 하려고 하는 무모(無謀)한 행동을 나타낸다.

공자만이 아니라 후대 학자들은 자신의 생각을 펼치다가 『시경』의 시를 즐겨 인용한다. 즉, 시를 통해 자기주장의 정당성을 밝히는 것이다. 이를 시교(詩敎), 즉 시에 의한 가르침이라고 한다. 고대 중국만이 아니라 그리스에서도 시인은 철학자와 함께 진리를 밝히는 사람으로 인정을 받았다.

플라톤이 말하듯이 화가는 현실에 있는 사물을 대상으로 그림을 그린다. 현실의 사물은 이데아의 세계를 본뜬 것이다. 화가는 사물의 순수한 진짜 모습이 아니라 진짜를 몇 차례 복사한 모습을 그리는 셈이다. 따라서 고대 그리스에서는 진짜를 만나거나 드러내지 못하므로 그림은 철학이나 시에 비해서 뒤떨어진다고 보았다. 반면 시와 철학은 언어를 매체로 삼기 때문에 진리와 직접 대면한다고 보았다.

고대 중국에서도 시는 사람의 마음을 드러내는 것으로 보아 진리를 포착한다고 보았다. 이렇게 보면 포호빙하는 진리에 이르는 합당한 길을 찾지 않고 성급하게 구는 어리석은 행동을 간명하게 잘 포착했다고 할 수 있다.

자로와 공자의 동상이몽

위의 『논어』 원문에서 사실 자로가 공자에게 다소 무례한 듯한 말을 하게 된 맥락이 있다. 자로가 말하기에 앞서 공자가 안연과 말하면서 자로를 자극하는 듯한 발언을 했기 때문이다. "자신을 써주면 생각하던 이상을 실행하고, 자신을 내버려두면 자신의 존재를 묻어두면 된다. 오직 나랑 너랑 이럴 수 있겠지!"[11] 공자가 안연을 자신의 정신적 동반자로 인정한 셈이다.

옆에 있던 자로는 공자가 자신보다 나이가 한참 어린 안연에게 극찬을 하자 오기가 발동했다. 그는 자신이 안연과 다른 측면에서 공자의 정신적 동반자가 될 수 있으리라고 기대했다. 자존심에 상처가 난 자로는 자신의 존재 가치를 증명해보고 싶었다. 그래서 생각해낸 것이 삼군을 지휘하는 상황이었다. '용기'라면 제자 중에 자기를 따라올 사람이 없으므로 공자가 당연히 자신과 함께 삼군을 지휘하리라고 생각했다.

하지만 공자는 자로의 기대를 너무나도 차갑게 내쳤다. 냉정하다고 할 정도이다. 삼군의 지휘는 지휘관 한 사람의 승패가 아니라 대군의 생명 및 국가의 운명과 관련된다. 용기만을 앞세우고 앞뒤 계획을 세우지 않고 무턱대고 "돌격, 앞으로!" 하는 식으로는 삼군을 지휘할 수가 없다. 공자는 자로의 마음을 읽었지만 엄중하게 말하지 않을 수 없었던 것이다.

공자는 때로는 이렇게 냉혹하기도 했다. 아무리 제자라고 하더라도 나중에 일을 맡아서 그르칠 수 있는 가능성은 잘라내야 했기 때문이다. 알고 보면 공자는 부드러울 때는 한없이 부드러운 사람이기도 하고, 엄격할 때는 어떠한 소리에도 아랑곳하지 않는 대쪽 같은 사람이기도 했다.

공자는 탁월한 전략가이자 기획자

공자는 '높은 하늘'을 뜻하는 「소민(小旻)」이라는 시에서 자로와 같이 무모하게 덤비는 사람을 가리키기 위해 '포호빙하'라는 표현을 잘 끌어냈다. 이러한 표현을 보면 "괜히 공자가 아니다"라는 생각이 든다. 그는 『시경』을 평소에 몇 차례 읽었고 자로와 이야기하면서 바로 '소민'을 떠올려 시구 중에 '포호빙하'라는 표현을 찾아낸 것이다. 『시경』을 통째로 외우고 시의 뜻을 환히 알고 있지 않으면 불가능한 일이다. 여기서 우리는 기억력과 번뜩이는 연상력 그리고 뛰어난 조어 능력을 볼 수 있다. 제자들도 공자의 이런 모습을 본받아서 그런지 공자와 대화하면서 고전에서 적절한 구절을 찾아내 스승을 깜짝깜짝 놀라게 하는 경우가 많았다.

공자는 『시경』에서 포호빙하의 새로운 표현을 찾아내 그 말을 말끝마다 용기를 내세우는 군상에다 연결시켰다. 용기만을 앞세우다 죽으면 명백히 무모한 죽음이다. 그럼에도 불구하고 당시 세태에는 '포호빙하'의 사람을 죽음을 조금도 뉘우치지 않는다는 사이무회(死而無悔)의 용사로 풀이했던 것이다. 공자는 그것이 올바른 언행이라고 보지 않았다.

사람이 일하다가 싸우다가 죽을 수는 있다. 이순신이 "꼭 살려고 하면 죽을 것이요, 꼭 죽으려고 하면 살 것이다(必生卽死, 必死卽生)"라고 말한 것처럼 죽음의 두려움을 극복하고 용기를 내야 할 때도 있다. 하지만 그 용기도 개죽음이 되어서는 안 된다. 그래서 공자는 포호빙하와 대비되는 말로 일을 하려면 하나하나 대책을 세워서 성사시키려고 노력하려는 '호모이성(好謀而成)'을 제시하고 있다. 이렇게 보면 공자는 탁월한 전략가이자 노련한 지휘관이라고 할 수 있다.

실례를 들자면 공자는 BC 500년에 노나라 정공(定公)을 모시고 협곡(夾谷, 지금의 산둥성 라이우시萊蕪市)에서 이웃에 있으면서 자국을 자주 괴롭히는 제나라 경공(景公)과 회담을 하게 됐다. 두 군주의 회동이 끝나자 제나라 측에서 흥을 돋운다며 창칼과 방패를 들고 무대에서 춤을 추려고 했다. 공자는 이런 군무가 군주의 회동에 어울리지 않는다며 제지했다. 하지만 다시 또 제나라 측의 광대와 난쟁이가 무대에 나와 춤을 추려고 했다. 공자는 군주의 신성한 회동을 어지럽히는 자를 처형해야 한다고 요구했다. 이에 노나라 측 장수가 춤추려는 자들의 허리를 베어버렸다.

제나라 경공은 자신들의 예에 어긋난 행동을 사과하며 이전에 노나라로부터 빼앗았던 영토를 반환했다. 이로써 공자는 국제적 명성을 얻게 됐다. 이 일을 보면 공자는 결코 유약한 샌님이 아니라 과단성이 있고 위기의 순간에 적절하게 대처하는 능력을 가진 인물이라고 할 수 있다.

왜 일을 두려워해야 할까?

공자의 이야기를 듣다 보면 "왜 일을 두려워해야 할까? 일하고 친해지는 게 좋지 않아?"라는 의구심이 든다. 일과 친해지려고 해야 일을 잘하게 되지, 일을 두려워하면 오히려 긴장을 많이 해서 일을 망칠 수 있다는 생각이 들기 때문이다. 맞는 말이다. '임사이구(臨事而懼)'와 같은 말은 절대 진리가 아니라 부분 진리이다. 즉, "일을 두려워하라"라는 말은 "일과 친해져라"라는 말과 마찬가지로 일을 잘할 수 있는 이치를 각각 다른 측면에서 말하는 것이다.

신입이 일을 겁내서 달려들지 못하고 주춤주춤거리면 당연히 "일과 친해져라!"라고 말할 수밖에 없다. 반면 일을 쉽게 생각하고, 이것저것 따지지 않고 성급하게 판단할 경우 "일을 두려워하라!"고 말할 수밖에 없다. 왜 일을 두려워해야 할까?

우리는 자신이 잘 알고 있고 익숙한 것에 대해 긴장을 하지 않는다. 신발을 갓 샀을 때 신발을 신으면 꽤 신경을 쓰지만 시간이 지나면 아무렇지 않게 신발을 신는다. 일도 마찬가지이다. 처음에는 긴장해서 만에 하나라도 실수할까 신경 쓰지만 매너리즘에 빠지면 누워서 죽 먹기처럼 쉽게 생각한다.

하지만 원래 나에게 속하지 않았던 것은 익숙해질 뿐이지 영원히 나의 것이 될 수 없다. 한순간의 방심이 큰일을 낼 수가 있다. 〈미생〉의 장그래가 '이면지 사건'에 걸려든 것도 "별일 있겠어!"라고 생각하는 데에서 빚어진 일이다. 공자는 일과 관련해서 낯설든 친숙하든 적절한 거리감을 늘 유지하라고 권한다. 거리감을 유지할 때 매너리즘을 막을 수 있고 실수를 막을 수 있기 때문이다.

14

욕파불능
(欲罷不能)

그만둘 수가 없다

한계는 불가능이 아니다.
한계는 '미래의 나'를 만나는 지점이다.

요즘 학교, 군대, 직장에서는 부사수와 사수, 멘티와 멘토 등의 멘토링을 중시한다. 신입이 일을 잘한다고 하더라도 낯선 환경에 적응하기란 쉽지 않다. 이때 선임이 그간 겪었던 경험과 갈고닦은 실력을 바탕으로 신입에게 도움을 준다면, 신입은 새로운 공간에 빠른 시간 내에 잘 적응할 수 있다. 우리가 무슨 일을 시작할 때 멘토링이 아니더라도 '롤 모델'을 설정하면 큰 도움을 받을 수 있다. 같은 분야의 앞선 사람을 따라가면 시행착오를 덜 겪을 수 있기 때문이다.

멘토링 제도가 있고 롤 모델을 정한다고 하더라도, '독립'을 할 때 고통이 찾아온다. 선배들이 쉽게 일을 하는 것 같아도 후배가 처음 할 때는 사소한 일도 실수를 하기 마련이다. 실수라면 바로잡을 수 있다.

158

하지만 능력의 한계를 느끼게 되면 '나는 안 되는가 보다!'라는 생각
이 들게 된다.

한계는 '현재의 나'가 앞으로 나아가는 데 문제 상태에 놓여 있다
는 것이지, '미래의 나'가 무능력하다는 것을 나타내지 않는다. 이마의
주름살, 손바닥과 발바닥의 굳은살, 몸 어딘가에 난 상처와 수술 자국,
마음 한구석에 또렷이 새겨진 결심과 기억 등은 '현재의 나'가 '미래
의 나'를 잉태했다 출산한 흔적이다. 그 흔적은 '그만두고 싶지만 그
만둘 수 없다'라며 넘어진 자리에서 다시 일어섰기에 생긴 것이다.

「자한」
(09.11/221)

안연이 한숨을 푹 내쉬며 길게 탄식했다.
"선생님은 우러러볼수록 더욱 높아만지고
들어갈수록 더욱 단단해 보인다.
바라보니 어느 틈에 앞에서 손짓하더니
문득 뒤에서 채찍질하시네.
선생님은 차근차근 배우는 사람을 잘 이끌어가시는구나.
각종 고전으로 나의 세계를 넓히고
예의로 나의 행위를 규제하신다.
아, 이러니 내가 그만두고 싶어도 차마 그럴 수 없네.
이미 나의 모든 재주를 다 쏟아부었지만
나의 눈앞에 우뚝 서 계시는 듯하다.

3장 |도전| 미래의 또 다른 나를 만나는 시간

또 힘을 내서 내가 따라가고자 하지만

어찌해볼 길이 보이지 않네."

顏淵喟然嘆曰:

안연위연탄왈

仰之彌高, 鑽之彌堅.

앙지미고 찬지미견

瞻之在前, 忽焉在後.

첨지재전 홀언재후

夫子循循然善誘人,

부자순순연선유인

博我以文, 約我以禮, 欲罷不能.

박아이문 약아이례 욕파불능

旣竭吾才, 如有所立卓爾.

기갈오재 여유소립탁이

雖欲從之, 末由也已.

수욕종지 말유야이

喟:　　　위(喟)는 한숨, 한숨 쉬다의 뜻이다.

然:　　　연(然)은 그러하다의 뜻이지만 여기서는 형용사나 부사
　　　　　뒤에 쓰여 상태와 모양을 나타낸다. 위연(喟然)은 "휴"하
　　　　　는 소리와 함께 숨을 쉬는 모양을 나타낸다.

仰:　　　앙(仰)은 우러르다, 믿다의 뜻이다.

彌:	미(彌)는 더욱, 널리, 두루, 오래다의 뜻이다.
瞻:	첨(瞻)은 보다, 우러러보다의 뜻이다.
循:	순(循)은 따르다, 좇다의 뜻이다. 순순연(循循然)은 차근차근, 또박또박의 부사이다.
約:	약(約)은 묶다, 합치다의 뜻이다. 약(約)과 속(束)은 모두 묶다라는 뜻으로 약속의 복합어로 쓰인다. 약속(約束)은 나를 특정한 시간대에 특정한 장소에 있도록 하는 것이니 '묶는다'는 의미를 기본 요소로 가진다.
罷:	파(罷)는 그치다, 그만두다의 뜻이다.
竭:	갈(竭)은 다하다, 쏟아붓다, 남김없이 하다, 최선을 다하다의 뜻이다.
末:	말(末)은 끝, 마지막의 뜻으로 쓰이지만 여기서는 없다는 뜻으로 쓰인다.

아버지 공자의 자식 교육

공자가 사상가로 알려지다 보니 자연히 그의 사상에 많은 관심이 쏠린다. 공자도 사상가 이전에 평범한 남편이자 아버지 노릇을 했을 것이다. 오늘날 부모들은 자식을 좋은 대학에 보내느라 온갖 고생을 하고 자식의 성적에 목을 맨다. 『논어』에도 당시 사람들이 공자의 자식 교육에 대한 호기심을 가졌던 것으로 알려지고 있다. "뛰어난 사상가 공자는 자식을 어떻게 교육시켰을까?" "공자는 아버지로서 자식을 어떻게 키웠을까?"

공자는 슬하에 백어(伯魚)라는 아들과 딸, 1남 1녀를 두었다. 공자는 딸을 제자 공야장(公冶長)에게 시집을 보냈다. 그는 공야장을 사위로 삼으면서 설사 감옥에 있더라도 믿을 만하다며 전폭적인 신뢰를 나타냈다.(05.01/093) 또한 백어가 태어난 뒤 노나라 소공(昭公)이 공자에게 축하 예물로 커다란 잉어 한 마리를 보냈다.(BC 532년) 공자는 이 일을 기념하느라 자식 이름을 리(鯉)로 지었다.

제자 진항(陳亢)이 백어를 만난 김에 평소 궁금하게 여겼던 것을 물어보았다.(16.13/450) "그대는 선생님의 자식이니까 특별한 가르침을 받는지요?(子亦有異聞乎?)" 진항은 아마 공자가 제자들에게 공식적으로 교육하는 것과 달리 자식에게 특별 과외를 하지 않나 생각한 모양이다.

질문을 받고서 백어는 두 가지 일화를 전했다. 첫째, 시(詩)를 배우게 된 이야기이다. 어느 날 자신이 집 안의 뜰을 지나가고 있는데, 아버지가 "시를 배웠느냐?"고 묻기에 "아직 배우지 못했습니다"라고 대답했다. 그랬더니 아버지가 "시를 배우지 않으면 대화에 제대로 응할 수 없다"라고 일러주어서 시를 공부하게 됐다. 둘째, 예(禮)를 배우게 된 이야기이다. 백어가 전날과 마찬가지로 뜰을 지나니 아버지가 이번에는 "예를 배웠느냐?"고 묻기에 "아직 배우지 못했습니다"라고 대답했다. 그랬더니 아버지가 "예를 배우지 않으면 교제에서 제자리를 잡을 수가 없다"라고 일러주어서 예를 공부하게 됐다.

「계씨」에 보면 진항은 백어의 이야기를 듣고 그 자리를 물러나서 '허허' 하고 웃으며 말했다.

나는 한 가지를 묻고서 세 가지를 알게 되었네.(聞一得三)

시의 가치를 알게 되었고, 예의 가치를 알게 되었고,(聞詩聞禮)

군자가 자신의 자식과 거리를 둔다는 것을 알게 되었네.

(又聞君子之遠其子也. 16.13/450)

   백어가 뜰을 바삐 지나다 아버지에게 한 수 지도를 받은 이야기를
'과정지훈(過庭之訓)'이라고 한다. 줄여서 '정훈(庭訓)', '과정(過庭)'이
라고도 하는데, 부모가 자연스러운 기회를 틈타서 자식을 가르치는
교육을 말한다. 진항의 말에서 보이듯 자식과 거리를 두려고 한다는
'원기자(遠其子)'는 오늘날 되새겨볼 만하다.

   요즘 부모들은 자식더러 "이 학원 다녀라, 저 학원 다녀라"라며 자
식 교육을 진두지휘하고 있다. 자식이 뭘 좋아하는지 차분히 알아보
지도 않고, 또 충분히 기다리지도 않고 성적이 오르지 않으면 학원을
다른 곳으로 바꾼다. 공자는 백어에게 필요한 공부를 슬쩍 알려주고
자식이 스스로 성장할 수 있도록 충분히 기다리는 교육을 펼치고 있
다. 반면 오늘날 부모들은 당장 시험 성적을 올리는 기술에 집중하며
자식이 문제 풀이에 열중하도록 만들고 있다.

   공자의 자식 교육은 후대에 큰 영향을 끼쳤다. 기대승(奇大升,
1527~1572)은 『과정기훈(過庭記訓)』을 지어서 아버지 기진(奇進)의
가르침을 새기려고 했다. 또 박지원(朴趾源, 1737~1805)의 둘째 아들
박종채(朴宗采)는 『과정록(過庭錄)』을 지어서 아버지의 일화와 사적 그
리고 교우 관계 등을 정리했다. 이것은 모두 아버지 공자가 자식을 어
엿한 성인으로 키우려고 했던 교육을 이어받으려 한 자취이다.

알묘조장(揠苗助長)

부모 세대와 자식 세대의 시간관념은 확연하게 다르다. 부모 세대는 자식 세대보다 최소한 20년에서 30년 정도 오래 살았다. 이러한 생활의 경험 덕분에 무슨 일을 하려고 하면 다음에 무엇을 하고 최종적으로 어떻게 된다는 결론을 알고 있다. 이 때문에 한 가지 일을 시작할 때 부모와 자식은 커다란 의견 차이를 보인다.

부모는 확실하고 안전한 방법을 선택하여 가급적 시행착오를 줄여야 한다고 본다. 반면 자식은 하는 일이 새로운 일이므로 이것저것 해보는 것이 나쁘지 않다고 생각한다. 여기서 나아가 부모는 자신의 지혜를 제공하여 자식이 실패하지도 않고 힘든 일을 겪지 않도록 배려하려고 한다. 이것이 바로 부모 노릇을 하는 것이라고 본다. 반면 자식은 한 가지 일을 부모가 일러주는 대로 꼭 해야 한다고 여기지 않고 다르게 하더라도 훨씬 더 재미있다고 생각한다. 이것이 바로 자식이 개성을 찾아가는 길이라고 본다.

이와 관련해서 맹자가 말한 알묘조장(揠苗助長)의 고사를 살펴볼 만하다.

전국시대 송나라 사람이 엊그제 모를 심었지만
빨리 자라지 않자 속이 탔다.(宋人有閔其苗之不長.)
참다못해서 그는 들로 나가
땅에 심어진 모를 조금씩 뽑아서 들어올렸다.(而揠之者.)
겉으로 보기에 모가 잠깐 사이에
몇 센티미터나 더 자란 것처럼 보였다.

이렇게 온종일 일을 하고 나서 바삐 집으로 돌아가,

집안사람들에게 자랑하듯 떠벌렸다.

(芒芒然歸, 謂其人曰:)

'오늘 힘들어 죽겠다! 나는 모가 쑥쑥 자라도록 도와주었다!'

(今日病矣! 予助苗長矣!)

그 말을 들은 자식이 깜짝 놀라 들로 뛰어가서 살펴보니,

모가 자라기는커녕 모두 쓰러져서 말라버렸다.

(其子趨而往視之, 苗則槁矣.)

(『맹자』「공손추」상2)

　　식물의 성장이나 지력의 개발에는 뛰어넘을 수 없는 단계, 꼭 거쳐야 하는 과정, 기다려야 하는 시간이 있다. 그 단계, 과정, 시간을 건너뛰려고 하는 것이 바로 송나라 농부의 알묘조장이다. 모가 자라려면 절대적으로 필요한 시간이 있는데도 불구하고 그것을 인정하지 않고 자라는 것을 돕는 조장(助長)을 하니 오히려 말라비틀어져서 죽는 고사(槁死)가 일어나고 있다.

　　우리 주위에는 자식을 아낀다면서 '조장'하는 사람이 적지 않다. 우리는 "반드시 관심을 두어야 하겠지만 꼭 어떻게 해야 한다고 해서도 안 되고 까맣게 잊어서도 안 되고 자라는 것을 억지로 도와주려고 해서도 안 된다(必有事焉, 而勿正, 心勿忘, 勿助長也)"는 맹자의 말을 새겨들을 필요가 있다.

이해(理解)와 이회(理會)

우리는 교육, 업무, 인생에서 이해(理解)의 중요성을 강조한다. 이해는 가장 기본적으로 말이나 글의 뜻 따위를 알아듣는다는 뜻이다. 나아가 이해는 사물의 본질과 내용 따위를 분별하거나 해석하는 것을 말하기도 하고 남의 사정이나 형편 따위를 잘 헤아려 너그럽게 받아들이는 것을 말하기도 한다. 이해를 왜 강조하는 것일까? 이해를 못하는 상황에서는 아무리 교육을 받아도 그 당시는 아는 것처럼 여겨져도 지나고 나면 자신이 뭘 배웠는지 모르게 된다. 이해를 못하면 업무를 하더라도 간단한 일처리는 하겠지만 복잡한 일은 엄두도 낼 수가 없다. 이해를 못하면 인생살이가 팍팍하고 피곤하게 된다.

우리는 '이해'의 글자 자체에 주목할 필요가 있다. '이해(理解)'는 글자 그대로 "이치(뜻)가 풀리다"라는 뜻이다. 우리가 수학 공식을 배워도 이해가 되지 않는다면, 그것은 공식의 뜻이 엉켜서 나의 머리에서 술술 풀리지 않았다는 뜻이다. 실타래의 실이 마구 엉켜버리면 아무리 많은 실이 있어도 쓸 수가 없다. 많은 설명을 듣고 교육을 받아서 말이 나의 머리에서 한 가닥씩 풀려 생각의 길이 뒤엉키지 않게 쭉 이어진다면 우리는 이해를 했다고 할 수 있다. 실이 엉키면 우리는 차분히 앉아 가닥을 헤쳐서 엉킨 곳을 풀어낸다. 이것은 이해를 향해 나아가는 과정이라고 할 수 있다.

지금은 잘 쓰지 않지만 이해와 비슷한 뜻으로 쓰이는 이회(理會)도 눈여겨볼 만하다. 이회(理會)는 글자 그대로 "이치가 나의 머리(가슴)에서 모이다"라는 뜻이다. 아무리 책을 읽어도 문자의 뜻이 나의 머리(가슴)에 들어와서 만나지 않고 멀리 떨어져 있다면 알았다고 할 수 없다. 반대로 낱말과 문장의 뜻이 시선을 따라 나의 가슴(마음)에 전해져서 "아, 이런 뜻이구나!"라고 감탄사를 터뜨리게 되면 책의 뜻과 가슴(머리)의 뜻이 만나게 되는 것이다. 감탄사는 그 만남의 장면을 축하하는 소리라고 할 수 있다.

중국의 사상가 중에서도 주희(朱熹, 1130~1200)는 책읽기와 교육의 이회의 가치를 강조한 인물로 유명하다. 이회를 한다면 책의 한 글자에서 문장으로, 그리고 책 전체로 관심을 넓혀서 마지막으로 지은 이와 책을 두고 이야기를 할 수 있게 된다. 이러한 이회와 이해의 교육이 바로 공자의 문하에서 안연이 그만두려고 해도 그만둘 수 없는 욕파불능(欲罷不能)의 핵심이라고 할 수 있다.

군자는 그릇이 아니다

삶의 문제에는 전공이 없다.
군자는 좋은 삶의 안내자이다.

학업에는 전공이 있다. 고등학교의 교과는 이과와 문과로 나뉜다. 그 뒤로 이과와 문과에 따라 대학 학과의 진학이 달라진다. 이렇게 학업의 전공이 나뉘면 다른 전공에 관심을 둘 여력도 없거니와 관심을 두려고 해도 어려워서 다가가기가 쉽지 않다. 생업에도 사람마다 잘하는 분야가 있다. 장사에 뛰어난 사람이 있고, 영업이라면 남부러울 게 없는 사람이 있다.

인생에는 학업이나 생업처럼 전공과 분야가 따로 없다. 학업과 생업의 이력이 인생에 영향을 준다. 하지만 삶과 죽음이 학업과 생업에 따라 다를 수는 없다. 삶과 죽음은 사람에게 공통된 특성으로 다가오기 때문이다. 이런 측면에서 사람이 인생을 잘 살고 행복을 느끼려면 학업과 생업을 떠난 차원에서 일반적으로 생각해볼 만하다. 군자는 자신의 삶을 최적으로 조직하여 개인적으로 행복하고 주위 사람들과 잘 어울리는 세상을 가꾸려는 사람이다. 이러한 군자가 특정한 분야에 뛰어나고 다른 분야에 엉망이라면, 그 삶이 위태롭게 된다.

「위정」
(02.12/028)

군자는 그릇이 아니다.

君子不器.
군자불기

君: 군(君)은 왕, 지배자를 뜻한다. 군자(君子)는 군(君)에다 접미사 자(子) 자가 결합한 꼴로 지배자를 가리킨다. 공자는 통상 지배자를 가리키는 군자의 의미를 확장해서 새로운 의미를 불어넣었다. 군자는 다스리는 사람으로서 타인의 지배에 초점이 있다. 공자는 군자를 남이 아니라 자기 자신을 올바르게 다스리는 사람을 가리키는 말로 사용했다. 사상가는 개념에다 새로운 생명을 불어넣는 언어학자의 특성을 가지고 있다.

不: 불(不)은 아니다라는 부정을 나타낸다. 不 자 다음에 오는 글자의 초성이 ㄷ, ㅈ이면 '불'이 아니라 '부'로 읽는다. 예컨대 '不正義'는 불정의가 아니라 부정의로 읽는다.

器:	기(器)는 그릇, 그릇으로 쓰다의 뜻이다.

그릇 이야기

요즘도 '그릇'을 사용하여 사람의 능력과 국량(局量)을 말한다. "저 사람의 그릇이 크다" "OOO의 그릇은 좁쌀만큼 작다" 등이 그러한 용례이다. 사실 공자는 이러한 용례를 즐겨 사용한 사람이다. 그는 제나라를 패권국으로 만들어서 춘추시대가 낳은 최고의 영웅 중 한 사람인 관중(管仲)을 두고 "관중의 그릇이 작다(管仲之器小哉!)"라고 말했다. 관중은 재상(宰相)을 맡으면서 관직의 겸직을 허용하지 않아 재정 낭비를 방치하고 자신이 왕인 양 온갖 사치를 일삼았기 때문이다.

그렇다면 공자는 군자를 그릇이 큰 사람(君子之器大)으로 설명하면 될 터인데 왜 그릇이 아니다(君子不器)라고 말하는 것일까? 이것은 그릇이라는 말 자체에 주목해봐야 한다. 공자는 「위령공」에서 그릇을 생업과 연관시켜서 사용하고 있다.(15.10/405) "기술자는 자신이 맡은 일을 잘하려면 반드시 먼저 연장을 날카롭게 길을 낸다.(工欲善其事, 必先利其器)" 이 말에 따르면 그릇은 생업을 할 때 사용하는 도구, 연장 등을 가리킨다. 즉, 그릇은 특정한 용도에 한정해서 쓰이는 도구를 말한다.

그릇이 도구라는 한정된 의미를 나타낼 때 군자와 그릇의 조합은 어울리지 않는다. 군자는 특정한 직종에 속해서 한 가지 일을 하는 사람이 아니기 때문이다. 군자는 빵을 만드는 제빵사, 자장면을 맛있게 내놓는 요리사, 땅을 갈아서 농사를 짓는 농부, 바다에 나가 고기를 잡는 어부가 아니다. 군자는 제빵사, 요리사, 농부, 어부가 편안하게 생업에 종사할 수 있도록 여러 사람이 겪는 문제를 해결할 수 있는 사람이다. 또 직종을 떠나서 사람들이 인생을 살면서 고민하고 괴로워하는 삶의 문제에 대해 조언하고 해결책을 제시할 수 있는 사람을 가리킨다.

군자는 빵을 만들 수 없고 요리를 할 줄 모르고 땅을 갈 수도 없으며 배를 몰지 못할 수 있다. 하지만 군자는 사람들이 겪으면서 힘들어하고 모든 사람이 겪는 난관을 뚫어낼 수 있는 길을 찾는 사람이다. 공자는 바로 군자의 이러한 측면을 부각시켜서 "군자는 그릇이 아니다"라고 말했다. 즉, 군자는 특정한 분야에만 한정되지 않고 일반적인 해결책을 찾으려고 노력하는 사람이라는 점을 강조하다 보니 "군자불기(君子不器)"라고 표현한 것이다.

그렇다고 해서 공자가 군자 이외의 사람을 그릇에 비유하지 않은 것은 결코 아니다. 「공야장(公冶長)」에서 제자 자공은 공자의 평가를 통해 자신이 어떤 인물인지 알고 싶었다.(05.04/096) 그릇을 두고 벌어지는 두 사람의 대화를 들어보자.

자공: 저는 어떤 정도의 사람입니까?(賜也何如?)

공자: 자네는 그릇이라네.(女器也.)

자공: 무슨 그릇 말입니까?(何器也?)

공자: 제사에 쓰이는 호련 그릇이라네.(瑚璉也.)

아마 자공은 "군자불기"라는 말을 알고 있었던 터라 공자의 이야기를 듣고서 깜짝 놀랐을 것이다. 공자가 느닷없이 "자네는 그릇이다"라고 말하여 자신이 군자가 아니라고 할 수 있었기 때문이다. 역시 침착한 자공은 토라지지 않고 재차 "그릇이라고 하더라도 도대체 무슨 그릇을 말하느냐?"고 물었다. 공자는 자공을 제사 의식에 쓰이는 그릇에 비유했다.

제사용 그릇은 구멍이 숭숭 뚫려 있어서 실용적으로 쓸 수가 없다. 호련(瑚璉)은 곡식을 담아 신께 바치던 제사용 그릇으로 하(夏)나라에서는 '호(瑚)'라 하고 은(殷)나라에서는 '련(璉)'이라 했다. 호련은 그릇의 꼴을 하고 있지만 일상생활에서 그릇의 실제적인 기능을 할 수는 없다. 따라서 공자는 자공을 특정한 용도에 쓰이는 현실의 그릇이 아니라 삶을 유의미한 형식이 되도록 하는 '그릇의 그릇'으로 간주하는 것이다. 이로써 자공은 다시 불기(不器)의 군자가 될 수 있는 것이다.

전체를 향한 분투

군자불기는 군자가 나아갈 특성을 잘 나타내는 구절이다. 군자는 현실의 구체적인 문제의 답을 가지고 있지 않지만 보편적인 문제에 관심을 두고 있다. 바로 이런 점 때문에 "군자는 오늘날 바람직한 인간상이 될 수 없다"라고 말하는 사람도 있다. "군자가 구체적인 현실을 모르니 뜬구름 잡는 이야기를 할 수밖에 없다"라고 생각하기 때문이다.

이러한 비판은 요즘에 처음 제기된 것이 아니라 18세기 조선의 실학자들도 했고 공자의 동시대 사람들도 했던 말이다. 번지가 「자로」에서 공자에게 농사짓는 법과 채소를 기르는 법을 물었다.(13.04/322) 공자는 자신이 경험이 많은 농부보다 못한다고 말하고 나서 자신의 학교에서 왜 그런 쓸데없는 질문을 하느냐고 꾸짖었다. 공자는 자신이 제자들과 함께 농사짓는 기술을 익히느라 학문을 탐구하는 것이 아니라 세상에서 삶의 질서를 갖추게 하고 올바른 정도를 세우기 위해 학문을 닦고 있다고 생각했다. 번지가 갑작스레 농사를 운운하니 공자는 그가 자신의 학문적 방향을 이해하지 못했거나 비판한다고 여겼던 모양이다.

홍대용(洪大容, 1731~1783)은 『논어문의(論語問疑)』에서 공자가 농사를 묻는 제자 번지를 나무라는 구절에 대해 못마땅하게 생각했다. 먹는 것이 가장 중요하다는 "이식위천(以食爲天)"이라는 말처럼 농사는 사람이 먹고사는 기반 산업이다. 농사를 제대로 짓지 않으면 사람들이 목숨을 부지할 수 없다. 학문은 농사와 별개로 있는 것이 아니라 농사의 문제를 해결하는 데에서부터 시작된다. 따라서 홍대용은 농사를 중요하지 않은 것으로 취급하는 공자를 이해할 수 없었던 것이다.

공자가 번지와의 대화에서 농사 자체를 부정한 것은 아니다. 자신의 학문 방향을 밝히려다 보니 농사를 물은 번지에게 대답을 하지 않으려고 했던 것이다. 반면 홍대용은 18세기에 가난과 세금에 시달리는 농민을 위해 "많은 수확을 가능하게 하는 농법"을 찾아야만 시대의 문제를 해결할 수 있다고 생각했다. 이런 측면에서 공자가 농사의 중요성을 제대로 알아차리지 못했다고 보았던 것이다.

「미자」(18.07/484)를 보면 당시 정치 현실을 피해 산에 살던 은자가 공자에게 "팔다리를 부지런히 놀리지 않고 먹고사는 오곡조차 구분하지 못한다(四體不勤, 五穀不分)"라고 비판한다. 은자는 공자가 먹고사는 곡식을 제대로 모르면서 인의(仁義)와 같은 추상적인 도덕을 설파한다며 비꼬고 있는 것이다. 인의는 먹을 수 없고 생명에 도움이 되지 않지만 곡식은 먹으면 살 수 있다는 말이다.

하지만 이렇게 실용성만을 기준으로 학문과 인생의 가치를 말하게 되면, 사람의 활동 중에 많은 것이 자취를 감춰야 한다. 19세기 말에 축음기와 영사기가 발명되었을 때 당장 돈이 되지 않는다고 그 기술을 사장시켰다면, 오늘날 가장 각광받는 대중 예술로서 영화가 탄생하지 않았을 것이다. 또 오늘날 흥행이 되지 않는다고 기록 영화, 실험 영화 등이 제작되지 않는다면, 우리는 매번 비슷한 영화만을 보게 될 것이다.

실용성만을 기준으로 삼는다면 영화, 무용, 음악, 미술 등의 예술과 문학, 역사, 철학 등의 인문학 중 아주 일부만이 살아남을 것이다. 인문학과 예술은 특정한 분야로 한정되는 것이 아니라 전체를 볼 수는 안목과 자신을 되돌아볼 수 있는 성찰의 힘을 길러준다. 우리는 전체를 보며 부분을 열심히 살아야 자신이 제대로 나아가고 있는지 가늠할 수 있다.

나는 10여 년 동안 교양 강의에서 '유서 쓰기' 과제를 내고 있다. 죽음은 나의 삶을 전체로 바라보게 만드는 사건이기 때문이다. 학생들은 요일에 따라 강의를 듣고 취업을 준비하느라 자신의 전체를 보지 못하고 부분에 갇혀 있다. 하지만 유서를 쓰면 '내'가 무엇을 향해 지금 무엇을 하고 있는지 살필 수 있다. 학생들은 처음에 "젊은 나이

에 유서를 쓰다니!"라며 다소 의아하게 생각하다가 취지를 이해하고
나서는 진지하게 유서를 작성해서 과제로 낸다. 유서를 읽다 보면 젊
음의 고민도 이해하고 무엇을 하고자 하고 무엇을 의미 있게 생각하
는지 이해할 수 있다. 그래서 앞으로도 계속 유서 쓰기의 과제를 내려
고 한다.

120세 사회의 출현과 "군자불기"

현대인은 고대인에 비해 평균 수명이 크게 늘었다. 건강 관리를 잘
하면 사람이 120세까지도 살 수 있다는 보도가 나오고 있다. 이제는
60세라도 '노인' 대접을 받기가 어렵게 됐다. 이를 반영하듯 노인의
연령을 65세에서 70세로 상향 조정하자는 이야기가 나오고 있다. 옛
날에는 70세를 먹기가 힘들다는 뜻에서 고희(古稀)라고 했지만 지금
은 70세가 기본인 사회가 되었다.

이렇게 초고령화가 진행되는 상황에서 군자불기는 어떻게 이해될
수 있을까? 기대 수명이 늘어난 만큼 사람은 여러 가지 특정한 기술
을 익혀서 은퇴 이후에도 먹고살 수 있는 준비를 해야 하는 것일까,
아니면 기술보다는 전체를 바라보는 안목을 갖춰서 미래의 삶을 항
해할 수 있는 기준을 가져야 할까?

오래 산다는 것은 삶의 변화와 곡절이 생길 가능성이 그만큼 늘어
난다는 뜻이다. 변화를 맞이했을 때 사람은 숙고를 통해 합리적 판단
을 내려야 한다. 이때 그 판단이 적절하면 이후의 삶은 긍정적인 방
향으로 진행되고, 부적절하면 이후의 삶은 부정적인 방향으로 진행된

다. 따라서 적합한 판단은 그 어떠한 것보다도 중요하다. 좋은 판단을 할 수 있으면 그 상황에 맞는 가장 적실한 방안을 찾아낼 수가 있다. 전체를 보는 안목을 가진다는 것은 더욱더 부분에 집중할 수 있도록 한다.

이렇게 본다면 120세의 사회가 다가오면 다가올수록 자신의 삶을 덜 후회하고 더 의미 있는 삶으로 인도할 수 있는 "군자불기(君子不器)"의 자세가 더 절실하다. 군자불기는 짧은 시간이 아니라 긴 시간에 걸쳐서 지속되는 항해를 목적지까지 끌고 갈 수 있는 지혜를 가지라는 주문이라고 할 수 있다.

Language

4강

말

삶을 변화시키는 말의 힘

4강에서는 삶에서 말이 갖는 영향력을 살펴보고자 한다.

우리는 말에 대해 이중적인 태도를 가진다. 자신이 하는 말이 오해를 낳고 사람 사이를 불편하게 하는 경우가 있다. 진심은 그렇지 않은데 전달 과정에서 자꾸 문제가 생기는 것이다. 진심과 다른 말이 나오거나 상대가 의도와 다른 방식으로 받아들여서 오해가 생긴다. 오해도 결국 말로 풀 수밖에 없기 때문에 진심을 말한다. 그러나 일단 한번 오해가 생기면 말이 오해를 푸는 데 도움을 주기보다는 더 문제를 꼬이게 만든다. 상황이 점점 나빠지면 우리는 말을 하고 싶은 마음이 사라진다. 무슨 말을 해도 진심이 전달되지 않으니 말을 하기가 거북해지는 것이다.

우리는 살면서 끝없이 문제 상황을 마주한다. 혼자가 아니라 여럿이 함께 문제를 풀려다 보면 결국 말에 의지하지 않을 수가 없다. 말하지 않고 가만히 있으면서 눈빛만으로 의사를 전달할 수 없기 때문이다. 그러다 갑자기 좋은 생각이 떠올라 말을 더듬어가며 표현하자, 함께 있는 사람들이 만족하며 맞장구를 친다. 이때 생각해보라. 말이 없다면 나의 생각을 어떻게 나타낼 수 있을까? 이처럼 말이 고마울 수가 없다.

이렇게 보면 말은 어떻게 하느냐에 따라 나와 주위 사람을 기쁘게 할 수도 있고 화가 나게 할 수도 있다. 말을 잘하려면 어떻게 해야 할까? 입에서 나오는 대로 말하는 것이 아니라 충분히 생각하고서 말하는 것이다. 흥에 겨워 앞뒤 생각하지 않고 말을 했다가 나중에 후회하는 경우가 많다. 이때 사람 사이가 아주 친해서 웬만한 말이라도 오해하지 않고 그냥 넘어간다면 문제가 생기지 않는다. 하지만 공식적이고 어려운 자리일수록 말을 가다듬는 훈련이 필요하다. 말은 자신을 나타내는 얼굴이기 때문이다.

우리 사회에 말로 인한 사고가 끊이지 않고 일어나고 있다. 말 한마디 잘못으로 평생 쌓아온 명예를 허물어뜨리는 것이다. 그만큼 우리 사회는 말을 막 하는 사회 현상을 보이고 있다. 예쁜 말, 들으면 기분 좋은 말, 사실에 바탕을 두고 상대를 비판하는 말, 시대의 문제를 제대로 꼬집는 말이 많아져서, 말이 사람 사이의 문제를 꼬이게 하기보다 그 문제를 풀어가는 신뢰의 끈이 되면 좋겠다.

16

늘언민행
(訥言敏行)

말은 느리게
행동은 재빠르게

세상의 많은 분쟁은 말이 행동으로 이어지지
않기 때문에 일어난다.
공자는 말의 속도를 조절하여 허풍쟁이가
되는 것을 피하고자 했다.

"지키지 못할 말은 아예 하지를 마라.""뱉은
말에는 책임을 지고 지키지 못할 말은 하지 않는다."흔히들 듣기도
하고 하기도 하는 말이다. 우리는 말과 행동이 일치하기를 바라지만,
그 둘 사이에는 뛰어넘을 수 없는 간극이 있다. 그래서 약속, 계약, 조
약, 규약 등과 같이 말이 행동으로 이어지도록 하는 규제 장치가 많
다. 말대로만 되었다면 이 세상은 싸움이 없는 천국이 되었을 것이다.
또한 각종 약속에 담긴 말(글)이 실현되었다면 현실의 문제가 거의
대부분 해결되었을 것이다.

하지만 약속을 했음에도 약속을 지키지 않아 온갖 말썽이 생긴다.
말이 행동으로 이어지기도 전에 말로 인한 다툼이 생겨나기도 한다.
분명 말을 할 때는 "행동을 하겠다"라고 약속을 한 것인데도 불구하

고 말이 행동으로 자연스럽게 이어지지 않는 것이다. 여기서 한 가지 오래된 의문이 생기게 된다. "사람은 무엇을 한다고 말하고서 왜 말한 그대로 행동을 하지 않는 것일까?" 공자는 행동에 비해 빠를 수밖에 없는 말의 속도를 돌아보면 말과 행동이 하나가 될 수 있다고 생각했다.

「리인」
(04.24/090)

군자는 말을 느리게 하고
행동을 재빠르게 하려고 한다.

君子, 欲訥於言, 而敏於行.
군자 욕눌어언 이민어행

君:　　군(君)은 임금, 치자의 뜻이다.

欲:　　욕(欲)은 무엇을 하려고 하다, 바라다, 욕망의 뜻인데, 여기서는 눌(訥)과 민(敏)하려고 한다의 맥락으로 쓰이고 있다.

訥:　　눌(訥)은 듣는 사람을 힘들게 할 정도로 말이 느리다, 말을 더듬거린다는 뜻이다. 이 눌은 다음에 나오는 민(敏)과 반대된다.

敏:　　민(敏)은 빠르다, 애쓰다, 영리하다의 뜻이다. 두 단어의 의미가 선명하지 않으면 눌(訥)은 나무늘보를, 민(敏)은 우사인 볼트를 연상하면 좋다.

於: 어(於)는 뜻이 없고 영어의 전치사처럼 목적어와 함께 쓰인다.

言: 언(言)은 말하다, 말의 뜻으로 쓰이는데 여기서는 명사로 기능한다.

行: 행(行)은 가다, 걷다, 행하다, 행위의 뜻으로 쓰이는데 여기서는 명사로 기능한다.

공자가 말한 '군자'의 진정한 의미

군자는 두 가지 의미를 가지고 있다. 하나는 다스리는 사람의 뜻으로, 임금을 가리킨다. 다른 하나는 오늘날 우리가 쓰는 '대인배'와 비슷하게 도량이 넓고 관대한 성품을 가진 사람을 가리킨다. 공자는 군자가 후자의 의미로 쓰이는 데에 결정적인 기여를 한 인물이다.

공자 이전에 '군자'는 세습으로 부여된 권력을 바탕으로 다른 사람을 지배하는 사람을 가리켰다. 하지만 공자 당대에 주나라 경왕(敬王)과 노나라 소공(昭公)처럼 지위는 군자이지만 군자답지 못한 사람이 등장하게 된다. 실패한 지도자는 개인적으로는 불행이지만 국가적으로는 재앙과 같은 어마어마한 피해를 일으켰다. 무절제한 사치, 과도한 세금, 통제력 없는 감정 표현, 비합리적 의사 결정 등으로 인해 공동체는 어느 날 갑자기 정치적 위기를 맞게 됐다.

공자는 남을 다스리는 사람이 되려면 먼저 자기 자신을 다스리는 사람이 되어야 한다고 생각했다. 자기 자신을 통제하지 못하면 남을 제대로 다스릴 수 없다는 것이다. 그는 이러한 시대적 요구를 수기안인(修己安人)으로 표현했다. 자유민주주의 사회에서는 '수기치인(修己治人)'이 뭘 그리 대단한 것이냐고 생각할 수 있다. 하지만 공자는 신분제 사회를 살면서 현재의 집권자들에게 "권력을 행사하려면 먼저 그럴 만한 자격을 갖추라!"고 정면으로 요구했다.

오늘날에는 선거 때만 되면 "강이 없는 곳에 다리를 놓겠다"는 식으로 허풍을 떨다가 선거가 끝나면 언제 그런 말을 했느냐는 식으로 입을 닦는 사람이 많다. 이런 사람은 거짓말쟁이이자 허풍쟁이이며 공자의 말로 하면 '수기치인'이 되지 못한 사람들이다. 그래서 공자는 '수기치인'이 된 사람을 '군자'라고 부르는 새로운 의미를 창출했다. 즉, 군자는 먼저 자기 자신을 다스려야 한다는 것이다.

이렇게 보면 사상가는 기존에 쓰이던 말에 새로운 의미를 불어넣는, 생명을 창조하는 특성을 가지고 있다. 서양 철학에서도 고대 철학의 플라톤, 아리스토텔레스, 근대의 칸트, 현대의 하이데거와 니체 모두 시대에 쓰이던 말을 갈고닦아서 새로운 의미를 길어낸 사상가들이다.

언행(言行)의 불일치는 왜 일어나는가?

우리는 말과 행동이 일치되는 것을 좋다고 생각하고, 일치되기를 요구한다. 하지만 현실에서는 말과 행동의 불일치가 빈번하게 일어난다. 왜 그럴 수밖에 없는 것일까? 몇 가지 원인을 생각해볼 수 있다.

첫째, 사람을 둘러싼 상황은 그때그때 달라지기 쉽다. 말할 때와 말하고서 시간이 지난 때의 상황이 달라지면 이전에 했던 말을 꼭 지켜야 할까라는 의구심이 생기게 된다. 말할 때는 "꼭 해야 한다"고 맹세했지만 시간이 지나 상황이 달라지다 보니 "꼭 하지 않아도 되겠다"라는 생각이 드는 것이다. 일단 약속을 했으니 무조건 해야 한다고 생각하기보다 하지 않을 수 있는 길을 찾다 보니 언행의 불일치가 생겨나는 것이다.

둘째, 말(글)은 몸과 마음의 일부가 관여하지만 행동은 몸과 마음의 전부가 관여해야 한다. 말만 할 때는 앞으로 할 일이 쉬워 보이지만 막상 일을 하려고 하니 덜컹 겁도 나고 불안해진다. 아침마다 운동을 해야지 결심했다가 내일 아침 기온이 영하 10도라는 예보를 들으면 집 밖을 나가고 싶지 않게 되는 것이다. 이렇게 행동은 심신 전부가 움직여야 해서 말대로 살기가 쉽지 않다.

셋째, 말은 주로 화자의 처지를 중심으로 고려하지만 행동은 화자만이 아니라 주위의 숱한 사람들과 관련이 된다. 친구끼리 여행을 가는 경우 '나'는 아무런 문제가 없지만 처음에 간다고 했던 친구들이 나중에 못 가겠다고 한다. 말은 주로 생각의 영역에서 일어나지만 행동은 생각과 현실의 영역을 포괄하고 있다. 따라서 행동은 말과 달리 그만큼 변수가 많으니 말대로 이루어지지 않는 것이다.

허풍쟁이가 되지 않으려고 했던 자로(子路)

『논어』에는 공자와 이야기를 나누는 많은 제자가 나온다. 그 중에서도 말과 행동의 관계에 대해 자로만큼 예민한 사람이 없었다. 자로는 수업에서 좋은 이야기를 들으면 실생활에서 100% 실천하려고 했다. 아울러 그는 일단 약속을 했으면 무슨 일이 있어도 꼭 지키는 버릇이 있었다. 이렇게 보면 자로는 말과 행동이 일치할 뿐만 아니라 앎과 행동도 합일하려고 했던 인물이라고 할 수 있다.

하지만 그러한 자로도 사람인 한 늘 언행일치와 지행합일을 할 수가 없었다. 『논어』에 보면 이와 관련된 흥미로운 내용이 있다. "자로는 약속하면 그 말을 묵히지 않았다."[12] 즉, 자로는 한번 하겠다고 다짐하면 무슨 일이 있어도 꼭 실천하는 사람이라고 할 수 있다. 신용과 신뢰를 갖춘 사람인 셈이다. 그런데 「공야장」을 보면 자로가 걱정거리를 말한 적이 있다. "자로는 누구로부터 좋은 말을 듣고서 아직 실천하지 않았을 경우 또 다른 이야기를 들을까 봐 두려워했다."[13] 사실 좋은 말은 많이 들으면 들을수록 좋기 때문에 두려워해야 할 대상이 아니다. 그럼에도 불구하고 두려움을 느꼈다는 것은 사람이 언행일치와 지행합일을 하기가 그만큼 어렵다는 것이다.

여기서 우리는 자로가 완벽한 언행일치와 지행합일을 이루지 못했다고 비판할 수는 없다. 그는 좋은 말을 듣거나 올바른 사실을 알게 되면, 개인의 지식으로 여기지 않고 현실에서 실천하려고 분투하는 인물이라고 할 수 있다.

같은 말을 하면서 서로 다른 뜻으로 쓴다면

공자가 말과 행동의 불일치를 걱정하고 둘의 일치를 강조한 데에 당시 또 다른 사회적 맥락이 있었다. 공자는 "말이 곧 행동이다"라고 생각해왔다. 예컨대 결혼식에서 신부와 신랑이 "상대를 배려하며 살 겠다"라고 서약할 경우 앞으로 그렇게 살겠다고 말만 한 것이 아니라 말한 순간부터 그렇게 사는 것이 시작되는 것이다.

「공야장」을 보면 공자 제자 중에 재여(宰予)는 학업에 열중하겠다고 해놓고 혼자 낮잠을 잤다. 낮잠을 가지고 시비를 거냐고 생각할 수 있지만 낮잠이 의욕 상실의 기호라고 하면 이야기가 달라진다. 공자는 재여가 말과 달리 행동하자 자신의 생각을 드러냈다. "나는 처음에 사람의 말을 들으면 그대로 행동하리라 믿었지만 이제 사람의 말을 듣고서 어떻게 행동하는지 살펴봐야겠다!"14 공자의 제자 중 자로는 언행일치를 생명처럼 여겼지만 재여는 말을 자신의 입장을 드러내는 수단으로 여겼던 것이다. 「안연」을 보면 제자 자장(子張)은 '통달'[달(達)]의 개념을 '인기'[문(聞)]의 뜻으로 자의적으로 풀이했다. 이치를 환히 꿰뚫어서 잘 아는 사람은 많은 사람으로부터 인기를 누리게 된다. 누군가 그 사람을 찾아가면 가슴이 뻥 뚫리는 대답을 들을 수 있기 때문이다. 이때 대중의 인기를 누리는 것은 이치를 꿰뚫은 결과로 인해 생기는 부수적인 현상이다. 하지만 자장은 대중의 인기에 더 주목하여 달을 문의 뜻으로 혼동했던 것이다.(12.20/314)

공자는 제자들의 언행을 통해 '언어 혼란'의 징후를 읽어냈다. 두 사람이 같은 말을 하면서 서로 다른 뜻으로 쓰는 경우를 상상해보라. 두 사람은 말을 하고서도 의사소통을 할 수 없게 된다. 공자는 언어의 위기가 언어에만 한정되지 않고 사회적 규범이 제 기능을 할 수 없게 된다고 보았다. 이처럼 공자는 행동과 분리되는 말, 소통이 이루어지지 않는 말을 목격하고서 다시금 언행일치의 중요성을 강조했던 것이다.

언행일치(言行一致)의 미덕

말과 행동이 일치하지 않으면 사람 사이의 믿음이 무너지게 된다. 말로 약속을 하면 얼마 뒤에 그대로 되리라고 믿는다. "내일 5시에 명동에서 만나자"라고 하면, 상대가 그날 그 자리에 나오리라고 믿는다. 하지만 그렇게 말해놓고 그 자리에 나오지 않으면 다음에 그 사람이 약속을 한다고 해도 그 약속을 지키리라 믿을 수 없다.

특히 정치인은 당선되기 위해 유권자들이 좋아할 만한 정책을 공약(公約)으로 내건다. 국회의원, 대통령, 교육감의 선거를 치르고 나면 공약을 지키려고 애쓰기도 하지만 별다른 해명과 사과 없이 공약과 반대되는 정책을 펼치기도 한다. 이러한 상황이 되풀이되면 유권자들은 정치를 불신하게 된다. 그리하여 으레 "정치인은 거짓말쟁이다"라며 혀를 차고 넘어가버린다.

공자는 언행일치를 위해 말과 행동의 속도를 점검하라고 제안한다. 말은 원래 빠른 특성을 지니고 있으므로 그 속도를 늦추고, 행동은 원래 느린 특성을 지니고 있으므로 그 속도를 높이자는 것이다. 그러면 말은 실행이 준비된 뒤에야 하게 되고, 행동은 말에 이어서 일어나게 된다. 말과 행동의 시차가 없으니 둘이 어긋날 가능성이 줄어드는 것이다.

이처럼 말과 행동이 일치하면 사람들에게 믿음을 가지게 할 뿐만 아니라 감동과 희망을 가져올 수 있다. 남아프리카 공화국의 넬슨 만델라는 오랜 인종의 갈등 끝에 대통령으로 당선됐다. 그는 대통령에 당선된 뒤에 과거에 있었던 인종 차별의 진상을 정확하게 조사하여 그 사실을 교훈으로 삼아 재발을 막고자 했다.

만델라는 인종의 차별이 편견에 불과할 뿐 그 어떠한 근거가 없다고 주장했다. "피부색이나 배경, 종교 등의 이유로 다른 사람을 증오하도록 태어난 사람은 아무도 없습니다." 또 인종 차별을 위한 움직임이 한 번의 시도로 완전히 사라진다고 생각하지 않았다. 그 과정에 숱한 실패와 곤경을 겪었지만 결코 굴하지 않았다. "인생에서 중요한 것은 삶을 살았다는 것 자체가 아닙니다. 우리의 삶이 다른 이들의 삶에 얼마나 긍정적인 변화를 일으켰느냐가 중요한 것입니다."

인종 차별을 비판하고 긍정적 변화를 역설하는 만델라의 말은 다른 사람의 말보다 감동을 준다. 만델라는 수사적 표현이 아니라 말과 행동이 일치되는 삶을 살아왔기 때문이다.

17

시연후언
(時然後言)

때맞춰 말하라

같은 말도 타이밍에 따라 효과가 다르다.
말해야 할 때 말하고 말아야 할 때 침묵하라!

아리스토텔레스는 사람을 이성적 동물로 정의했다. 여기서 이성은 그리스어 로고스(logos)를 옮긴 말인데, 그 말에는 비례, 언어, 규칙 등의 여러 가지 의미가 담겨 있다. 이성적 동물로서 사람은 언어를 사용하기도 하고 비례를 찾아내기도 하고 규칙을 파악할 수도 있다. 이러한 맥락에서 언어는 사람이 진리를 찾고 타인과 대화를 나눌 수 있는 좋은 길을 제공하므로 축복(祝福)이라고 할 수 있다.

현실에서 언어는 의사소통을 가능하게 하는 좋은 역할도 하지만 사람 사이에 오해를 낳아 갈등을 부채질하는 부정적 역할도 한다. 이처럼 말이 화근(禍根)이라는 언어의 부정적 측면에 주목하면 언어보다 침묵이 더 낫다고 생각할 수 있다. 하지만 침묵의 교감은 길 가다

만나는 사람 사이가 아니라 오랜 시간을 함께 보낸 사람 사이에서 잘 일어난다. 그렇다면 말을 할 수밖에 없는 사람은 어떻게 사용해야 언어가 화근이 아니라 축복으로 남을 수 있을까?

「헌문」
(14.14/362)

공자가 위나라 공명가를 만나 공숙문자의 사람 됨됨이를 물어보았다.
"참말로 공숙문자께서는 말이 많지 않고,
잘 웃지 않고, 가지려고 하지 않는다지요?"
공명가가 대답했다.
"전해주는 사람이 부풀려서 말한 듯합니다.
공숙문자는 때맞춰 말하므로
주위 사람들이 그분의 말씀을 싫어하지 않습니다.
다들 즐거워한 뒤에 빙그레 웃으니
주위 사람들이 그분의 웃음을 싫어하지 않습니다.
정의(분수)에 맞아야 자기 것으로 가지므로
주위 사람들이 그분의 소유를 싫어하지 않습니다."
공자가 말했다.
"정말 그런가요? 어떻게 그럴 수 있지요?"

子問公叔文子於公明賈曰:
자문공숙문자어공명가왈

信乎, 夫子不言, 不笑, 不取乎?

신호 부자불언 불소 불취호

公明賈對曰: 以告者過也.

공명가대왈 이고자과야

夫子時然後言, 人不厭其言.

부자시연후언 인불염기언

樂然後笑, 人不厭其笑.

락연후소 인불염기소

義然後取, 人不厭其取.

의연후취 인불염기취

子曰: 其然? 豈其然乎?

자왈 기연 기기연호

公叔文子: 공숙문자(公叔文子)는 위나라의 대부 공숙발(公叔拔)이다.

公明賈: 공명가(公明賈)는 성이 '공명'이고 이름이 '가'로 위나라
         사람이다.

夫子: 부자(夫子)는 오늘날 '선생님'처럼 일종의 존칭이다.

笑: 소(笑)는 웃다의 뜻이다.

取: 취(取)는 취하다, 갖다, 빼앗다의 뜻이다.

對: 대(對)는 물음에 응해서 답하다라는 뜻이다.

告者: 고(告)는 알리다, 묻다의 뜻이다. 고자(告者)는 교제할 때
         다른 사람의 이야기를 전달해주는 제3자를 가리킨다.

過: 과(過)는 지나치다, 심하다, 잘못하다, 잘못, 실수의 뜻이다.

時:	시(時)는 때, 때맞추다의 뜻이다.
然後:	연후(然後)는 ~을(를) 한 뒤에의 뜻이다.
厭:	염(厭)은 싫다, 물리다, 질리다의 뜻이다.
其然:	기연(其然)에서 기(其)는 독립된 의미를 전달하지 않고 놀라서 믿지 못한다는 어감을 전달하고, 연(然)은 그러하다의 뜻이다.
豈:	기(豈)는 어찌의 뜻으로 의문 부사로 쓰인다.

대인배 공숙문자(公叔文子)

공자는 15년간 세상을 돌아다니면서 시대를 이끌어갈 인물을 발굴했다. 이런 점에서 공자는 일종의 헤드헌터로서 당시 인재를 찾던 정치인들과 같은 관심을 가지고 있었다고 할 수 있다. 하지만 둘의 초점이 달랐다. 정치인들은 인재를 발굴해서 현실의 문제를 해결하고자 했다. 반면 공자는 올바른 삶을 살았지만 널리 알려지지 않은 인물을 재평가하여 현실의 사람들에게 역할 모델을 제시하고자 했다.

공자는 위나라에 이르러서 공숙발이 죽은 뒤에 '공숙문자'라는 시호를 받은 점에 주목을 했다. 시호는 사람이 죽은 뒤 평생의 업적에 따라 정부로부터 받게 되는 새로운 이름이다. 무인은 충무(忠武) 이순신처럼 충(忠)이 들어가면 좋고, 문인은 문순(文純) 이황, 문성(文成) 이이처럼 문(文)이 들어가면 영광으로 여겼다. 공숙발, 즉 공숙문자의 일화가 알려진 게 거의 없어 그가 어떤 사람인지 자세히 알 수는 없지만 『논어』 「헌문」을 보면 공숙문자의 사람 됨됨이를 알 수 있는 이야기가 나온다.(14.19/367) 공숙문자도 대부(大夫, 요즘으로 하면 고위 공직자에 해당하는 벼슬아치)였던 만큼 집안일을 하는 가신을 두었던 모양이다. 그 가신은 선(僎)이라는 이름만 알려지고 성이 없는 것을 보면 평민 출신 아니면 이름 없는 사족(士族) 출신으로 보인다.

공숙문자는 선을 곁에 두고 일하면서 아주 좋게 평가한 모양이다. 마침 위나라에 고위 공직자 또는 고위 장교인 대부를 추천할 일이 있었다. 공숙문자는 자신이 데리고 있던 선을 대부로 추천하고서 조정에서 그를 동료로 대우했다. 예나 지금이나 공숙문자와 같은 추천은 쉬운 일이 아니다. 더구나 자신의 밑에 있던 사람을 선뜻 자신의 동료로 받아들이는 일은 정서적으로 쉽지 않다.

이렇게 보면 공숙문자는 사람의 과거를 대수롭지 않게 여기고 개인감정을 조절할 수 있으며 공과 사를 엄격하게 구분할 줄 아는 대인배라고 할 수 있다. 남을 짓밟아서라도 자신이 출세를 하려는 경쟁 만능의 시각에서 보면 공숙문자는 어리석은 사람으로 보이겠지만 공자는 춘추시대의 미래를 열어갈 인물로 보았던 것이다.

삼건(三愆, 세 가지 말실수)을 피하자!

공명가의 말처럼 같은 말이라도 타이밍이 중요하다는 것쯤은 누구나 다 안다. 때맞춰 말한다는 것은 추상적으로 분명하지만 구체적으로 애매하다. 『논어』 「계씨」를 보면 공명가의 말을 풀이하는 듯한 내용이 나온다.(16.06/443)

공자가 일러주었다.(孔子曰.)

군자를 옆에서 모실 때 저지르기 쉬운 세 가지 실수가 있다.(侍於君子有三愆.)

첫째, 말할 차례가 되지 않았는데

먼저 말을 하면 '성급하다'라고 일컫는다.(言未及之而言謂之躁.)

둘째, 말할 차례가 되었는데

말하지 않으면 '감춘다'고 일컫는다.(言及之而不言謂之隱.)

군자의 안색(감정)을 살피지 않고

무턱대고 말하면 '눈이 멀었다'고 일컫는다.(未見顏色而言謂之瞽.)

성급한 사람은 앞뒤 상황과 전후 맥락을 살피지 않고 자신의 말부터 끄집어내려고 설치는 부류이다. 긴급한 상황일 때 '성급함'이 나쁘다고 말할 수는 없지만 통상의 상황에서 '성급함'은 다른 사람의 말과 의견을 귀담아듣지 않으려는 태도라고 할 수 있다. 참여자의 말에 귀를 기울여야 한다는 경청(傾聽)의 자세와 어긋나는 셈이다.

감추는 사람은 참여자들이 다들 자신의 의견을 말하는 상황에서도 끝내 침묵으로 일관하는 부류이다. 말하면 책임을 져야 한다는 부담감 때문에 말을 피하는 것이다. 이 경우 말을 피할 수 있겠지만 자신이 그 자리에 있을 이유를 스스로 망각하는 것으로 책임의 자세와 어긋나는 셈이다.

눈이 먼 사람은 현장에서 말이 오고 가는 분위기를 제대로 살피지 못하는 부류이다. 말에 감정이 실리지 않았다고 하더라도 말을 받아들이는 방식은 사람마다 다르다. 아무리 좋은 의도를 가지고 말해도 상대가 그 말을 어떻게 생각하는지 고려하면서 이야기를 이어나가야 한다. 그렇지 않으면 눈을 달고 있지만 그 눈으로 상대의 감정을 읽지 못하므로 '눈이 먼 사람'이라고 하는 것이다.

여기서 조(躁), 은(隱), 고(瞽)가 바로 때에 맞춰서 말하지 못하는 사례라고 할 수 있다. 따라서 때에 맞춰서 말하는 것은 세 가지의 반대 상태라고 할 수 있다. 즉, 말할 차례가 아니면 다른 사람의 말을 귀담아 듣고, 말할 차례가 되면 자신의 뜻을 밝히고, 주위 사람들의 안색을 살피며 말을 이어가는 것이다.

오늘날의 신삼건(新三愆)

공명가는 때맞춰 말하라는 말의 타이밍을 강조했고, 공숙문자는 그 말대로 실천했다. 공자는 때맞춰 말하라는 것을 세 가지 상황에 나눠서 구체적으로 풀이했다. 공자의 삼건(三愆)은 대화의 참여자들이 가장 합리적인 의견을 이끌어내기 위한 이상적 대화의 조건이라고 볼 수 있다. 하지만 공자의 말에는 하급자가 상급자를 모시는 상황을 전제하는 한계를 지니고 있다. 오늘날 우리는 신분과 권위의 어떠한 억압을 인정하지 않는 자유로운 사회를 살고 있으므로 원문을 조금 수정해서 아래와 같이 새롭게 읽을 만하다.

신자가 말했다.(辛子曰.)
서민을 위해 일할 때 저지르기 쉬운 세 가지 실수가 있다.
(爲庶民服務有三愆.)

첫째, 말이 급하지 않는데도 떠벌린다면

'자랑한다'고 일컫는다.(言不急而言謂之伐.)

둘째, 말할 때가 되었지만 침묵으로 버틴다면

'꽉 막혔다'고 일컫는다.(言及之而不言謂之塞.)

셋째, 민의의 정론을 살피지 않고 말한다면

'외롭다'고 일컫는다.(未察正論而言謂之孤.)

오늘날 위정자들은 입만 열면 "백성을 위해서", "서민의 고통을 해결하기 위해서"라며 백성과 서민을 들먹인다. 말할 필요가 없는데도 굳이 나서서 말하는 것은 결국 자신이 잘했다고 공치사를 하는 것이다. 그러나 여론의 관심이 집중되어 무슨 말을 할지 기다리고 있는데도 아무런 말을 내놓지 않으면 결국 언로가 꽉 막히게 된다. 말을 하더라도 정론을 제대로 살피지 않으면 결국 지지율이 떨어지고 서민들이 등을 돌리게 된다. 때맞춰 말을 하기 위해서는 말이 필요하지 않으면 침묵하고, 말이 필요하면 나서서 적극적으로 해명하고, 말을 하더라도 정론을 따져야 하는 것이다.

진정성 있는 타이밍

영화 〈연애의 온도〉(2013)를 보면 영(김민희 분)과 동희(김민기 분)가 직장 동료로서 비밀 연애를 달달하게 하다 쿨하게 헤어졌다가 다시 만나는 과정을 코믹하게 그리고 있다. 둘은 이별 후 서로의 물건을 부순 뒤에 착불 요금으로 돌려주고, 커플 요금제를 해지하기에 앞서 마구잡이로 쇼핑해서 상대를 골탕 먹이기도 하며, 상대에게 애인이 생겼다는 말을 듣고 미행하고, 회사의 단합 대회에서 난장을 부리기도 한다. 이렇게 치사하게 굴던 동희와 영은 다시 만나기까지 수많은 우여곡절을 겪게 된다.

영화를 보는 내내 왜 둘은 '그때 좋아한다'거나 '그때 미안하다'는 말을 하지 않을까 답답했다. 아울러 '제때에 어울리는 말을 했더라면 먼 길을 빙 돌아가는 고생을 하지 않았을 텐데……'라는 생각이 들었다.

가정이나 회사에서 "다 너 잘되라고 그러는 거야"라며 부모가 자식에게, 선배가 후배에게 충고를 한다. 하지만 아무리 듣기 좋은 말도 시도 때도 없이 되풀이하면 잔소리가 된다. 듣는 척하지만 결코 귀담아들으려고 하지 않는다. 말은 부족해도 문제가 되고 과잉이어도 문제가 된다.

결국 말은 적시(適時)에 적당(適當)하게 하는 것이 적합(適合)하다. 이때 적시는 '효과만을 노린 타이밍'의 선택에 한정되지 않는다. 오히려 '진정성을 느낄 수 있는 타이밍'이 사람과 사람 사이를 편하게 한다. 예컨대 시험을 망친 자녀에게 위로가 우선이지 망친 시험의 중요성을 일깨우는 것이 우선이 아니다.

중요성을 일깨우는 것은 타이밍을 맞춘 말일지 몰라도 진정성이 있어야 마음을 움직일 수 있다. 재난이 발생하면 현장을 찾아 피해자의 말에 경청하고 실효성 있는 대책을 내놓아야지 얼굴도장을 찍거나 책임 공방을 벌여서는 안 된다.

공숙문자가 가신 선을 대부로 추천한 것을 보면, 그는 타이밍을 전략적 효과로 고려하는 방식이 아니라 언행일치의 진정성을 느끼게 하는 인물이었다. 그래서 공자는 공숙문자에게서 인간적 매력을 느꼈던 것이다.

달변으로 사람의 입을 막다

18

어인구급
(禦人口給)

달변은 상대의 침묵을 강요한다.
반면 설득은 상대와 합의에 이른다.

교육, 습관 등 생활 환경이 다르므로 사람은 생각이 다를 수밖에 없다. 한 가지 사회의 현안에 대해 사람 수만큼의 주장이 가능하다. 뜻을 모으고 의사를 결정하려면 그 다양한 주장에 대해 어느 차원에서 합의가 필요하다. '생각이 다르지만 뜻을 하나로 모아야 하는 요구'는 사람에게 던져진 과제이지만 그것은 풀기가 쉽지 않다. 인류사에는 이와 관련해서 다양한 해결 방안이 제시됐다.

사람의 지성이 꽃을 피우기 전에는 사람의 판단을 대신하는 신탁(神託), 신이 대답을 제시하는 계시(啓示) 등이 있었다. 사람의 지성이 발달하자 말솜씨가 이견과 갈등을 조정하는 중요한 해결책으로 등장했다. 이로 인해 말로 싸움을 벌이는 논쟁(論爭)의 시대가 열리게 됐다. 이 논쟁은 비대칭적 조건에서 일방적으로 진행되기도 하고 대칭적인 조건에서 무한 토론으로 진행되기도 했다. 이러한 지적 분위기에서 중국의 황하 지역에는 영인(佞人)이, 그리스의 아테네에는 소피스트가 등장했다. 이들은 탁월한 언어 능력으로 상대의 말문을 막아버렸다. 그러나 공자는 영인의 출현을 달갑게 보지 않았다. 공자는 왜 그랬을까?

「공야장」
(05.05/097)

정체불명의 사람이 말했다.

"염옹은 사람답지만 말재주가 변변찮습니다."

공자가 한마디 했다.

"말재주를 어디에다 쓸까요?

끊임없는 입심으로 상대의 말문을 막곤 하여

주위 사람들에게 자주 원성을 듣습니다.

염옹이 사람다운지 잘 모르겠습니다만

말재주를 어디에 쓸까요?"

或曰: 雍也仁而不佞.

혹왈 옹야인이불녕

子曰: 焉用佞? 禦人以口給, 屢憎於人.

자왈 언용녕 어인이구급 누증어인

不知其仁, 焉用佞?

부지기인 언용녕

或: 혹(或)은 혹은, 있다의 뜻으로 쓰이지만 여기서는 신원이 알려지지 않은 어떤 사람을 가리킨다.

雍: 옹(雍)은 염옹의 이름으로 자가 중궁(仲弓)이고 공자보다 29세가 어렸다. 공자는 염옹의 덕행이 뛰어나서 한 나라를 맡아서 운영할 만하다고 말했다.

仁: 인(仁)은 처음에 씩씩하다, 늠름하다의 뜻으로 쓰이다가 공자에 이르러 사람답다, 인간미가 넘치다라는 새로운 뜻으로 쓰이기 시작했다.

佞: 영(佞)은 보통 아첨하다, 부정적인 재능으로 풀이된다. 이것은 후대의 말재주를 싫어하는 사회 문화를 반영하고 있다. 공자 당시만 해도 사람들이 갖추려고 했던 언변 능력을 가리킨다. 영인은 그리스의 소피스트에 견주면 궤변론자라고 할 수 있다.

焉: 언(焉)은 어찌의 뜻으로 의문 부사로 쓰인다.

禦: 어(禦)는 막다, 지키다의 뜻으로 방어(防禦), 어한(禦寒)의 용례로 쓰인다. 남한산성에 가면 사방을 바라보며 지휘하는 곳에 '수어장대(守禦將臺)'가 있다.

給: 급(給)은 주다, 넉넉하다, 더하다의 뜻이다. 구(口)와 급(給)을 합친 구급(口給)은 구변(口辯)과 같은 뜻으로 한번 입을 떼면 그침 없이 말을 늘어놓아 상대의 입을 막아버리는 말재주, 입심을 가리킨다.

屢: 누(屢)는 자주라는 뜻으로 발생 빈도를 나타낸다.

憎: 증(憎)은 미워하다, 미움의 뜻이다.

춘추시대의 새로운 인간, 영인(侫人)

한자를 들여다보면 '영(侫)'에는 '인(仁)'의 요소가 들어가 있다. 형태상으로 보면 '侫(영)' 자는 '仁(인)' 자에서 생겨났다. 따라서 두 글자는 의미상으로 커다란 차이가 없으리라 예상된다. 공자는 제자 염옹에 대한 어떤 사람의 평가를 듣고서 칠색 팔색을 했다. 두 글자의 의미 차이를 모르면 "공자의 반응이 너무나도 과민한 것이 아닌가?"라는 의구심이 들 만하다.

한자에서 사람을 나타내는 글자는 두 종류가 있다. 첫째로 사람이 앞을 향해 팔다리를 벌리고 있는 모양인 큰 대(大) 자가 있고, 둘째로 사람이 무릎을 구부린 모양을 옆에서 바라보는 사람 인(亻) 자가 있다. 예컨대 "큰대자로 뻗었다"라고 하는데, 이는 사람이 팔다리를 활짝 벌려서 쭉 편 채로 누워 있는 모양을 비유적으로 이르는 말이다.

이렇게 '사람'을 가리키는 문자가 만들어지자 사람들은 주위에서 만나는 이들을 분류하기 시작했다. 첫째, 인(人) 자 앞에 수식어를 붙였다. 동쪽에 사는 사람은 동인(東人), 집안사람은 가인(家人), 노래 부르는 사람은 가인(歌人), 예쁘게 생긴 사람은 가인(佳人)으로 부르게 됐다. 둘째, 인(亻) 자에 새로운 의미소를 첨가했다. 이것이 바로 임(任)·인(仁)·영(侫) 자가 생겨난 맥락이라고 할 수 있다.

임(任)은 임무(任務), 임직(任職), 보임(補任) 등의 단어로 쓰이면서 무슨 일을 맡아서 처리하다라는 뜻이다. 인(仁)은 전쟁에 나가서 도망가지 않고 씩씩하게 싸우거나 평소 훈련을 열심히 하여 늠름하게 보이는 측면을 나타낸다. 영(侫)은 한번 입을 열면 청산유수처럼 말이 물 흐르듯 좔좔 이어지는 것을 말한다. 이러한 의미 차이라면 공자가 군이 홍분할 이유가 없어 보인다. 그런데 그는 왜 그토록 "언용녕(焉用佞)"이라는 말을 되풀이할 정도로 영인에 대한 반감을 드러냈을까?

언어는 언어 사용자들에 의해 새로운 뜻으로 쓰일 수 있다. 영은 처음에 말솜씨가 뛰어난 사람을 가리키다가 점차로 부정적인 어감을 지니게 됐다. 말 잘하는 사람은 말솜씨를 발휘하여 자신이 바라는 목적을 이룰 수 있다. 이러한 솜씨가 권력자나 유력자를 상대로 발휘될 때 영은 아첨하다, 비위를 맞추다라는 뜻으로 쓰이게 됐다.

또 말을 잘 못하는 사람은 말 잘하는 사람과 이야기할 때 주눅이 들어 제 말을 제대로 하지 못한다. 이러한 맥락에서 영인은 다른 사람의 입을 얼어붙게 만드는 달변가를 가리키게 됐다. 심한 경우 궤변론자나 독설가의 뜻을 나타내기도 했다. 공자 당시에 영인은 자신의 입장을 설득하기 위해 세상의 진리를 상대적인 것으로 만들었던 그리스의 소피스트를 닮았다. 영인은 말로 싸움을 하는 논쟁에서 천하무적이었다. 이 때문에 공자는 그들에 대해 전면전을 선포하지 않을 수가 없었다.

등석(鄧析)과 공자의 엇갈린 길

프로타고라스가 그리스의 아테네에서 활약했던 대표적인 소피스트라고 한다면, 등석(鄧析)은 춘추시대 정(鄭)나라에서 양시론(兩是論)를 펼쳤던 대표적인 '영인'이라고 할 수 있다. 어느 해 정나라에 홍수가 났는데, 부잣집 사람이 물에 빠져 죽었다.(『여씨춘추(呂氏春秋)』「리위(離謂)」) 가족들은 사자의 시신을 건져서 장례를 치르고자 했다. 마침 강가에 사는 어떤 사람이 시신을 수습했다는 소식을 들었다.

　가족들은 그 집으로 달려가서 시신을 찾으려고 했다. 그러나 강가에 사는 사람은 턱없이 비싼 사례금을 요구했다. 가족들은 등석을 찾아서 문제 해결의 방안을 구했다. 등석은 가족들을 안심시키며 말했다. "당신들이 시신을 찾아가지 않으면 어느 누구도 시신을 찾지 않으니 가만히 있으면 된다." 사태가 이렇게 진행되자 이번에는 시신을 건진 사람이 등석을 찾아와서 수고비를 많이 받을 수 있는 길을 물었다. 등석은 이번에도 찾아온 사람을 안심시키며 말했다. "부잣집은 시신을 꼭 찾아야 하고, 그렇다면 당신의 집을 다시 올 수밖에 없다."

　등석의 주장에 따르면 "꼭 해야 한다"는 것도 없고 "꼭 해서 안 된다"는 것도 없다. 달리 말하면 이럴 수도 있고 저럴 수도 있다. 이 때문에 등석은 양쪽 모두 괜찮다(좋다)라는 "양가지설(兩可之說)"을 펼쳤다. 이러한 사고는 일종의 기능주의 관점이라고 할 수 있다. 등석이 양가지설을 바탕으로 정나라 자산(子産)을 번번이 곤란하게 만들자 자산은 등석을 죽여서 그의 입을 닫아버렸다.(『열자(列子)』「역명(力命)」) 등석은 언어의 힘으로 자산의 입을 막았던 반면, 자산은 권력의 힘으로 등석의 입을 막았던 것이다. 춘추전국시대의 소진(蘇秦)과 장의(張儀)의 종횡가(縱橫家)는 등석의 기능주의 사고를 최대로 발휘한 인물이라고 할 수 있다.

　공자는 등석과 같은 궤변론자들의 존재를 눈엣가시처럼 보았다. 그들은 한 사회의 규범이 얼마나 정당한지 검증의 칼날을 내민다는 점에 긍정적인 역할을 하지만 끝없이 의혹을 제기하여 규범의 권위를 떨어뜨린다는 점에 위험한 인물이 됐다. 특히 규범이 의혹의 대상이 되면 어느 누구도 구체적인 상황에서 윤리적 판단만이 아니라 정책적 판단을 내릴 수 없다. 판단을 내리면 곧바로 또 다른 의혹의 제기가 나와서 논의가 걷잡을 수 없이 복잡하게 진행되기 때문이다. 등석과 같은 영인은 누가 무슨 말을 하더라도 그 안에 빈틈을 찾아내서 공격의 실마리로 삼았다.

공자도 노나라에서 대사구(大司寇)가 된 지 일주일 만에 소정묘(少正卯)를 사형에 처했다. 정나라의 등석처럼 노나라의 소정묘도 정부 정책의 흠집을 찾아내서 행정 행위를 무력하게 만들었기 때문이다.(공자가 소정묘를 죽였다는 이야기는 『맹자』에 나오지 않고 『순자』 이후의 몇몇 문헌에만 보여서 사실이 아니라고 말하는 이도 있다.)

등석과 소정묘에 맞서서 자산과 공자는 선악(善惡)을 구분하는 세상의 기준을 세우려고 했다. 그들은 이 기준에 따라 혼란한 세상을 바로잡아 평화로운 질서를 수립하고자 했다.

생각의 흥정

우리나라는 미국, 중국 등 다른 나라에 비해 문화, 언어, 관습의 동일성이 높다. 우리는 이를 바탕으로 '다민족 국가'와 달리 '단일민족 국가'의 특성을 크게 부각해왔다. 이렇게 단일성이 강조되다 보니 우리는 각자의 주장을 끝까지 펼쳐서 더 합리적 사고를 찾기보다 대의(大義)가 정해지면 그것을 믿고 따라야 한다는 사고에 익숙하다. 대의가 침묵을 강요하는 경향이 있는 것이다.

우리나라의 단일민족설은 역사적 사실과 조금 다르다. 조선이 건국

될 때 이지란(李之蘭)의 여진족이 참여했다. 이 점을 들어 단일민족설을 달리 바라보는 시각도 제기되기도 하고 심지어 신화로 보기도 한다.(김용만,『다문화 한국사 1: 우리 역사를 바꾼 세계인들』참조) 아울러 오늘날 농촌과 도시에서 다문화 가정이 눈에 띄게 늘어나고 있다. 즉, 우리는 같은 특성의 한국인이 아니라 다른 특성의 한국인이 있다는 사실을 인정하지 않을 수가 없다.

우리의 상황은 공자가 겪었던 '다양성의 시대'와 겹치는 측면이 있다. 우리는 사고방식, 가치관과 관련해서 다름을 인정하기보다 배타적인 태도를 보이고 있다. 그 결과 주류의 가치관을 믿는 사람들은 소수의 다른 가치관을 경청하고 그들과 공존하는 길을 찾기보다 종북, 꼴통처럼 '불량 국민'으로 낙인찍고 그들을 '왕따' 시키려고 한다. 특히 '독설(毒舌)'의 형태로 타자를 공격하고 소수자를 다수로부터 격리하려고 한다. 이때의 말재주는 의사소통을 통해 상호 이해를 넓히는 좋은 능력이 아니라 적대적 공격으로 상호 굴복을 겨냥하는 또 하나의 폭력에 가깝다. 바로 이 지점에서 우리는 공자가 왜 화려한 언어 구사 능력을 부정적으로 보는지 그 맥락을 알 수 있다.

TV 프로그램 '비정상회담'을 보면 자연히 인종, 문화 등에 열린 포용의 관점을 키울 수 있다. 이런 점에서 "나의 생각이 꼭 맞고 상대가 반드시 틀렸다"라는 독선적인 사고가 아니라 합리적인 결론을 끌어내기 위해 서로의 생각에 깃든 장점과 단점을 구분하고 장점을 교환하는 생각의 흥정이 필요하다.

시장에서 상인이 팔려고 하는 가격에서 얼마를 줄이고, 손님이 사려고 하는 가격에서 얼마를 올리는 것이 흥정이다. 결국 흥정은 서로가 기꺼이 손해를 보려는 자세에서 이루어진다.

이성과 진리에는 배타적 주인이 없다. 합리적인 생각을 내놓고 그
것을 중심으로 사고를 조직하는 생각의 흥정이 이루어진다면, 독설
과 궤변에 쏠린 관심이 줄어들 것이다. 독설은 상대의 말문을 닫게 하
므로 통쾌해 보이지만 결코 합의를 끌어낼 수 없다. 반면 흥정은 서로
할 말을 다하고 서로 결론에 만족하므로 현재만이 아니라 미래의 동
반자가 될 수 있다.

19

다문궐의
(多聞闕疑)

많이 듣고 의심되면
비워둔다

의심 없는 확신은 맹종을 낳는다.
의심을 거친 믿음은 진리에 이른다.

기자가 기사를 쓰다가 머뭇거리고 경찰이 수
사를 하다가 주저하며 학자가 논문을 쓰다가 한참 글을 잇지 못할 때
공통점이 있다. 사실 관계가 확실하지 않으니 하던 일을 계속 진행할
수 없는 것이다. 확실성은 사람이 무슨 일을 하려고 할 때 중요한 판
단 기준이 된다. 부정확한 사실에 근거해서 주장을 펼치고 결정을 내
린다면, 자신의 신뢰성을 떨어뜨릴 뿐만 아니라 억울한 피해자를 낳
을 수 있다.

사실을 찾으려고 하면 일정한 시간이 걸린다. 더욱이 두 사람이 사
실을 두고 다툴 때 제3자가 이를 판정하려면 더 많은 시간이 걸리게
된다. 이러한 상황에서 공자는 섣불리 판단을 내리기보다는 '기다리
자!'는 제안을 하고 있다. 이 기다림은 시간 안에 판정을 못하는 무능

의 표현이 아니라 엄중한 사실의 권위를 세우는 작업이다.

자장이 공자에게 관직 생활을 하는 자세를 배우고 있었다.

공자가 일러주었다.

"먼저 여러 소리를 들어보고서,

그 중에 미심쩍은 것은 옆에 제쳐두고

그 나머지를 아주 조심스레 말하라.

그렇게 하면 잘못을 덜하리라.

여러 가지를 찾아보고서,

그 중에 문제가 될 만한 것은 옆에 제쳐두고

그 나머지를 매우 조심스레 실행하라.

그렇게 하면 뉘우치는 일을 덜하리라.

말에서 잘못을 덜하고 실행에서 뉘우치기를 덜하면

안정된 관직 생활이 그 가운데에 자리 잡게 될 것이다."

子張學干祿.

자장학간록

子曰: 多聞闕疑, 愼言其餘, 則寡尤.

자왈 다문궐의 신언기여 즉과우

多聞闕殆, 愼行其餘, 則寡悔.

다문궐태 신행기여 즉과회

言寡尤, 行寡悔, 祿在其中矣.

언과우 행과회 록재기중의

干:　　간(干)은 구하다, 찾다의 뜻이다.

祿:　　녹(祿)은 녹봉을 뜻하지만 오늘날 쓰이지 않는다. 월급,
　　　　연봉 등 급여의 뜻으로 바꿔서 생각하면 좋다.

闕:　　궐(闕)은 보통 대궐, 문의 뜻으로 쓰이지만 여기서는 빼
　　　　다, 빠뜨리다의 타동사로 쓰인다.

愼:　　신(愼)은 삼가다, 이루다, 진실로의 뜻이다.

餘:　　여(餘)는 남다, 넉넉하다, 여유가 있다, 나머지의 뜻이다.

尤:　　우(尤)는 부사로 더욱, 특히의 뜻으로 쓰이고, 명사로 탓,
　　　　허물, 재앙의 뜻으로 쓰인다.

殆:　　태(殆)는 위태하다, 해치다의 뜻이다.

悔:　　회(悔)는 뉘우치다, 안타깝게, 뉘우침의 뜻이다.

寡:　　과(寡)는 적다는 뜻이다. 사극에서 왕이 스스로 '과인(寡
　　　　人)'으로 부를 때 쓰이는데, 과인은 덕이 적은 사람을 가
　　　　리키는 말로 자신을 낮추는 뜻이다.

합리적 의심

　민음과 의심은 같은 하늘에서 함께 살 수 없는 원수처럼 사이가 나
쁠 것 같다. 의심은 믿음을 더 이상 믿지 못하게 하는 것이고, 믿음은

일말의 의심이 일어나지 않아야 가능하기 때문이다. 이 세상에 하나의 믿음 체계만이 가능하다면 믿음과 의심의 원수 관계가 지속될 것이다.

하지만 사람의 믿음 체계는 역사와 시대의 조건과 더불어 변화한다. 믿음의 변화가 일어나려면 믿음은 자신의 전체 중 일부를 의심에게 자리를 내주어야 한다. 의심으로 인해 믿음 체계에 균열이 생기면서 새로운 믿음 체계가 싹이 틀 수 있는 가능성과 영토를 가지게 된다. 이때 믿음과 의심은 원수가 아니라 쌍둥이라고 할 수 있다.

믿음 체계가 확고하게 서 있을 때 믿음은 의심을 철저하게 배제하는 만큼 자신의 건강성을 유지할 수 있다. 반면 믿음 체계가 변화할 때 믿음은 의심을 단호하게 수용하는 만큼 새로운 틀을 갖출 수 있다. 따라서 의심은 불순한 동기와 결합되는 음모와 다르다. 의심은 믿음 체계에 묻어 있을지 모르는 얼룩을 떼어내고 그 안에 들어 있는 독단을 파헤치기 위해 근거를 요구하는 작업이라고 할 수 있다. 이를 '합리적 의심'이라 부를 만하다.

합리적 의심은 형사소송법에서 감이 아니라 구체적이고 명백한 사실에 바탕을 둔 의심보다 훨씬 범위가 넓다. 경찰이 의심할 만한 징후가 있을 때 거리에서 사람의 신분증을 요구하고 자동차를 멈춰 트렁크를 열어본다. 이 과정도 경찰의 합리적 의심(reasonable suspicion)에 바탕을 두고 있다. 반면 공자의 합리적 의심은 어떤 주장을 사실로 믿게 할 수 있는 물질적 증거만이 아니라 언어적 논증을 요구하는 것이다.

이로써 의심을 상대의 파멸을 의도하는 적대적 공격으로 오해해서는 안 된다. 따라서 합리적 의심이 남아 있는 한 믿음은 믿음일 수가 없고, 그 믿음에 따라 판단을 내리고 행위를 할 수가 없다.

공자는 자장으로부터 관직 생활을 하는 자세에 대한 질문을 받고서 제일 먼저 합리적 의심을 강조했다. 공직은 한번 결정이 내려지면 그에 따라 대민 업무가 시작된다. 특히 한 번의 정책적 결정으로 연관되는 사람이 아주 많은 경우 합리적 의심이 완전히 해소되지 않은 채 일을 추진하면 엄청난 후과를 불러들이게 된다. 예컨대 연말정산, 공무원 연금 등의 개정을 두고 면밀한 검토와 충분한 논의가 이루어지지 않은 상태로 계획을 발표했다가 후폭풍이 일어나 방침이 재론되기도 했다. '궐의(闕疑)'와 '궐태(闕殆)'의 합리적 의심을 한다면 하나의 정책이 논란을 종식시키지 못하고 새로운 갈등을 일으키는 원인이 되지 않을 것이다.

정명(正名)의 중요성

합리적 의심이 철저하게 해명되고 나면 어떻게 해야 할까? 판단을 유보하는 문제를 결정하고 미루어두었던 일을 실행에 옮겨야 한다. 공자는 합리적 의심, 즉 궐의와 궐태 이후에 정명(正名)의 중요성을 강조했다. 정명의 중요성을 밝히면서 공자는 제자 자로와 얼굴을 붉히는 설전을 벌이기까지 했다.

논쟁의 발단은 위나라의 정국을 어떻게 수습하느냐라는 방법에 있었다. 『좌씨전』과 『사기』에 보면 위나라 영공(靈公)은 남자(南子)와 결혼 생활을 하고 있었지만, 당시 남자는 자유연애를 실천하는 사람으로 국제적으로 유명했다. 태자 괴외(蒯聵)는 평소 이런 어머니에 대해 반감을 품고 있었다. 그는 기회를 엿봐 어머니를 죽이려고 하다가 오히려 발각되자 다른 나라로 망명을 떠났다. 영공이 죽자 위나라는 공자 영(郢)에게 왕의 자리를 잇고자 했지만 그가 고사하여 영공의 손자이자 괴외의 아들 출공 첩(輒)이 왕이 됐다. 괴외는 조국 위나라로 돌아와 왕위를 잇고자 했지만 이미 아들이 왕의 자리를 차지했기 때문에 둘 사이에 왕의 자리를 둘러싼 내전이 일어날 수밖에 없었다.

춘추시대에는 위나라만이 아니라 국제적으로도 위나라의 왕위 계승을 둘러싸고 많은 논의가 있었다. 특히 공자 학교에서도 누가 영공의 후계자가 되는 것이 옳은가를 두고 공자와 제자, 또 제자들끼리 날카로운 토론이 벌어졌다. 그 중 하나가 바로 공자와 자로 사이에 벌어졌던 논쟁이다.

자로는 결과적으로 현재의 출공 첩이 정당하다고 보아 괴외의 위나라 진입 시도를 막아야 한다고 보았다. 공자는 현실적으로 누가 왕이 되어야 하는가보다 원론적으로 이 문제를 도대체 어떻게 바라봐야 하는가라는 식으로 접근했다. 일단 아버지와 자식이 왕의 자리를 두고 다투는 것 자체가 어불성설이다. 나아가 누가 왕이 되는 것이 합당한지 논의할 수 있는데 그러한 과정을 생략하고 상대를 제거하려고 나서는 것도 문제이다.

이렇게 위나라 상황을 바라보는 시각이 다르다 보니 서로 불만을 터뜨렸다. 공자가 위나라의 문제를 푸는 해법으로 '정명(正名)'을 제시하자 자로는 공자더러 "세상 물정에 어둡다(迂)"라고 평했다. 자로가 현실의 두 세력 중 한쪽의 편을 들자고 말하자 공자는 자로더러

"무식하다(野)"고 평했다.(「자로」 13.03/321)

『논어』를 보면 공자는 정명을 한층 더 구체화해서 표현했다.

군주(지도자)는 군주답게, 신하(전문가)는 신하답게, 어버이는 어버이답게, 자식은 자식답게 굴어야 한다.[15]

군신부자(君臣父子)는 역할에 해당되는 사람을 부르는 이름이기도 하면서 그 역할에 맞게 처신해야 하는 기준을 가리킨다. 군주라면 군주의 자리에 어울리는 공적 역할을 해야 하는 것이다. 그렇지 않으면 군주의 자리에 어울리지 않은 인물이 된다. 바로 여기서 맹자의 '역성혁명(易姓革命)'의 논리가 나온다. 군주가 군주 자리에 어울리지 않으면 신하가 군주더러 원래의 자리로 돌아가도록 간언하고, 그래도 제자리로 돌아가지 않으면 군주를 바꾸는 역성혁명을 할 수 있다는 것이다.

정명과 역성혁명을 하려면 한 점의 궐의(闕疑)와 궐태(闕殆)가 있어서는 안 된다. 사태를 왜곡된 시선으로 바라보고 역성혁명을 부르짖는다면, 그것은 개인의 권력욕일 뿐 모든 사람이 납득할 수 있는 공통의 명분이 될 수가 없기 때문이다.

"끝까지 파헤쳐라!"

1994년 10월 21일 성수대교의 일부가 무너지는 사고가 일어났다. 출근과 등교 시간에 일어난 일이라 많은 학생이 희생됐다. 보통 사고는 다리가 무너지면서 일어났다고 생각한다. 하지만 사실은 그렇지 않다. 정확하게 말하면 사고는 다리를 지을 때부터 일어난 것이다. 다리 건설은 교통량과 하중 등을 고려하여 지어야 한다. 그렇지 않으면 지금 당장 다리가 무너지지 않더라도 언젠가 다리가 무너지리라 충분히 예상할 수 있다.

바로 이때 누군가가 "다문궐의(多聞闕疑)"와 "다문궐태(多聞闕殆)"를 했더라면 성수대교가 무너지지 않았을 것이다. 무슨 말이냐 하면 "이렇게 지으면 다리가 견딜 수 있을까?"라며 작업을 중단하고 하중을 다시 계산해보고, 미심쩍으면 설계 회사 관계자를 불러서 확인하는 절차를 겪으면서 '만에 하나의 가능성'을 찾아냈더라면 다른 방식으로 다리를 지을 것이다. 그러면 사고가 일어나지 않는 것이다. 아무리 공사 기간과 예산 문제가 있다고 하더라도 안전을 우선시하는 사고를 했다면 성수대교의 붕괴는 일어나지 않았을 것이다.

흔히 우리는 어떤 일을 할 때 "빨리빨리 하지 않고 뭐해?"라는 말을 많이 듣는다. 하지만 문제의 가능성이 있다면 "잠시만요. 이것 한 번 더 따져보고 합시다!"라고 말하고, 그 "잠시만"이 존중될 수 있는 여유를 가져야 한다. 이것이 바로 다문궐의와 다문궐태의 합리적 의심을 인정하는 문화라고 할 수 있다.

공자 이후에도 궐의(闕疑)와 궐태(闕殆)를 넘어설 수 있는 확실한 기준을 제시하려는 노력을 했다. 묵자는 '삼표(三表)'를 거쳐야 무슨 일을 할 수 있다고 주장했다. 삼표는 "과거의 역사적 사실이 있었는가?", "사람들이 상식적으로 검증할 수 있는가?", "실행하면 어떤 효과가 있는가?"라는 물음으로 구체화됐다.(『묵자』 「비명(非命)」 상)

순자(荀子)도 이론이 이론으로서 성립하려면 하나의 조건을 가져야 한다고 보았다. 그는 "어떤 이론을 가지려면 반드시 근거가 있어야 하고, 어떤 주장을 펼치려면 반드시 이치에 닿아야 한다(持之有故, 言之成理)"라는 테제를 제시했다.(『순자』「비십이자(非十二子)」) 묵자와 순자의 주장은 공자가 제기했던 궐의와 궐태의 상황을 벗어나려는 시도라고 볼 수 있다. 즉, 공자는 합리적 의심을 중시하고 묵자와 순자는 객관적 기준을 강조했다.

한 제국이 등장하면서 공자는 여러 선생들 중의 한 명이 아니라 선생 중의 선생이 됐다. 공자의 말은 모두 믿고 받들어야 하는 경전처럼 됐다. 후한의 왕충(王充, 27~104)은 점점 학문의 권력화, 신비화의 대상이 되어가는 공자와 그의 말을 의심해야 한다고 보았다. 왕충은 시대의 "모든 논의를 저울질하겠다"는 뜻의 『논형(論衡)』이라는 책을 짓고 그 안에 "공자에게 묻는다"라는 「문공(問孔)」을 썼다. 사실 왕충은 형식상 공자를 비판하는 것처럼 보이지만 공자의 정신을 살리고자 했던 인물이라고 할 수 있다.

> 세상의 유학자들은 스승을 믿고 옛것을 옳게 여기길 좋아한다. 성현이 한 말은 모두 잘못이 없다고 생각해서 오로지 배우고 익히려고 할 뿐 따지고 물을 줄 모른다. 성현이 붓을 움직여서 글을 지을 때 마음 씀씀이가 아무리 세세해도 아직 모두 사실과 들어맞는다고 할 수 없다. 하물며 급하게 쏟아낸 말이 어찌 모두 옳다고 하겠는가? 모두 옳지 않은데도 당시 사람들은 따질 줄 몰랐다. 옳다고 하더라도 뜻이 분명하지 않는데도 당시 사람들은 물을 줄 몰랐다. 생각해보면 성현의 말에는 위아래가 서로 어긋난 곳이 많

고, 문장도 앞뒤가 서로 모순되는 곳이 많은데도 세상의 학자들은 그것을 모른다.

배우고 묻는 길은 재능에 있지 않다. 어려움은 스승과 거리를 두고서 도의를 사실대로 밝히며 시비를 논증하는 데에 있다. 묻고 따지는 길은 반드시 성인과 마주하거나 살았을 적에만 요구되는 것은 아니다. 세상에서 성현의 이야기를 풀이해 사람을 가르칠 때 반드시 성인의 가르침대로 일러줘야 하는 것은 아니다. 만약 밝게 이해되지 않는 물음이 있으면 공자에게 따져 묻는다고 하더라도 어찌 도의를 다치게 하겠는가? 진실로 성현의 학업을 전할 지혜가 있다면 공자의 말을 비판하더라도 어찌 이치에 거슬리겠는가?

왕충의 말은 공자의 다문궐의와 다문궐태를 가장 잘 풀이한 글이라고 할 수 있다. 조금이라도 의혹이 든다면, 그 대상이 경전일지라도 공자라고 할지라도 주눅 들지 않고 근거와 이유를 물을 수 있는 것이다. 왕충은 의심이 가는 모든 것에 대해 끝까지 근거를 밝혀야 한다는 자세를 가졌다. 그는 이러한 자세를 다음으로 표현했다.

> 바로 파악되지 않으면, 마땅히 물어서 밝히고.
> 제대로 이해되지 않으면, 마땅히 따져서 끝까지 파헤쳐라!
> (不能輒形, 宜問以發之. 不能盡解, 宜難以極之!)

우리는 정답을 외우는 교육에 너무 익숙해서 정답이 왜 정답인지 묻는 자세를 잊어버렸는지도 모른다. 사실 모든 앎은 물음에서 시작되는 것이다. 아이는 "이게 뭐야?"라는 질문으로 시작해서 주위를 조금씩 알아간다. 우리는 아이가 즐겨 던지던 "이게 뭐야?"라는 질문을 잊고 "지금 뭐해?"라며 질문을 생략하는 관행에 익숙해지고 있다. 공자와 왕충처럼 합리적 의심을 가지고 끝까지 파헤치는 정신을 가진다면, 성수대교의 붕괴 사건과 같은 "일어나서는 안 되는 사건"이 더 일어나지 않을 것이다.

묻는 것을 부끄러워하지 않다

<table>
<tr>
<td>

20

불치하문
(不恥下問)

</td>
<td>

질문은 앎을 향한 지름길이다.
질문 없는 사회는 죽은 사회이다.

</td>
</tr>
</table>

사회가 느리게 움직일 때에는 '경험치'가 중요하다. 경험이 많으면 무슨 일이 생겨도 잘 처리할 수 있기 때문이다. 이로 인해 자연스럽게 나이 많은 사람이 존중받는 사회의 모습을 갖추게 된다. 그러나 오늘날, 사회가 바뀌는 속도가 점점 빨라지고 있다. 오죽했으면 잠시만 외국에 나갔다 와도 건물이 새로 들어서고 상점도 바뀌어서 "다른 곳에 왔나!"라는 생각이 들 정도라는 말을 하곤 한다. 주변 경관만이 아니라 사회를 움직이는 트렌드와 시스템도 빠르게 바뀌고 있다.

사회가 빠르게 바뀌다 보니 경험보다는 누가 지식에 먼저 접근하느냐가 중요한 의제가 됐다. 나이와 지식의 소유량이 비례하지 않게 된 것이다. 이때 공자는 아랫사람에게 묻는 것을 부끄럽게 여기지 말라고 조언한다. 이 말은 당시 사회가 빠르게 바뀌고 있다는 점을 시사하고 있을 뿐만 아니라 나이를 무기 삼아 누가 알려주기를 바라지 말고 직접 나서서 알아낼 것을 요구하는 것이다.

「공야장」
(05.16/108)

자공이 공자에게 궁금한 듯이 물었다.
"위나라에 공문자라는 사람이 있는데,
그이는 무슨 까닭으로 '문(文)'이라는
영광스러운 시호로 불리게 되었는지요?"
공자가 대꾸했다.
"이해력이 뛰어나고 학문을 사랑하며,
아랫사람에게 모르는 것을 물어보면서도
전혀 부끄러워하지 않았기 때문에
'문'이라고 할 만하다."

子貢問曰: 孔文子何以謂之文也?
자공문왈 공문자하이위지문야
子曰: 敏而好學, 不恥下問, 是以謂之文也.
자왈 민이호학 불치하문 시이위지문야

孔: 공(孔)은 구멍, 매우, 심히의 뜻으로 쓰인다. 여기서는 김씨, 이씨처럼 성을 나타낸다. 공문자(孔文子)는 위나라의 고위 공직자인 대부(大夫) 공어(孔圉)를 말한다. 그는 평소 배우기를 좋아했던 덕분에 죽어서 문(文)의 시호를 받았다.

謂: 위(謂)는 말하다, 이르다, 일컫다라는 뜻이다.

何以: 하이(何以)는 무엇 때문에라는 이유, 까닭을 묻는 의문문 형태로 쓰인다.

恥: 치(恥)는 부끄러워하다, 부끄러움의 뜻이다. 치는 수치심(羞恥心)의 단어로 가장 많이 쓰인다.

下: 하(下)는 아래, 아랫사람, 내리다의 뜻이다. 하(下)는 상(上)과 대비해서 쓰인다.

是以: 시이(是以)는 이렇기 때문에라는 접속사로 쓰인다.

시호(諡號), 영원히 사는 기술

고대 사회에는 사람이 생장하는 동안 끊임없이 호칭을 바꾸는 독특한 문화가 있었다. 태어나면 아명(兒名) 또는 초명(初名)이 있고, 성인이 되면 자(字)와 호(號)가 있고, 죽으면 시호(諡號)가 있었다. 자신을 적극적으로 알리는 현대 사회의 기준으로 보면 잦은 개명은 좋을 일이 아니다. 한 가지 이름을 기억하기도 쉽지 않은데, 외울 만하면 이름을 바꾸니 기억하기가 더더욱 어렵다.

고대 사회의 개명 문화를 현대 사회는 이해할 수 없다. 부모와 임금을 마주하는 특수한 상황을 제외하면 고대인들은 대부분 자신의 이름이 불리는 것을 기피했다. 이름을 부르지 않는 것이 상대를 존중하는 일종의 문화적 표현인 것이다. 특히 임금처럼 존귀한 이름은 더더욱 함부로 발음하지 않았다. 그래서 유방(劉邦)이 천자가 된 뒤로 경전과 공문서에서도 '방(邦)' 자를 쓰지 않고, '국(國)'과 비슷한 의미를 가진 단어로 바꿔서 기록했다. 이를 이름 부르는 것을 꺼린다는 뜻에서 피휘(避諱)라고 한다.

동아시아의 이름 문화에서 시호는 그 나름의 독특한 점을 가지고 있다. 사람이 죽으면 그 사람의 평생 행적을 종합하여 한 글자 또는 두 글자로 함축한 새로운 이름을 부여했다. 이순신 하면 떠오르는 충무(忠武)가 바로 그러한 시호이다.

시호를 짓는 원칙도 있었다. 「공야장」 16장에 나오는 "민이호학(敏而好學), 불치하문(不恥下問)"이 바로 문(文)이라는 시호에 어울리는 행적이다. 과거에 시호를 정할 때 그 대상이 왕이라고 해서 무조건 듣기 좋은 시호를 짓지는 않았다. 예컨대 유왕(幽王)은 '어두운 왕', '멍청한 왕'의 뜻이고 난왕(赧王)은 '얼굴 붉힐 왕'의 뜻이다. 이들은 죽은 뒤에도 역사에 계속 '유왕'과 '난왕'으로 남아, 그들이 살아서 부정적인 일을 많이 했다는 사실을 그대로 알려주고 있다.

또한 시호는 동아시아 사람들이 영생(永生)의 문제를 해결하는 방법 중 하나이다. 유일신 문화에서는 사람이 죽어 신의 구원을 받으면 영생을 누리게 된다고 생각했다. 그러나 동아시아 문화에서는 영생을 심판할 그러한 신이 없다. 그 대신 동아시아 사람들은 역사의 법정을 마련했다. 이순신이 멸망의 기로에 선 나라를 지키다가 적탄에 맞아 비극적인 최후를 맞이했다고 하더라도, 후대에 긍정적인 평가를 받으면 죽지 않고 살아나게 되는 것이다. 이를 죽어도 죽은 것이 아니라는 뜻에서 '사이불사(死而不死)'라고 한다. 후세 사람들이 이순신을 닮아야 할 위인으로 평가하고 그의 뜻과 사적을 기리기 때문이다. 반면 연산군처럼 왕이 왕답게 처신하지 않으면 죽어서도 조종(祖宗)으로 불리지 못하고 군(君)이라는 낮은 평가를 받게 된다. 살았을 적에는 "하고 싶은 대로" 권력을 휘둘렀을지라도 죽어서는 역사의 법정에서 불명예의 이름으로 남아 있는 것이다.

이렇게 보면 동아시아 문화는 천당(天堂)과 지옥(地獄)이라는 사후 세계의 문화에 익숙하지 않다. 대신에 역사의 법정을 마련하여 긍정과 부정 중 어떤 문맥으로 기록되느냐에 따라 존중받아야 할 인물인지 기피해야 할 인물인지를 판정하는 것이다.

묻는 만큼 안다

신은 호기심이 없으니 궁금한 것이 없다. 전지전능하기 때문에 하나의 원인이 나중에 어떤 결과로 이어질지 다 안다. 만약 신이 시험을 치면 당연히 만점을 받을 것이고 그 점수로 어디든 지원하면 당연히 합격할 것이다. 따라서 시험을 치기 전에 시험을 망칠까 두려워하지도 않고 시험을 치며 어려운 문제로 인해 골머리를 앓지도 않으며 시험을 친 뒤에 어떻게 될까 궁금해하지도 않는다.

인간은 신과 다르다. 지식과 능력에 한계가 있기 때문이다. 교육과 훈련으로 지식과 능력을 키울 수 있지만 신과 같아질 수는 없다. 따라서 인간은 그 자체로 극복할 수 없는 한계를 가진 존재라고 할 수 있다. 그렇지만 사람은 완전한 지식을 향해 나아가는 노력을 그만둘 수 없다. 그 노력이 바로 인류가 이룩한 문명이다.

사람이 무지(無知)의 상태에서 유지(有知)로 바뀌는 데는 여러 가지 길이 있다. 체계적인 교육을 받는 것이 가장 유효한 길이다. 가르치고 배우는 과정 중에서 질문의 힘은 막강하다. 하지만 우리 현실은 문제 풀이와 주입식 교육에 익숙한 나머지 수업과 강연 중에 "질문이 있으면 뭐든 합시다"라고 이야기를 끄집어내면 일순간 정적이 흐른다. 이어서 사람들은 주위를 둘러보며 누가 손을 드는지 쭉 훑어본다. 질문이 만만찮은 일이라는 점을 상징적으로 보여주는 장면이다.

"질문을 왜 하지 않느냐?"라고 물으면 "뭔가 알아야 질문을 하지요!"라는 항의성 대답이 되돌아온다. 맞는 말이다. 하지만 그것만으로는 질문하지 않는 충분한 이유가 될 수 없다. 수업이나 강연에 참여하는 사람의 지식 수준은 각양각색이다. 하지만 언어를 매개로 이야기를 주고받는 만큼 말과 말 사이, 주장과 주장 사이에 많은 질문이 생겨날 수 있다.

처음 듣는 개념이면 그것이 무슨 뜻인지 재차 물을 수 있고, 논란이 되는 주장이라면 반대 주장이 어떤지 물을 수 있고, 아예 잘못 알아들은 부분이 있으면 다시 한 번 부연적인 설명을 바랄 수 있다. 이렇게 찾으면 질문할 것이 넘쳤으면 넘쳤지 없다고 할 수는 없다.

그럼에도 불구하고 질문을 잘 하지 않는 이유는 다른 데에 있는 듯하다. 우리는 질문을 "모르는 점을 알고자 하는 가장 단순한 언어 행위"가 아니라 "참여자들에게 뭔가 멋있게 보이는 일종의 공연 행위"로 생각하는 경향이 있다. 또 질문을 "군중에 묻혀 있지 않고 자신을 드러내야 하는 부담스러운 상황"으로 보는 경향이 있다. 사정이 이러하다 보니 궁금한 것이 있어도 묻지 못하거나 말 잘하는 친구에게 대신 물어봐달라는 청탁을 하기도 한다.

질문은 수업과 강연의 물꼬를 새롭게 트고 활기를 불어넣는 사건이다. 일방적으로 진행되는 이야기가 질문으로 인해 다양한 목소리가 섞이고 이야기의 방향이 넓어지기도 하며 좁아지기도 한다. 이로 인해 사람들은 이전과 달리 수업과 강연 속으로 더 깊숙하게 빠져 들어가게 된다. 이것이 바로 질문의 미덕이라고 할 수 있다.

질문의 미덕이 하나 더 있다. 질문은 모르는 것을 가장 빨리 그리고 정확하게 알 수 있는 지름길이다. 혼자서 찾으려고 하면 도서관에 가서 온갖 책을 찾아 헤매는 긴 시간을 보내야 한다. 하지만 전문가에게 물으면 즉시 그 질문에 적실한 해답을 찾게 된다. 또 답을 하는 사람도 질문을 통해 모르고 있던 사실이나 놓치고 있던 요점을 되찾을 수 있다. 이렇듯 질문은 문제를 해결하는 역동적인 활동이라고 할 수 있다.

나이를 잊은 공자

우리는 대부분 사람을 처음 만나면 나이를 따진다. 나이가 확인되면 그제야 상대를 어떻게 대할지 명확한 기준을 세우게 된다. 평소에는 사이가 서먹서먹하다가도 술자리에서 코가 삐뚤어지게 마시고 나면 서로 "형님" "동생" 부르면서 부담 없는 관계로 바뀌게 된다. 이러한 나이에 따른 서열 문화는 한국인의 특성을 가장 단적으로 보여주는 문화인 동시에 외국인이 적응하기에 가장 어려워하는 문화이기도 하다.

나이를 따지는 것 자체는 좋다 나쁘다의 문제가 되지 않는다. 다만 나이로 인해 할 말을 제대로 하지 못하여 서로 어려운 관계가 되면 문제가 된다. 나아가 문제가 생겼을 때 오로지 나이에 의해서만 사태를 해결하려고 하면 문제가 더 복잡해진다. 나이는 사람을 분류하는 수많은 기준 중에 하나일 뿐이다. 그럼에도 불구하고 오로지 나이 타령만을 하게 되면 나이가 사람 사이의 교통정리를 하는 것이 아니라 교통 정체를 일으키게 된다.

특히 우리가 나이에 사로잡히면 공자가 말하는 '불치하문(不恥下問)'도 일어날 수가 없다. 나이 많은 사람이 나이 적은 사람에게 모르는 것을 묻고 싶어도 그놈의 체면 때문에 좀처럼 "이것 좀 알려줄래?"라는 말을 하지 못한다. 괜히 말을 빙빙 돌리며 "알아서 해주길" 바라지만 상대도 모르면 뒤에서 혼자서 서운해하게 된다. 반대로 나이가 적은 사람도 나이 많은 사람과 소통을 시도하지도 않고 아예 꽉 막혀 있는 사람으로 선을 그어버리면 그것도 바람직한 관계 설정이라고 할 수 없다.

한국 사람이 외국에 가거나 한국에서 외국 사람을 만날 때 어색해하는 상황이 있다. 반면 미국인은 사람을 만나서 통성명을 하고 나면 무조건 이름을 부른다. 상대의 나이가 나보다 많은지 적은지는 중요하지 않다. 우리는 이름보다 직함과 직위로 호칭을 대신한다. 그러다 보니 나이를 불문하고 이름을 부르는 미국식 문화가 낯설 수밖에 없다.

나이는 경험에 의존하던 농경 시대에 통용되던 삶의 형식을 반영하고 있다. 그러나 이제는 정보화 시대이므로 그에 상응하는 호칭의 변화가 필요하다. 우리는 이미 사이버 공간에서 타인의 나이를 확인하지 않고 서로를 "님"으로 부른다. 나중에 알고 보니 초등학생과 아저씨 관계로 밝혀지기도 한다.

이제 오프라인상에서도 "나이가 문제가 되지 않는 관계"를 만들어 갈 때가 됐다. 그렇게 될 때 '불치하문(不恥下問)'만이 아니라 여성에게 묻는 것이 부끄럽지 않은 '불치여문(不恥女問)', 아이에게 묻는 것이 부끄럽지 않은 '불치아문(不恥兒問)', 어르신에게 묻는 것이 부끄럽지 않은 '불치노문(不恥老問)'의 사회가 될 것이다. 질문이 많아져야 발전을 향해 끊임없이 움직이는 사회가 된다. 반면 지시를 받아 적기만 하면 문제가 생겨도 침묵이 지배하는 사회가 되는 것이다.

공자는 알고 싶다는 욕망 앞에 나이만이 아니라 모든 것을 내려놓을 수 있는 사람이다. 나이로부터 자유로웠기 때문에 공자는 나이가 들었음에도 불구하고 젊음을 유지하는 사람이 될 수 있었다. 육체의 노화는 피할 수 없었지만 정신의 노화는 뒤로 늦출 수 있었던 것이다. 나이를 떠나면 이렇게 많은 선물을 받게 된다. 공자는 바로 그것을 실증했던 것이다.

Relationship

5강

관계

나와 너의 경계를 허무는 용기

5강에서는 '나'를 웃게도 만들고 울게도 만드는 사람 사이의 관계를 살펴보고자 한다.

우리나라 사람들은 유독 인간관계를 중시한다. 단순히 친목을 다지는 사교만이 아니라 업무와 정치 영역에서도 관계를 중요하게 본다. 흔히 중국 사람더러 '관시(關係)'를 앞세운다고 비판하곤 하지만 우리도 중국 사람에게 결코 뒤지지 않는다.

관계는 양면성을 가지고 있다. 먼저, 관계는 사람에게 다른 것으로부터 받을 수 없는 안정감을 준다. 사람이 아무리 똑똑하고 능력이 뛰어나다고 하더라도 혼자서 살 수는 없다. 구르는 낙엽에 감상적이 되고, 뜻밖의 실패로 가슴이 쓰라리기도 한다. 이때 혼자라면 무너지기 쉽지만 주위에 사람이 있다면 관계를 통해 위로를 받고 다시 일어설 용기를 가질 수 있다. 함께 말할 수 있는 사람이 없다고 생각해보라. 삶이 얼마나 삭막하고 처참할까. 주위에 사람이 있기에 다시 살아날 수 있으니, 이것은 관계가 주는 선물이라고 할 수 있다. 그러나 이 선물이 사람의 능력을 객관적으로 평가하지 않고 아는 사람끼리 감싸주는 패거리 문화로 이어지지 않도록 유의해야 한다.

한편으로 관계는 사람을 치이게 하고 씻을 수 없는 상처를 받게 하기도 한다. 사람은 각각 주위 사람들과 다양한 관계를 맺는다. 사람마다 관계에 들이는 노력이나 중요하게 여기는 정도가 다르다. 사람은 관계의 선택을 요구받을 때 어쩔 수 없이 한쪽을 우선시하게 된다. 선택받은 쪽은 "그럼 그렇지!"라고 득의양양할 수 있지만, 선택받지 못한 쪽은 "내가 그것밖에 되지 않느냐?"라며 상처를 받게 된다. 나아가 여기에서 비롯된 배신감은 사람을 근원적으로 불신하게 만든다. 그렇다고 사람을 원수 보듯이 의심하고 질시한다면 결국에는 스스로 커다란 손해를 입게 된다.

이렇게 보면 관계는 나를 든든하게 지켜주는 울타리이기도 하고 나를 나락으로 곤두박질치게 하는 지뢰이기도 하다. 우리는 누구나 좋은 인간관계를 유지하려고 한다. 이를 위해 노력하지만 상대를 통제할 수는 없다. 이때 내가 할 수 있는 최선과 그것에 상대가 어떤 반응을 보이는가를 잘 분별해야 한다. 사람 관계가 아무리 중요하다고 하더라도 자신이 어떻게 할 수 없는 영역에 지나치게 신경 쓰지 않고 스스로 떳떳할 수 있도록 노력하면 그만이다. 관계에 끌려다니게 되면 정작 자신이 해야 할 것마저 제대로 하지 못하고 놓칠 수 있기 때문이다.

너그러우면 사람을 얻는다

나와 남의 잘못을 칼같이 자를까,
아니면 눈감고 넘어갈까?
원칙과 인정의 갈등 상황에서 공자는 '사람'을
우선시했다.

"그럴 수 있지. 누가 처음부터 잘하나, 다음에 잘해!"
"아니, 이것도 못해? 도대체 잘하는 게 뭐야?"

사람이 실수를 했을 때 흔히 듣는 말이다. 전자는 실수를 너그럽게 대하고 있다. 즉, 사람이 실수를 할 수 있다는 사실을 인정하고 다음에 같은 실수를 되풀이하지 말라며 기회를 주고 있다. 후자는 실수를 엄격하게 대하고 있다. 즉, 실수를 따끔하게 지적하는 것을 넘어서 당사자의 능력을 전적으로 무시하고 있다.

물론 실수의 횟수와 피해 정도가 상황마다 다를 수 있기 때문에 일률적으로 너그러워야 한다거나 엄격해야 한다고 말할 수는 없다. 너무 너그럽게 굴면 규정이 무시될 수 있고, 너무 엄격하게 굴면 사람이기를 펴지 못할 수 있기 때문이다.

　가장 어려운 상황은 너그러움과 엄격함 중에 어떤 태도를 취할지 판단이 서지 않는 경우이다. 엄격해야 할 때 엄격하면 상대가 받아들이지만, 엄격하지 말아야 할 때 엄격하면 상대가 받아들이지 않는다. 상대가 견책을 받아들이지 않으면 사람 사이가 멀어지게 된다. 공자도 고민 끝에 '엄격함'보다 '너그러움'을 앞세우라고 제안하고 있다.

「양화」
(17.06/457)

자장이 공자에게 사람다움의 길에 대해 물었다.

공자가 대답했다.

"이 다섯 가지 덕목을 하늘 아래에 실행할 수 있다면 사람 노릇을 할 수 있다."

자장이 하나씩 자세히 알려달라고 청했다.

공자가 대답했다.

"다섯 가지 덕목이란 공손함, 너그러움, 믿음, 재빠름, 나눔이라네. 공손하면 업신여김을 당하지 않지.

너그러우면 사람을 얻게 되지.

믿음이 있으면 주위 사람들이 일을 맡기지.

재빠르면 기회가 올 때 공적을 세우게 되지.

함께 나누면 어려운 일도 주위 사람들에게 부탁할 수 있다네."

子張問仁於孔子.

자장문인어공자

孔子曰: 能行五者於天下爲仁矣.

공자왈 능행오자어천하위인의

請問之.

청문지

曰: 恭寬信敏惠. 恭則不侮,

왈 공관신민혜 공즉불모

寬則得衆, 信則人任焉,

관즉득중 신즉인임언

敏則有功, 惠則足以使人.

민즉유공 혜즉족이사인

子張:　　자장(子張)의 이름은 전손사(顓孫師)이다. 당시 이름 부르
　　　　기를 기피하는 풍습이 있었고 성인이 되면 새로운 이름
　　　　인 자(字)로 불렸다. 자장은 전손사의 자(字)이다. 그는 진
　　　　(陳)나라 사람으로 공자보다 나이가 48세 적다. 문(問)은
　　　　묻다, 물음의 뜻이다. 보통 제자가 공자에게 질문을 할 때
　　　　"제자의 자+문(問)+질문 내용"이 기본 문형이 된다. 이
　　　　경우 "자장문인(子張問仁)"이면 충분하다. 대답할 사람이
　　　　'공자'라는 점이 전제되어 있기 때문이다. 굳이 공자를
　　　　밝히려고 하면 '자(子)'만으로 충분하다. 위의 원문과 같
　　　　이, 기본 문형에 '어공자(於孔子)' 세 글자가 첨가된 「양화

(陽貨)」는 '공자'를 나타내는 방식에서 다른 편들과 차이를 보여준다. 공자의 권위에 대한 변화, 제자들의 위상 변화 등이 이러한 차이를 낳았다고 할 수 있다. 하지만 한 책에서 같은 사람을 가리키는 호칭이 다름으로 인해, 「양화」를 비롯하여 『논어』의 후반부가 자료로서의 신뢰성이 앞부분보다 떨어지게 됐다.

天下: 천하(天下)는 글자 그대로 '하늘 아래'의 뜻으로 하늘 아래에 있는 모든 것을 나타내는데, 오늘날 세상과 같은 뜻이다. 청(請)은 영어 please와 같은 뜻으로 부탁을 할 때, 격식을 차린 "해주세요"라는 어감을 나타낸다.

恭: 공(恭)은 공손하다, 관(寬)은 너그럽다, 신(信)은 믿다, 믿음, 민(敏)은 재빠르다, 영리하다, 혜(惠)는 함께 나누다, 베풀다, 은혜의 뜻으로 쓰인다.

則: 則은 법, 규칙, 본받다의 뜻으로 쓰이면 '칙'으로 읽고, 곧, 가깝다, ~하면 ~하다의 조건절을 나타내는 접속사로 쓰이면 '즉'으로 읽는다.

인(仁), 곧 '사람다움'이야말로 공자 사상의 중심

인(仁)은 글꼴에서 보이듯 사람 인(人)과 깊은 관련이 있다. 인은 사람이 둘이 있으면서 서로 가까워질 수 있는 덕목을 가리킨다. 간단히 말하면 인은 사람다움의 탐구라고 할 수 있다. 그렇지만 이렇게 풀이하면 인은 추상적인 가치이자 덕목으로만 여겨져서 생생한 느낌으로 다가오지 않는다.

2014년 12월에 사람들을 깜짝 놀라게 만든 대한항공의 땅콩 회항 사건이 일어났다. 이 사건이 보도되자 금세 '슈퍼 갑질'이라는 말이 생겨났다. "어떻게 땅콩 서비스 문제를 가지고 사무장과 승무원에게 모욕적인 대우를 하고, 심지어 강제로 비행기에서 내리게 할 수 있느냐?"라는 분노의 목소리가 들끓었다. 여기서 많은 사람의 공분을 자아낸 부분은 조 부사장이 사무장과 승무원을 직원이기 이전에 존엄성을 가진 인간으로도 대우를 하지 않은 데에 있다.

2014년 4월에 세월호 참사가 일어났을 때 처음에는 온 나라가 안타까움과 애도를 표했다. 하지만 시간이 조금 흐르자 금세 보상금과 특례 입학 이야기가 나오더니 급기야 "죽은 아이를 대상으로 장사를 하려고 한다"라는 말까지 나오게 됐다. 시민은 공동체의 사안에 대해 누구나 개인의 의견을 가질 수 있다. 하지만 뻔히 TV로 지켜보는 가운데 자식과 가족을 잃어 슬픔에 잠겨 있는 사람들을 향해 이해 문제를 제기하며 갈등을 불러일으킨다면 합당한 인간적 태도라고 하기 어렵다.

우리는 상식 이하의 언행을 하는 사람을 보면 "사람이면 다 사람이냐, 사람다워야 사람이지!"라는 말을 하곤 한다. 생김새는 버젓한데 하는 언행이 '사람'으로서의 품격과 거리가 멀기 때문이다. 앞서 말한 두 사건도 우리에게 '어떻게 하면 사람다운 것이고 사람답지 않은 것인지' 생각하게 만든다.

공자는 자기 자신을 잘 통제하고 주위 사람을 편안하게 해주는 수기안인에서 사람다움의 길을 찾고자 했다. 인터넷에서 욕설과 비방의 글을 쓰거나 직장에서 성추행과 성희롱의 언행을 일삼거나 업무를 추진할 때 과도하게 개인의 소신만을 앞세우며 갈등을 부추기는 등의 언행은 '수기'에도 미치지 못하고 '안인'과도 거리가 멀다. 공자는 당시에 상식 이하의 언행으로 보이는 각종 꼴불견, 막무가내, 슈퍼 갑질을 목격하고 그것을 뛰어넘은 '사람다움의 세상', 즉 인(仁)의 세상을 만들고자 했던 것이다.

사람다움의 요건, 공손과 신뢰

공자는 사람다움의 요건을 모두 다섯 가지로 제안하고 있다. 첫 번째는 '공손'이다. 공자는 사람이 공손하게 처신하면 다른 사람으로부터 업신여김을 당하지 않는다고 했다. 두 번째는 '신뢰'이다. 사람이 주위 사람들에게 신뢰를 주면 그 사람들이 함께 일을 하자고 하거나 일감을 건네게 된다.

다른 편과 장을 보면 공자는 교만하거나 건방지게 구는 언행을 삼가라고 요구했다. 축구의 꽃은 뭐니 뭐니 해도 골이다. 간혹 메시 같은 선수가 골키퍼로부터 공을 건네받은 뒤 수비수를 제쳐가며 수십 미터 드리블을 해서 단독으로 골을 넣는 경우가 있다. 하지만 대부분 축구 경기에서는 공이 상대 진영으로 넘어간 뒤 같은 팀의 선수들이 서로 패스를 주고받으면서 골을 넣게 된다. 전자는 혼자 북 치고 장구를 쳤으므로 승리의 결정적인 주역이라고 할 수 있다. 반면 후자는 골을 넣은 선수가 그 공을 혼자서 세운 것이 아닌데도 혼자서 승패를 결정지은 것처럼 말한다면 그는 '공손'하지 않은 것이다.

이렇게 공손하지 않으면 다른 동료나 팬들로부터 자신이 한 것보다 더 많은 공을 자랑하는 것으로 비난을 받을 수 있다. 또한 동시에 사람들부터 '믿음'도 잃게 된다. 공을 함께 나누지 않고 독차지하려고 한다면, 누구라도 같이 일을 하려고 하지 않을 것이다. 하지만 공자가 공손을 강조했다고 해서 간과 쓸개까지 빼놓고 행동하라는 의미로 받아들여서는 안 된다. 공자는 "지나친 공손은 예와 어긋난다"라는 과공비례(過恭非禮)를 경고하고 있다.

사람다움의 요건, 민첩과 나눔

세 번째로 민첩하게 움직인다는 것은 언제까지 끝내기로 해놓고서 차일피일 미루거나, 하기만 하면 짧은 시간에 끝낼 수 있는데도 세월아 네월아 하면서 꾸물꾸물하는 것과 반대되는 방식이다. 일을 맡으면 그 일을 해낼 수 있는 한 최대로 빨리 끝내는 것, 그것이 '민첩'이다. 누가 이런 사람과 함께 일하는 것을 싫어하겠는가? 이렇게 민첩하게 하다 보면 일할 기회를 더 갖게 되고, 일할 기회를 더 갖게 되니 업적을 세울 기회도 더 많아지는 것이다.

네 번째로 자신이 가진 것을 틀어쥐지 않고 이웃과 함께 나누는 것이다. 자신이 돈을 벌고 잘되는 것도 혼자서 잘한 측면도 있지만 함께 하는 사람들이 있기 때문에 가능한 일이다. 한 개인의 성공에는 당사자의 기여가 제일 크겠지만 100% 그 개인의 공로라고만은 할 수 없다. 보통 겉으로 드러나거나, 혹은 남몰래 도와주는 손길이 있기에 성공이 가능한 것이다. 이를 안다면 성공한 '내'가 주위 사람들도 함께 성공할 수 있도록 '보이지 않는 도움의 손'이 되어야 한다. 그렇게 되면 자신이 도움을 준 사람들로부터 무엇을 받지 않아도 '따뜻한 손'의 역할을 했다는 것만으로도 받은 것이 많다.

요컨대, 공손하지 않고 교만하게 굴고 신뢰를 주기보다 불신을 자아내고 재빠르게 굴기보다 능장을 부리고 가진 것도 많으면서 늘 공로를 독차지한다면, '그 사람'과 다른 사람의 거리가 멀어졌으면 멀어졌지 결코 가까워지지 않을 것이다. 즉, 사람다운 사람에서 멀어지는 것이다.

진나라 문공(文公)의 패업을 이룬 비밀

춘추시대 진(晉)나라 문공(文公)은 풍운의 인물이었다.[16] 그는 헌공(獻公)의 아들로 공자 신분이었지만 부왕 만년에 자신의 소생을 후계자로 세우려는 애첩 여희(驪姬)의 야욕 때문에 19년에 걸친 망명 생활을 해야 했다. 문공은 기나긴 망명 생활에 지쳐 명예의 회복이나 왕위의 등극을 잊고 지내기도 했다. 하지만 그는 여러 나라를 돌아다니며 식견을 넓힌 뒤에 진(秦)나라의 도움으로 천신만고 끝에 62세에 제후가 됐다. 그는 내정을 수습하고 외교를 강화시킨 뒤 제나라 환공(桓公)을 이어서 춘추시대의 패자가 되기도 했다.

문공이 조국으로 돌아오자 망명 다닐 때 재정을 관리하다 몽땅 훔쳐 달아났던 두수(頭須)가 면담을 요청했다. 두수의 절도로 문공은 망명 시절 내내 알거지 신세가 되어 큰 고초를 겪었다. 그는 평소 두수에게 이를 갈고 있었지만 이제 막 귀국한 시점에 두수를 처벌하기가 부담스러워 면담을 허락하지 않고 돌아가라고 했다. 이때 두수는 "문공이 자신처럼 보잘것없는 사람의 작은 죄를 마음에 담고 있으면 진나라 문공을 두려워할 사람이 많을 것입니다"라고 말했다.

사실 진나라는 헌공에서부터 문공에 이르기까지 엄청난 내분을 겪었던 터라 민심이 뒤숭숭한 상황이었다. 그런데 문공이 두수의 말을 듣고 그를 용서하자 불안해하던 사람들이 모두 문공을 적극적으로 지지하는 세력이 됐다.[17] 문공이 너그러운 정치를 펼침으로 그를 원래 지지하던 사람뿐 아니라 그를 못마땅해하던 사람들도 모두 하나가 되었던 것이다. 이것은 문공이 진나라를 넘어 중원 지역의 패자가 될 수 있었던 원동력이라고 할 수 있다.

너그러움과 엄격함의 중용(中庸)

사람은 학습과 일에서 끊임없이 시행착오를 되풀이한다. 이때 시행착오를 하는 사람을 어떻게 대해야 할까? 원문에서 공자는 엄격함보다 너그러움의 길을 제시하고 있다. 하지만 이 제안을 "모든 경우에 너그럽게 대하라"는 말로 일반화시킬 수는 없다. 공자 스스로도 한없이 너그럽기만 하면 원칙이 존중되지 않는다는 것을 알고 있었고, 때문에 또 다른 곳에서 도(道)와 같은 삶의 원칙을 목숨처럼 소중히 여기라고도 말하고 있다.

공자의 말은 두 가지 해석이 가능하다. 첫째, "엄격함과 너그러움의 경계가 분명하지 않으면 너그러움을 우선하라!"는 너그러움의 우선 적용이다. 용의자의 범행이 확실해 보이더라도 증거가 없으면 무죄로 처리하는 것처럼 책임의 경계가 확실하지 않으면 너그러움의 가치를 앞세워야 한다. 삶의 원칙이 사람을 위해 존재한다는 점에서 생각할 때 이는 당연한 것이다.

둘째, "엄격해야 할 때 엄격하고 너그러워야 할 때 너그러워야 한다"는 중용(中庸) 사상이다. 엄격함과 너그러움은 사실 양극단에 있지만 그 사이에 엄청난 중도(中道)가 있다. 우리 앞에 닥치는 일은 저마다 똑같지 않고 각각 다른 측면을 가지고 있다. 이때 일의 처리를 양극단 중 하나에 적용하게 되면 사실에도 들어맞지 않는다. 사실에 들어맞지 않으면 사람들의 공감과 동의를 얻을 수 없다.

공자는 일의 특성에 맞는 고유한 방식을 찾으려고 했다. 이것은 결국 모든 원칙이 '사람 위에' 존재하는 것이 아니라 '사람을 위해' 존재해야 한다는 점을 말한다. 많은 사람이 프로야구 한화의 김성근 감독의 리더십이 너그러움보다 엄격함에 치우친다는 것에 동의할 것이다. 하지만 엄격함만으로는 그가 프로야구 감독을 하는 동안 세운 공적과 인기를 다 설명할 수 없다. 엄격함은 선수들로 하여금 야구에 집중하게 할 수는 있지만 장기간에 걸쳐 실력을 안정적으로 끌어낼 수는 없기 때문이다. 그가 엄격함에 기울었다고 하더라도 그 나름 엄격함과 너그러움의 중용을 찾아서 선수단을 이끌었기 때문에 명장의 반열에 오를 수 있었던 것이 아닐까.

오래 사귀었지만
처음처럼 존중하다

부담 없이 오래갈 수 있는 친구를 바란다.
나는 누군가에게 그런 친구였던 적이 있을까?

사람은 가족과 사회에서 수많은 타인을 만난
다. 하지만 그런 타인이 모두 나의 친구가 되는 것은 아니다. 학교를
다닐 때 학기 초에는 교실 안의 모든 사람이 나의 친구가 될 수 있다.
그렇지만 두세 달이 지나면 낯선 이에 대한 경계를 풀고 나와 시간을
함께 나누는 친구는 몇몇으로 한정된다. 친구란 나로 하여금 한계를
벗어나서 다른 세계로 나아갈 수 있게 초대장을 보내오는 존재이다.
할까 말까 주저하던 일도 "해봐!"라는 친구의 말 한마디에 스스럼없
이 '시작하기' 때문이다. 그래서 인류는 세상에 모습을 나타낸 이래로
"나를 넘어 짝을 찾는" 여정을 계속하는 것이다.

우리나라는 세계 어느 나라보다도 노동시간이 길고 취업하기가 어
렵다. 취업한 사람은 실업으로 내몰리지 않기 위해, 실업자는 취업을

하기 위해 자기 착취에 가까운 경쟁 속으로 내몰리고 있다. 이런 상황에서 "좋은 친구를 사귀라"고 권하고 '우정'을 이야기한다면 너무 한가한 소리로 들릴까? 과연 현대 사회에서 오랜 친구를 사귀는 것이 가능할까? 『논어』 속 안영의 이야기를 통해 "친구를 오래 사귀는 법"을 살펴보자.

「공야장」
(05.18/110)

공자가 이야기했다.
"제나라의 안평중과 같은 분은 주위 사람들과 참으로 잘 사귀었다. 사람과 오래 사귈수록 서로 존경하는 태도를 잃지 않았다."

子曰: 晏平仲善與人交, 久而敬之.
자왈 안평중선여인교 구이경지

晏平仲: 안평중(晏平仲)은 제나라의 현신 안영(晏嬰)을 가리킨다.
        평중은 안영의 자(字)이다. 그는 제나라의 영공(靈公), 장
        공(莊公), 경공(景公)의 세 제후를 보좌하며 나라의 안정과
        발전을 지켜냈다. 특히 경공이 무기력과 자포자기에 빠
        져서 제후 노릇을 제대로 하지 못할 때 안영은 제나라를
        지키는 등불과 같은 존재였다.
善: 선(善)은 착하다, 좋다는 형용사로 쓰이는데, 여기서는

'잘'이라는 부사로 쓰인다.

與: 여(與)는 주다, 함께하다라는 동사로 쓰이는데, 여기서는 ~와 함께라는 뜻이다.

人: 인(人)은 인류를 뜻하는 것이 아니라 자신의 주위에 있으면서 교제하는 사람을 가리킨다.

交: 교(交)는 주고받다, 사귀다의 뜻이다.

久: 구(久)는 오래다, 오래가다, 변하지 않다라는 뜻이다.

敬: 경(敬)은 높이다, 받들다의 뜻이다.

안평중, 제나라의 등불

안평중이 누구인 줄 모르면 인용문의 내용이 추상적으로만 전달된다. 안평중의 사람됨을 알려면 『사기』의 열전 중 두 번째에 나오는 「관안열전(管晏列傳)」을 살펴봐야 한다. 「관안열전」은 공자의 선배 격에 해당되는 정나라의 현자 정치인 관중과 제나라의 현자 정치인 안평중을 다루고 있다.

안평중은 춘추시대에 제나라의 재상이었지만 국제적으로 명망이 높았다. 이러한 명망은 약육강식의 시대 상황에서 다른 나라가 제나라를 침범하지 못하는 이유이기도 했다. 안평중이 국정의 컨트롤타워 역할을 수행하고 있는 이상, 제나라의 지도력이 갑자기 나빠져 나라가 혼란스러워질 일은 없었기 때문이다. 물론 제나라의 건재를 안평중 한 사람의 공로로만 볼 수는 없다. 그렇게 보면 당연히 영웅 사관이 되기 때문이다. 다만 그만큼 안평중의 영향력이 국내외적으로 무시할 수 없었다는 사실은 분명하다.

사마천은 『사기』 중 「관안열전」에서 안평중의 이러한 사람 됨됨이를 보여주기 위해 무척 고심했을 것이다. 그는 안평중의 사람됨을 나타내기 위해 서두에 절약하고 절제하는 삶을 간단하게 언급하고서 말미에 일화 하나를 자세하게 소개하고 있다.

안평중은 재상이 된 뒤 마부가 딸린 마차를 타고 출퇴근을 했다. 오늘날로 치면 기사가 모는 관용차를 제공받는 것과 마찬가지이다. 어느 날 마부가 집으로 퇴근하니 아내가 갑자기 '이혼'을 요구했다. 마부는 아내로부터 아닌 밤중에 홍두깨를 맞는 꼴이었다. 마부는 이혼을 하든 말든 이유라도 들어보자고 말했다.

아내는 마부가 재상 안평중을 수행하는 장면을 보게 됐다. 안영은 6척의 단신이고 남편은 8척의 장신으로 키 차이가 많이 났다.[18] 남편은 의기양양하게 수레에 올라 채찍을 힘차게 휘두르며 말을 몰았다. 안영은 말하는 태도며 움직이는 자세며 어느 하나 가볍게 굴지 않았다. 즉, 마부는 재상의 수레를 몬다는 역할에 도취해서 재상보다도 더 우쭐거렸다.

아내는 두 사람의 차이를 간단하게 정리했다. 안평중은 늘 "스스로 낮추는(自下)" 반면 남편은 "스스로 뽐내며 만족(自以爲足)했다." 아내는 우쭐대는 남편이 무슨 사고를 칠지 모르고 그렇게 되면 자신이 별안간에 과부가 될 수 있으니 이혼을 요구했다는 것이다.

마부는 아내의 말을 듣고 나니 몽둥이에 맞은 양 정신이 뻔쩍 들었다. 그 이후로 마부의 행동은 180도로 달라졌다. 안평중이 달라진 마부에게 그 이유를 물었다. 마부가 사실대로 아뢰자 안평중은 그를 고위 공직자인 대부(大夫)로 천거했다. 이렇게 보면 괜히 안평중이 장기간 재상으로 있었고, 또 국제적인 명성을 얻은 것이 아니었다. 안평중이 경(敬)으로 삶을 일관했기 때문에 이 모든 일이 가능했던 것이다.

경(敬), 중독을 막는 거리감

경(敬)은 일관성과 진실성을 나타내는 성(誠)과 함께 동아시아의 사상 문화의 자아 수양에서 중요한 위치를 차지하는 개념이다. 그러한 중요성에도 불구하고 그 의미가 확 다가오지 않는다. 일단 우리가 일상적으로 사용하는 단어를 살펴보자.

경이 들어가는 낱말은 많다. 예컨대 경건(敬虔), 경계(敬啓), 경례(敬禮), 경의(敬意), 공경(恭敬), 존경(尊敬) 등이 있다. 경계와 경의는 '내'가 '상대'에게 함부로 다가가지 못하고 일정한 절차를 지키는 것이다. 공경과 존경은 '내'가 '상대'가 성취한 것에 대해 인정을 하는 것이다. 경건은 '내'가 나의 요구대로 움직이지 않고 오히려 '상대'의 의지를 더 우선시하는 것이다. 경(敬) 자가 들어가는 낱말들을 살펴보면 모두 '나'와 '상대' 사이에 결코 무시할 수 없는 엄연한 거리가 있다.

다시 사마천이 소개하는 안평중의 언행을 살펴보자. 그는 한 사람의 제후를 모시기도 어려울 터인데 40여 년에 걸쳐 오랫동안 영공, 장공, 경공 세 제후를 모셨다. 그는 평소 절약하고 검소한 생활을 했고 재상이 되고 난 뒤에 고기반찬을 한 가지 이상 먹지 않았으며 부인이 비단옷을 입지 못하게 했다. 조정에서 나가서는 임금이 물으면 올바른 말로 대답하고 묻지 않으면 나서지 않고 올바르게 처신했다.

여기에서 우리는 안평중이 재물과 권력을 소유한 인물이라는 점을 알 수 있다.

그렇지만 안평중은 재상이 되었음에도 불구하고 재물을 마구 쓰지도, 권력을 마음대로 휘두르지도 않았다. 그는 어떻게 재물을 아끼고 권력을 공적으로 사용할 수 있었을까? 그는 재물과 권력으로부터 일정한 거리를 두고 있었다. 거리를 둘 수 있기 때문에 재물을 쓰는 쾌락으로부터 자유로울 수 있었고, 또 정도에서 벗어나 권력을 마구 휘두르는 도취로부터 자유로울 수 있었던 것이다.

경은 '나'를 어떤 것(재물, 게임 등)으로부터 떼어놓아 중독을 막을 수 있는 힘이다. 이것이 바로 안평중이 사람들과 오래 사귈 수 있었던 길이었다. 우리는 사람에 혹했다가 실망하고, 지름신을 막지 못해 충동적으로 상품을 구매했다가 후회한다. 이것이 바로 '나'와 사람, '나'와 상품 사이의 거리감이 무너지니까 일어나는 일이다. 경은 실망과 후회를 막는 자기 통제력의 근원이라고 할 수 있다.

이래도 경의 의미가 이해되지 않으면 한라산의 등산길을 걸어보면 충분하다. 산길이 온통 자갈길이라 조금만 주의를 기울이지 않으면 발목을 삐거나 넘어져서 다칠 수가 있다. 산행 내내 움직임을 데면데면할 수가 없다. 경은 이렇듯 긴장하며 산을 오르내리는 것과 같다.

공자의 교우론

안평중은 공자의 선배에 해당된다. 공자는 세상을 구할 기회를 찾는 사람이었고, 안영은 제나라에서 탄탄한 정치적 기반을 갖춘 사람이었다. 공자가 제나라를 찾았을 때 경공이 등용하려고 하자 안영이 이를 반대한 적이 있다. 『공자성적도(孔子聖蹟圖)』에서는 이를 '안영저봉(晏嬰沮封)'으로 그렸다. 공자는 이러한 악연에도 불구하고 선배 안평중이 사람을 사귀는 '교제'를 높이 평가했던 것이다.

공자도 '교우'에 관심이 많을 수밖에 없었다. 그는 자신의 뒤를 밀어줄 신분도 없고 재력도 없는 상황에서 자신과 같은 길을 가는 사람을 믿고 의지할 수밖에 없었기 때문이다. 그래서 그는 일반적인 인간관계나 친구 관계에서 '신뢰' 또는 '믿음'을 강조했다. 서로에 대한 믿음이 공자가 힘겨운 삶을 버텨가는 힘이었던 것이다.

친구 사이에 믿음이 전제되려면 특별한 뭔가가 필요하다. 그저 친구끼리 놀고 마시며 함께 즐기는 것이 아니라 반드시 책선(責善)을 해야 한다. 책선은 친구끼리 서로 잘되라고 자극하고 잘못하는 일은 못하게 충고를 하는 것이다. 「안연」에 보면 그러한 우정을 다루고 있다.(12.23/317)

> 자공이 친구 사귀는 법을 물었다.(子貢問友.)
> 공자가 일러주었다. "진실하게 권해주고 착실하게 이끌어준다. 친구가 받아들이지 않으면 같은 요구를 그만두어, 스스로 모욕을 당하지 않도록 해야 한다."(子曰: 忠告而善道之. 不可則止, 毋自辱焉.)

아무리 좋은 말이라 해도 자주 들으면 잔소리처럼 귀찮아진다. 친구 사이도 그렇다. 친구가 잘되기를 바라며 좋은 말을 하지만 상대는 생각이 다를 수 있다. 그것을 인정하지 않고 계속 되풀이하다 보면 서로 다투게 된다. 이로 인해 오래 쌓아온 우정이 원수처럼 증오하는 사이로 변하기도 한다. 아무리 친한 친구 사이라고 해도 결국 최종 결정은 당사자에게 맡겨두어야 하는 것이다.

현대에 우정이 가능한가?

오늘날 우리는 안평중이나 공자가 말하는 교우론에 따른 우정(友情)을 나눌 수 있을까? 누구라도 두 사람이 말하는 우정의 가치를 부정하기는 어려울 것이다. 하지만 우리 삶의 현장, 예컨대 학교와 직장이 돌아가는 모습을 보면 우정은 "좋지만 쌓기 어려운 일"처럼 느껴지는 것이 사실이다.

교실은 내신을 올려서 대학 진학을 가능하게 하는 기지이고, 학원은 교실에서 모자라는 것을 보충해 점수를 올리는 전진기지이다. 친구끼리 밥을 나눠 먹고 한가하게 놀이를 하며 담소를 나누는 정경은 영화 속에서나 가능한 장면처럼 여겨진다. 밥 먹는 시간마저 줄여 취업 준비를 하는 캠퍼스 내 '혼밥족'(혼자 밥 먹는 사람)이 현실인 것이다. 직장은 취업하기도 어렵지만 취업해도 언제 잘릴지 몰라 늘 불안이 감도는 전쟁터이다. 이렇게 기지와 전쟁터에서 시달리다 집으로 돌아오면 가족끼리 따뜻한 이야기를 나눌 시간도 사람도 없고, 짧은 시간이나마 주어진다 해도 성적과 재산 등 수치를 확인하는 말만 주고받을 뿐이다.

지금 우리의 삶은 분명 "어렵지만, 나누는 것이 좋은" 우정을 논할 여건에 있지 않다. 그렇다고 우정을 폐기 처분한다면 우리의 삶은 지금보다 더 척박하고 우울하게 될 것이 불 보듯 뻔하다. 더 늦기 전에 우리는 사회적으로나 개인적으로 우정을 가능하게 하는 삶의 소중함을 돌아보고, 그 조건을 만들어야 한다. 경쟁에 매몰되어 주위 사람을 경쟁자 또는 잠재적 경쟁자로 바라보는 편향된 시각 앞에서 "그만!"이라고 외쳐야 한다. 경쟁자의 관점에서 보면 모든 사람이 나를 이기려는 경쟁자로 보이지만 인간의 관점에서 보면 나눌 수 있는 동료로 볼 수 있기 때문이다.

이렇게 동료로 보는 관점을 키우지 못하면 사람 사이를 거래하고 조정하는 기술만 늘어갈 뿐 사람 사이를 이해하고 소통하는 연대에는 영영 익숙해지지 않을 수 있다. 그리고 이것은 치유할 수 없는 비극적 인간관계를 낳을 수 있다. 이제 비극을 피하기 위한 출발을 할 때이다.

공자는 친구가 죽었는데 장례를 치를 사람도 장소도 없었다. 공자는 "우리 집에 빈소를 마련하자!"라고 말했다. 친구의 죽음은 경쟁자의 사망이 아니다. 사람은 누구나 죽기 마련이다. 자신의 집에 연고가 없는 사람의 상을 치르는 것은 결코 쉬운 일이 아니다. 하지만 죽은 뒤에 장례를 치를 사람이 없다는 것만큼이나 쓸쓸한 일은 없다. 쉽지 않은 일과 쓸쓸한 일 중에 공자는 후자를 중시했다. 그만큼 공자는 죽을 수밖에 없는 인간을 그냥 내버려두지 않고 따뜻하게 다가섰던 것이다. 공자는 안평중의 거리감을 받아들이면서도 그 거리를 줄이는 발걸음을 뗄 수 있는 사람이었다.

23
박시제중
(博施濟衆)

자기 것을 널리 나누어
사람을 돕는다

혼자 우뚝 서는 삶은 아름답다.
함께 가는 삶은 더 아름답다.

"왜 다른 사람을 도와야 할까?" 이타심이 넘치는 사람이라면 당연히 도와야지 왜 돕는 이유를 묻느냐고 반문을 할 것이다. 그러나 아무런 근거 없이 행동하는 것보다 근거를 가지고 행동하는 것이 인간답다. 근거가 있으면 지금까지 해왔던 행동을 금방 그만두는 식의 좌충우돌을 하지 않기 때문이다. 당연히 도와야 한다고 생각하지만 그 근거나 이유를 대라고 하면 대답하기가 쉽지 않다.

같은 1000원이라도 나보다 다른 사람에게 훨씬 더 값어치가 있을 수 있기 때문에 도울 수도 있고, 평소에 다른 사람을 도와야 내가 필요할 때 도움을 받을 수 있기 때문에 도울 수도 있다. 아니면 같은 사람으로서 최소한 삶의 질을 누려야 하기 때문에 도울 수도 있다. 이에 대해 공자는 뭐라고 했을까? 그는 "다른 사람을 돕는 것이 결국 나 자신을 돕는 것과 같다"라고 생각했다. 그의 생각을 따라가보자.

「옹야」
(06,30/151)

자공이 물었다.
"예컨대 누군가가 백성들에게 널리 나누어
많은 사람을 구제한다면 어떻습니까?
그 사람을 평화의 사도라고 할 수 있습니까?"
공자가 대답했다.
"어찌 인(사랑)의 차원에서 일삼겠는가!
반드시 성(거룩함)의 차원일 게다!
요임금과 순임금과 같은 위대한 왕들도
그런 면에서 오히려 부족하다고 생각했을 터이다!
무릇 인(사랑)이란 자기가 서고 싶은 대로 주위 사람을 세우고,
자기가 이르고 싶은 대로 주위 사람을 이르게끔 한다.
가까운 일상에서 유추를 끌어낼 수 있으면
그것이 인(사랑)으로 가는 방향이라고 일컬을 수 있다."

子貢曰: 如有博施於民, 而能濟衆, 可謂仁乎?
자공왈 여유박시어민 이능제중 가위인호
子曰: 何事於仁! 必也聖乎!
자왈 하사어인 필야성호

5장 | 「안연」 나 아닌 너를 향하는 앙이

253

堯舜其猶病諸! 夫仁者,

요순기유병저 부인자

己欲立而立人, 己欲達而達人,

기욕립이립인 기욕달이달인

能近取譬, 可謂仁之方也已.

능근취비 가위인지방야이

施:　　시(施)는 베풀다, 나누다, 함께하다의 뜻이다. 은혜를 베
　　　　풀다라는 뜻인 시혜(施惠)가 대표적인 용례이다. '베풀다'
　　　　가 일방적인 느낌을 전달한다면, '나누다'는 대등한 관계
　　　　를 나타내므로 오늘날의 번역에서는 후자가 낫다.

濟:　　제(濟)는 건너다, 풀다, 건지다의 뜻으로 문제 상황에서
　　　　벗어나서 안정을 찾는다는 맥락으로 쓰인다.

事:　　사(事)는 일의 명사로 많이 쓰이지만 여기서는 일삼다, 목
　　　　표로 간주하다의 뜻이다.

病:　　병(病)은 아픔, 근심, 문젯거리의 명사로 많이 쓰이지만
　　　　여기서는 괴로워하다, 어려워하다의 뜻이다. 요와 순임
　　　　금이 왕으로서 해결해야 하는데 해결되지 않은 상태에서
　　　　스스로 그 문제를 풀기에 부족하다고 느낀 것이다.

譬:　　비(譬)는 견주다, 깨우치다, 알아차리다의 뜻을 나타내고
　　　　비유(譬喩)로 쓰인다.

인자(仁者)와 성인(聖人)의 차이

자공과 공자의 대화를 읽다 보면 두 사람이 인(仁)에 대해 서로 다르게 생각하고 있다는 것을 알 수 있다. 그 원인은 인의 범위를 어디까지 정하느냐에 있다. 두 사람 사이에 이런 불일치가 왜 생겨나게 되었을까?

인의 가장 기본적인 의미에서부터 논의를 시작해보자. '사랑'은 인의 가장 기본적인 의미이다. 같은 사랑이라고 해도 아이에게 젖을 물리는 엄마의 사랑에서부터 세상의 모든 생명체를 돌보는 종교적 사랑에 이르기까지 그 범위가 커다란 차이를 보일 수 있다. 자공은 사랑의 범위를 최대로 넓혀서 모든 사람을 포괄하려고 한 반면 공자는 그렇게 생각하지 않았다.

공자는 『논어』에서 인을, 사람을 사랑한다는 뜻의 '애인(愛人)'으로 풀이한 적이 있다. 이 사람을 사랑하는 것은 기본적으로 나와 나를 둘러싼 주위 사람의 관계에서 출발한다. 즉, 인은 나와 아무런 관련이 없는 사람, 어디에 있는지 모르는 사람, 죽을 때까지 만날 수 없는 사람까지 사랑하라는 의미로 볼 수는 없다. 바로 이 지점이 인(仁)과 성(聖)이 구별되는 중요한 차이라고 할 수 있다. 인은 자연적으로나 사회적으로나 나와 관련을 맺고 있는 사람들과의 관계망을 중시하는 반면 성은 나와 관계를 갖지 않은 낯선 사람까지 모두 포괄한다.

성인이 나무를 자르는 톱을 발명했다고 하자. 이 발명품은 나무를 이용하는 모든 사람에게 도움을 준다. 톱은 이전에 돌이나 칼로 나무를 자르던 작업과 비교할 수 없는 효율성을 가져다주었다. 톱은 성인과 관련이 있는 사람만이 아니라 그것을 필요로 하는 모든 사람에게 도움을 줄 수 있다.

오늘날 빌 게이츠와 스티브 잡스도 누구나 쉽게 상용할 수 있는 컴퓨터와 스마트폰을 만들었다는 점에서 성인이라고 할 수 있다. 컴퓨터와 스마트폰은 그들 주위 사람만이 아니라 세계인이 쓰면서 문명의 총아로 각광을 받고 있다. 이렇게 보면 성인은 세상 모든 사람에게 욕망을 실현할 수 있는 기회를 골고루 제공하는 사람이라고 할 수 있다.

반면 인은 가족 중에 아픈 사람이 있을 때 적절한 간호를 하는 일, 마을 사람이 공동으로 이용하는 다리가 홍수에 떠내려갔을 때 다시 다리를 놓는 일, 형제가 재산과 특권을 두고 강하게 대립할 때 내전으로 치닫지 않고 사태를 조정하는 일처럼 일상적으로 시공간을 공유하는 사람들 사이의 문제를 해결하는 것이다.

공자는 인의 의미 맥락을 분명하게 하기 위해 "기욕립이립인(己欲立而立人), 기욕달이달인(己欲達而達人)"에서 실천 방안을 제시하고 있다. "내가 어떤 자리에 서고 싶은데 다른 사람이 그 자리에 서고 싶을 수 있고, 내가 어떤 목표에 이르고 싶은데 다른 사람도 그 목표에 이르고 싶을 수 있다." 이런 상황은 부모님이 자녀가 똑같이 원하는 선물을 하나만 사왔을 경우로 바꿔서 생각해볼 수 있다. 내가 선물을 가지기를 원하는 만큼 상대도 선물을 가지고 싶어 한다.

두 사람이 모두 가지려고 하면 누구도 가질 수가 없다. 어떻게 해야 할까? 선물을 갖기를 더 강하게 바라거나 선물을 가지고 더 잘 활용할 만한 사람에게 우선권을 줄 수도 있고, 순서를 정해 이번에는 양보할 수도 있다. 내가 가지고 싶다는 욕망 자체로부터 한 걸음 물러나서 다른 사람의 욕망을 인정하고 우선권을 양보할 수 있다면, 그것이 바로 상대를 사랑하는 실천 방법인 것이다. 이때의 상대는 가상의 존재가 아니라 매일 나와 부대끼며 살아가는 이웃이다.

공자의 이상 사회

공자는 '박시제중(博施濟衆)'에 대한 두 가지 주장을 펼치고 있다. 하나는 박시제중은 인자(仁者)가 할 수 있는 범위를 넘어선다는 것이다. 다른 하나는 성인이 박시제중을 할 수 있지만 당시 훌륭한 성왕으로 알려진 요(堯)와 순(舜)도 그것에 미치지 못했다는 것이다. 그렇다면 박시제중은 현실에서 실현하기가 쉽지 않다고 해도 꼭 실현하기를 바라는 목표라고 할 수 있다. 결국 공자는 박시제중을 자신이 이룩하고자 하는 이상 사회의 모습으로 보고 있는 것이다.

'박시제중'은 자신의 것이든 자신이 처분할 수 있는 것이든 널리 나누어서 사람이 겪고 있는 문제 상황을 도우라는 뜻이다. 이 부분만으로는 의미가 추상적이어서 분명하게 전달되지 않는다. 다른 문장을 통해 공자의 속뜻을 더 들여다볼 수 있다. 공자가 제자인 자로, 안연과 자리를 함께했을 때 두 사람에게 "각자 자신의 포부를 말해보라"고 말문을 뗐다. 자로는 자신이 가진 것을 친구들과 함께 쓰겠다고 말했다. 안연은 자신이 한 일을 자랑하지 않겠다고 말했다. 「공야장」에 보면 자로가 거꾸로 공자에게 같은 질문을 하자 공자는 이렇게 답했다.

늙은이는 불편한 게 없고, 친구들은 서로 믿음을 갖고, 청소년은 따뜻한 보살핌을 받았으면 좋겠다.[19]

공자는 '박시제중'(博施濟衆)을 어르신, 젊은이, 친구로 나누고 그들 각각에게 어울리는 방안을 제시하고 있다. 나이가 들면 이전과 달리 앞날을 알 수 없어 불안의 강도가 더 커진다. 불안을 느끼지 않는다면 노년에 맛보는 최고의 행복이라고 할 수 있다. 젊은이는 자신의 능력을 개발하여 사회에 진출하고자 한다. 취업을 못하면 젊은이는 사회로부터 환영을 받지 못하고 버림을 받았다고 생각하게 된다. 사회로부터 환대를 받는다면 젊은이는 자신이 갈고닦은 기량을 마음껏 펼치게 될 것이다.

친구는 인생이라고 하는 긴 여행을 갈 때 없어서는 안 될 소중한 존재이다. 서로 의지하는 친구로부터 배신을 당하는 일보다 고통스러운 일은 없다. 친구끼리 서로 믿고 의지할 수 있다면 앞으로 닥칠 그 어떠한 일도 두려움을 주지 못할 것이다. 공자는 늙은이와 젊은이, 그리고 친구 사이가 어떠해야 하는지를 말함으로써 박시제중의 사회가 어떻게 구체화될 수 있는지 나름의 청사진을 제시했다.

공자의 이상에 공감하는 사람들은 이후에도 이상 사회의 모습을 한층 더 분명하게 그리려고 노력했다. 『예기』에 나오는 '대동(大同)'은 후대에 가장 많은 영향을 끼친 이상 사회의 틀이 됐다. 그 일단을 살펴보자.

능력과 실력이 있는 사람을 선발하고 함께 신뢰와 화합을 일군다. 사람들은 자신의 부모만을 가까이하지 않고 자신의 자식만을 아끼지 않는다. 늙은이는 생애를 편안히 마치고, 청장년은 자리를 잡아 실력을 발휘하고, 어린이는 잘 자라도록 보살핌을 받는다. 홀어미와 홀아비, 고아, 독거노인, 환자들도 모두 사회의 보살핌을 받는다.(『예기』「예운(禮運)」)

「예운」에 나오는 '대동(大同) 사회'는 동아시아 이상 사회를 말할 때 꼭 빠지지 않고 언급되는 내용이다. 기원을 따지고 보면 대동 사회의 내용도 공자가 말했던 박시제중의 사회에서 살을 보태면서 발전해온 것이라고 할 수 있다. '박시제중'과 '대동'은 공통적으로 사회적 약자까지도 따뜻한 보살핌을 받아서 그 누구도 버림받지 않고 환대받는 공동체를 가리킨다고 할 수 있다.

우리나라의 최초 서양식 병원이 1885년 4월에 오늘날 헌법재판소 자리에 세워졌다. 병원의 이름은 처음에 '광혜원(廣惠院)'이었다가 2주 뒤에 '제중원(濟衆院)'으로 바뀌었다. '박시제중'의 의미가 병원의 이름에 오롯이 들어 있다고 할 수 있다.

'홀로 우뚝' 대 '다 같이 함께'

우리 사회는 대중교통을 이용할 때 사회적 약자를 배려하려고 한다. 나이 많으신 어르신, 다쳐서 거동이 불편한 사람, 임신부 등에게 앉을 자리를 우선적으로 권하자는 것이다. 나이 드신 어르신에게 자리를 양보하면 여러 가지 반응을 보인다. 어떤 경우 그냥 앉는 경우도 있고, 고맙다는 인사와 함께 자리에 앉기도 한다. 어떨 때는 괜찮다고 사양하는 경우도 있고, 가볍게 화를 내며 자신은 두 발로 서서 버틸 수 있다고 말하는 경우도 있다.

힘이 드실까 봐 양보하는 것인데, 반기기도 하고 거절하기도 하니 약간 당혹스럽기도 하다. 만약 힘이 들어 자리를 양보해달라고 먼저 말해올 경우에 양보를 한다면 자리 양보로 인한 문제는 없어질 것이다. 하지만 우리는 아직 스스로 도움을 요청하는 것보다 알아서 해주는 배려에 익숙하다. 이러한 사고의 밑바닥을 쭉 따라가보면, 우리는 "도움이 필요한 사람이 있으면 그 사람이 원하든 원하지 않든 도와야 한다"는 배려의 생각을 가지고 있는 것이다. 나아가 우리는 "나 혼자서만 앞으로 갈 것이 아니라 가급적이면 주위 사람과 함께 보조를 맞추며 나아가야 한다"는 동행(同行)의 사고를 가지고 있는 것이다.

배려와 동행의 사고는 우리가 앞에 살펴본 '박시제중', '대동'의 사회 이상과 겹치는 점이 많다. 힘겨워서 넘어지는 동료, 실의로 인해 좌절한 친구, 병으로 신음하는 가족이 있으면 모른 체하지 않고 함께 보듬고 나아가는 것이 인간다운 사회라고 여겼기 때문이다.

동아시아 사회는 박시제중을 이상으로만 여기지 않았다. 장자는 어느 날 길을 가다가 물이 말라가는 웅덩이에서 두 마리의 물고기가 달라붙어 입에서 거품을 내며 서로 적셔주는 장면을 보았다.(『장자』「대종사(大宗師)」) 아마 공자가 이 장면을 보았다면 서로 돕고 서로 의지하는 아름다운 광경이라고 여기고, 박시제중의 한 장면이라고 여겼을 것이다.

하지만 장자는 물고기가 드넓은 강과 호수에서 서로 부대끼지 않고 누가 있는지도 모르고 사는 '상망강호(相忘江湖)'를 바람직하다고 생각했다. 따라서 장자는 오늘날의 프라이버시를 존중해야 한다는 사고에 동의할 것으로 보인다.

공자는 장자와 같은 사람을 두고 세상 바깥에 사는 사람이라는 뜻으로 '방외지사(方外之士)'라고 했다. 그렇다면 공자는 세상 안에 사는 '방내지사(方內之士)'라고 할 수 있다. 세상살이가 아무리 힘들고 끝없이 실패를 겪는다고 하더라도 사람은 세상에 적응만 하는 존재가 아니라 천지가 다 할 수 없는 일을 떠맡아서 완수하는 주인공이기 때문이다.

조문한 날 노래 부르지 않는다

24
곡일불가
(哭日不歌)

자기감정의 충실은 중요하다.
조문은 공감의 표현이다.

　　　　효도와 관련된 수업을 진행하며 대표적인 효자 스물네 명의 사례를 모은 『이십사효(二十四孝)』를 읽을 때였다. 그중 '인리파사(隣里罷社)'라는 고사가 나왔다. 삼국시대 위(魏)나라 왕수(王修)는 토지 신에게 제사 지내는 사일(社日)에 어머니를 여의었다. 그 후로 사일만 되면 왕수는 돌아가신 어머니를 생각하며 눈물을 지었다. 사일 동안 온 마을은 축제 분위기에 휩싸인다. 하지만 마을 사람들은 왕수의 울음을 듣고서 축제를 슬그머니 일찍 마쳤다는 이야기이다.

　　이 이야기를 듣고 나서 학생들은 생각이 둘로 나뉘었다. 하나는 왕수가 자기감정에 빠져서 마을 사람들의 흥을 깼으니 왕수가 잘못했다는 주장이다. 왕수가 어머니를 생각하며 애도하는 것도 중요하지만 마을 사람들에게 주어진 축제를 즐길 권리도 중요하다는 것이다. 다른 하나는 마을 사람들이 아무리 흥겨운 축제를 즐긴다고 하더라도 왕수의 감정을 존중해줘야 한다는 주장이다. 어머니의 죽음은 슬프기 그지없는 일이므로 왕수는 자기감정을 얼마든지 나타낼 수 있다는 것이다.

우리는 다른 사람의 감정을 어디까지 존중하고 어떻게 공감할 수 있을까? '곡일불가(哭日不歌)'는 공자가 공감(共感)의 기준을 제시하는 이야기이다.

「술이」
(17.10/161)

공자는 조문을 가서 곡을 한 날이면
노래를 부르지 않았다.

子於是日哭, 則不歌.
자어시일곡 즉불가

是:　　시(是)는 지시사로 쓰이면 가까운 것을 가리키는 말로 이것, 이의 뜻을 나타낸다. 동사로 쓰이면 옳다, 바르다, 바로잡다의 뜻을 나타낸다. 시시비비(是是非非), 시비(是非)를 가리다는 후자의 대표적인 용례에 해당된다.

哭:　　곡(哭)은 울다, 노래하다의 뜻이다. 여기서는 상례를 치를 때 조문을 가서 곡을 하는 것을 가리킨다. 물론 상주가 우는 것도 곡이다.

歌: 가(歌)는 노래, 노래하다의 뜻이다.

배려와 공감

우리는 다른 사람의 감정을 얼마나 존중해야 할까? "그건 내가 알 바 아니다"라는 대답도 가능하다. 우리가 모든 사람의 감정을 헤아린 다면 극도로 피곤한 삶을 살 수밖에 없기 때문이다. 하지만 직장 동료, 친한 친구처럼 평소 잘 어울리는 사람의 경우에는 어떻게 해야 할까? 이 경우 "내가 알 바가 아니다"라고 말하기는 어렵다. 누군가 죽음을 당했거나 교통사고처럼 생명과 관련되는 불상사를 겪으면 우리는 당사자와 함께하며 위로의 말을 건넨다.

공자는 한 걸음 더 나아가 평소 어울리는 다른 사람의 감정을 존중할 뿐만 아니라 자신의 감정을 절제하는 태도도 보이고 있다. 상갓집에 조문을 가서 상주를 위로하면 그것으로 충분하다고 할 수 있다. 하지만 공자는 방금 조문한 상대의 슬픔에 공감했으므로 집으로 돌아와서도 즐거움을 표출하는 노래를 부르지 않았다. 슬픔에 전염되어 그럴 수 있지만 공자는 의도적으로 노래를 부르려고 하지 않은 것이다. 그것이 바로 다른 사람의 감정을 존중하는 것이자 사람 자체를 존중하는 것이라고 생각했기 때문이다.

공자는 함께 어울려 지내는 사람들의 감정을 존중해야 한다고 생각했다. 나아가 그는 『논어』에서 여러 차례에 걸쳐 다른 사람의 감정과 가치를 존중하는 뜻을 드러냈다. 사회생활을 하다 보면 다른 사람과 함께 식사를 하게 될 경우가 있다. 「술이」를 보면 공자는 근래에 상을 당한 사람이 있으면, 자신의 배를 채우려고 계속해서 음식을 달라고 하지 않았다.[20] 공자는 상을 당한 사람을 위로하는 것이 더 중요하다고 보았으며 자신의 식욕을 만족시키는 것은 부차적이라고 여겼다.

물건은 잃어버리면 찾거나 다시 구하면 된다. 하지만 사람의 죽음은 다시 돌이킬 수 없다. 이런 점에서 공자는 죽음으로 인한 고통은 무엇과도 비교할 수 없는 근원적인 상실이라고 보았다. 공자도 어린 시절에 아버지를 잃고 또 청소년 시절에 어머니를 여의었던 터라 상실의 아픔을 누구보다도 절실하게 이해할 수 있었다. 그는 고통을 겪고 있는 사람의 감정을 자극하지 않고 배려하려고 애를 썼다. 그러나 애를 쓰는 것이 어색하고 부자연스러우면 상대가 불편해할 수 있다. 공자는 세월과 경험을 통해 애를 쓰는 모습을 자연스럽게 가다듬는 것이 사람 사이의 예의라고 보았다.

고분이가(鼓盆而歌)

공자는 죽음에 대해서만 공감을 나타낸 것은 결코 아니다. 「향당」에 보면 공자가 집에 없을 때 마구간에 화재가 났다. 오늘날로 보면 차고에 불이 난 것이다. 집에 돌아와 이 소식을 들은 공자가 내뱉은 첫 마디는 말에 대한 언급이 아니라 "어디 다친 사람이 없는가?"였다.[21] 그 당시 말은 신분의 상징이자 고가의 재산이었다. 마구간에 불이 났으면 말이 다칠 가능성이 크다. 하지만 공자는 말보다 사람의 안위를 먼저 걱정했다. 이는 공자는 사람이 우선이라는 점을 자연스럽게 나타내고 있다.

고대에는 장애인이 악기를 잘 다루었다. 공자는 악사를 만날 때 앞에 계단이 나오면 "계단입니다"라고 말하고, 앉을 자리에 다다르면 "자리입니다"라고 안내했다. 자리를 잡은 뒤에는 "아무개가 어디에 있고 아무개가 어디에 있다"라고 소개도 했다.(14.42/437)

제자 자장이 이 장면을 지켜본 뒤에 공자에게 악사를 이렇게 대해야 하느냐고 물었다. 공자는 "당연하지. 그게 악사를 돕는 길이야"라고 대답했다. 공자는 다른 사람을 배려하는 것이 생활화 또는 체화된 사람이라고 할 수 있다. 이러니 공자의 진면목을 본 사람은 그의 주위를 맴돌 수밖에 없었던 것이다. 그 결과 제자가 3000명이었다고 하니 결코 빈말이 아닐 것이다.

그런데 장자는 공자와 다르게 행동을 했다. 장자의 아내가 죽었을 때의 일이다. 친구 혜시(惠施)가 장자 아내의 사망 소식을 듣고 조문을 왔다. 그는 당연히 장자 집의 분위기가 엄숙하고 애도하는 소리가 나리라고 예상했다. 그러나 그는 장자 집에 들어서서 자신의 눈을 비볐다. 아내가 죽은 것을 아는지 모르는지 장자가 술동이를 북처럼 치며 노래를 부르고 있는 게 아닌가? 이를 고분이가(鼓盆而歌)라고 한다.

혜시가 하도 어이가 없어서 장자를 꾸짖으며 따졌다. "자네는 한 이불을 덮고 자는 아내가 죽었는데 슬프지도 않은가?" 그러자 장자는 술잔을 내려놓고 찬찬히 자신의 생각을 말했다. 자신도 아내가 죽었을 때 슬펐다고 한다. 하지만 곰곰이 생각해보니 죽음이 꼭 슬퍼해야 할 일인지 궁금해졌다고 한다. 죽음이 완전한 종말이라면 슬퍼해야 하는 것이 맞다.

하지만 생명체의 경우 기(氣)가 모이면 살고 기가 흩어지면 죽는다. 흩어진 기는 다른 기와 결합하여 새로운 생명체로 태어나게 된다. 이렇게 보면 죽음은 끝이 아니라 또 다른 단계의 시작인 셈이다. 장자의 아내는 죽음으로 인해 다른 생명체로 변신하는 과정에 있는 것이다. 그래서 장자는 죽음이 슬픈 일만이 아니라고 보았고 이에 술을 기울이며 과거를 추억했던 것이다.

장자는 사람이 겪는 사태를 감정적으로 대응할 것이 아니라 감정의 색채를 빼고 담담하게 바라봐야 한다고 생각했다. 이러한 장자의 사고에 따르면 웃다가 울거나 또는 울다가 웃는 것도 무방하다. 그 사태에 충실하게 반응하면 그만이지 꼭 그래야 한다는 규정이 없기 때문이다. 반면 공자는 사람이 여러 가지 복잡한 상황을 경험한다고 하더라도 그 순간마다 한 가지 감정에 충실해야 한다고 주장하는 것이다.

과도한 '감정' 노동의 요구

우리는 식당, 상점을 이용할 때 서비스가 친절하면 '좋다'고 생각한다. 미국의 경우 식당에 음식을 주문하면 음식 값을 지불하고 별도로 직원에게 팁을 준다. 음식과 별개로 서비스에 대해 비용을 지불하는 것이다.

하지만 우리는 고급 음식점을 제외하면 상품 값 이외에 별도의 봉

사료를 지불하지 않는다. 그렇다면 우리는 '친절한 서비스'를 덤으로 요구하고 있는 셈이다. 그러나 서비스 업종에 종사하는 사람들은 늘 감정 노동에 시달린다. 즉, 자신의 감정을 드러내지 않고 죽인 채 다른 사람의 감정을 존중해야 하는 것이다.

예컨대 고객이 상품을 구매한 뒤에 터무니없이 이의를 제기하면, 직원은 절대로 흥분해서는 안 되며 "예 알겠습니다, 고객님. 시정해드리겠습니다"라고 친절한 어투로 말해야 한다. 사정이 이보다 더 심할 경우 "손님은 왕이다"라는 사고로 똘똘 뭉친 고객이 욕설을 하거나 행패를 부려도 "고객님, 어디 불편한 곳은 없습니까?"라고 응대해야 한다.

그렇지 않고 고객과 함께 다투거나 이치를 대며 조리 있게 따지면, 고객은 직원이 "꼬박꼬박 따진다"고 항의한다. 우리는 이러한 실례를 KBS 2TV 예능 프로그램 '개그콘서트'의 〈정 여사〉 코너에 등장하는 진상 손님(정태호 분)과 이로 인해 쩔쩔매는 직원(송병철 분)을 통해 여실히 알 수 있다.

상황이 이렇다 보니 감정 노동은 '판매 수익 제고'나 '우수 고객 유치'라는 명분으로 사람이 사람이기를 포기하도록 만든다. 사람이기를 포기해야 속이 부글부글 끓어도 웃으면서 "또 오십시오, 고객님. 감사합니다"라고 말할 수 있다. 그렇지 않으면 고객에게 친절히 응대하지 않았다며 근무 평점에서 나쁜 점수를 받게 되기 때문이다.

공자는 다른 사람의 감정을 존중하라고 말했다. 하지만 공자가 백화점 영업을 관리하는 책임자라고 해도 '개콘'에 나오는 진상 손님을 보면, 당장 "내쫓아라!"라고 할 것이다. 그런 손님은 다른 사람의 감정에 아랑곳하지 않고 제 감정만을 내세울 뿐이다.

이러한 진상 손님은 길거리에 사람이 쓰러져 있어도 "왜 저러지!" 하며 지나치거나 그런 사람을 외계인 취급할 것이다. 공감 능력이 조금도 없기 때문이다. 오늘날 우리는 성적만 좋으면 뭐든지 허용되거나 실적만 좋으면 뭐든지 용서받을 수 있는 '괴물(怪物)'을 키우면서 그 괴물이 공감 능력을 갖추지 못한 채 "왜 저러지!"라고 말하는 애교를 받아주고만 있는 것은 아닌지 돌아봐야 한다.

최근에 '공정 서비스'라는 개념이 제기되고 있다. 종업원이 손님에게 친절하게 대해야 하듯이 손님도 종업원에게 적절한 권리를 내세워야 한다는 것이다. 과도한 서비스와 부당한 요구를 하는 손님은 매장에서 내보내는 식으로 대응하여, 손님의 권리만큼 노동자의 인권을 존중하는 문화를 키우자는 의미이다. 사람 사이를 대등하고 편안하게 만들려면 공정 서비스의 의식이 지금보다 훨씬 더 강화되어야 할 것이다.

25
아대가자
(我待賈者)

나를 알아주는 사람을 기다린다

과거의 응답 없는 세상과 오늘의 고용 없는
성장의 고통은 다르지 않다.
공자는 무너지지 않고 기다리는 자의 마음을
노래한다.

　　　　　사람은 아동기를 거쳐 일정한 학습기를 통해
먹고살아갈 수 있는 기량과 지혜를 갖춘다. 그렇게 힘겨운 터널을 통
과한 뒤에 겨우 세상을 향해 기회의 문을 두드린다. 공자가 살던 시대
에서는 신분과 관습의 벽에 막혀 능력이 있어도 자리를 찾기 어려웠
다. 오늘날은 기득권과 불황의 현실로 인해 온갖 스펙을 다 갖춰도 좋
은 직장을 얻기가 쉽지 않다. 공자 시대나 오늘날이나 실력을 갖춘 이
들이 원서를 100군데에 내고서 언제 올지 모르는 연락을 기다린다.
그들은 '언젠가 연락이 오겠지!'라며 자신을 위로하지만, '울리지 않
는 휴대전화'를 자꾸 쳐다보며 초조해한다.

　공자는 자신을 찾는 사람이 없자 마냥 흘러가는 시간을 기다릴 수
없었다. '이러다가 끝내 기회를 얻지 못하는 것이 아닐까?'라는 불안

감이 그를 엄습해왔다. 공자는 50세 즈음에 조국 노나라를 떠나 다른 나라를 찾아다니며 자신의 이상을 펼칠 기회를 얻고자 했다. 취업의 측면에서 보면 공자는 평생 구직자 신세였고, 일시적으로 정규직에 취업한 것을 제외하면 장기적인 실업 상태였다고 할 수 있다. 그럼에도 불구하고 그는 좌절과 불안에 굴복하지 않고 묵묵히 자신의 이상을 지키며 그 길을 걸어갔다. 공자가 홀로 버틸 수 있었던 힘은 어디에서 나왔을까?

「자한」
(09.13/233)

자공이 공자의 속내를 떠보려고 물었다.
"선생님, 여기에 아름다운 옥이 있다고 칩시다.
그것을 궤짝 속에 고이 감춰두겠습니까,
아니면 제값을 쳐주는 상인을 찾아서 파시겠습니까?"
공자가 지체 없이 대꾸했다.
"팔아야지, 암 팔아야 하고말고!
나는 늘 제값을 쳐주는 상인을 기다리고 있다네."

子貢曰: 有美玉於斯,
자공왈 유미옥어사
韞匵而藏諸? 求善賈而沽諸?
온독이장저 구선가이고저

子曰: 沽之哉! 沽之哉!

자왈 고지재 고지재

我待賈者也.

아대가자야

子貢:　자공(子貢)은 성이 단목(端木)이고 이름이 사(賜)로 공자
　　　보다 서른한 살이나 어렸다. 그는 공자 학교에서 보기 드
　　　물게 국제 무역에서 성공한 사업가이기도 하고 언어 구
　　　사력이 뛰어나 노나라의 군사적 위기를 해결한 외교가이
　　　기도 했다. 그는 공자 학교에서 당시 사회적으로 가장 성
　　　공한 인물이다. 또한 자공은 공자의 마음을 누구보다도
　　　잘 이해하는 제자였다. 그는 기회를 찾지 못해 마냥 기다
　　　리는 공자가 세상에 나서서 자신의 뜻을 일구려는 마음
　　　을 접지는 않았는지 궁금했다. 자공은 공자의 대답을 듣
　　　고 선생님이 여전히 뜨거운 열정을 품고 있다는 것을 확
　　　인했다.

韞:　온(韞)은 싸다, 감추다의 뜻이다.

匵:　독(匵)은 궤, 작은 상자를 가리킨다.

斯:　사(斯)는 이, 여기의 뜻이다.

藏:　장(藏)은 감추다, 품다의 뜻이다.

求:　구(求)는 찾다, 구하다의 뜻이다.

賈:　賈는 값의 뜻이면 '가'로 읽고, 장사의 뜻이면 '고'로 읽
　　　는데, 여기서는 가로 읽는다. 고(賈)는 일정한 근거지를

갖고 하는 장사를 말하며, 이곳저곳을 돌아다니며 물건을 파는 상(商)과는 다르다. 좌고행상(坐賈行商)이라는 표현이 두 단어의 차이를 잘 보여준다.

沽: 고(沽)는 팔다라는 뜻이다.

待: 대(待)는 기다리다, 갖추다의 뜻이다.

공자, 소년 가장에서 노나라의 영웅이 되다

후대 평가만을 보면 공자는 취업과 같은 문제를 고민하지도 않았고 넉넉한 생활을 했으리라 생각된다. 하지만 이러한 생각은 결코 사실이 아니다. 오히려 공자는 평생 구직자였다고 할 수 있다. 젊은 시절에는 어머니와 먹고살기 위해 온갖 일을 마다하지 않았다. 공자 일생의 행적을 도해한 그림인 『공자성적도』를 보면 공자는 곡식 창고를 관리하기도 하고 가축을 돌보기도 했다. 이러한 번듯한 일 이외에도 남들이 하기 싫어하는 갖가지 허드렛일을 하기도 했다. 요즘 같으면 공자는 편의점에서 밤늦은 시간에 아르바이트를 하고 그 아르바이트가 끝나면 또 다른 곳으로 달려가는, 소위 '알바' 청춘이었다. 즉, 공자는 날 때부터 금수저를 물고 나온 것이 아니라 '소년 가장'이었던 것이다.

공자가 서른 즈음에 학문적 성취를 이루면서부터 그의 이름이 알려지기 시작했다. 그러다가 결정적으로 공자라는 이름이 일파만파 퍼지게 된 사건이 있었다. BC 500년, 노나라 정공과 제나라 경공이 협곡에서 진행한 회담 자리에서 제나라 측이 큰 외교적 결례를 범하게 된다. 정공을 수행하던 공자는 불같이 화를 내며 경공에게 시시비비를 따졌다. 이에 제나라는 사과의 의미로 이전에 노나라에게 빼앗았던 땅을 돌려주었다. 『공자성적도』에서는 이를 '협곡회제(夾谷會齊)'로 그리고 있다. 공자는 이 사건으로 인해 노나라를 구한 영웅이 되었고 그의 명성도 노나라를 넘어서 멀리 이웃 나라까지 알려지게 됐다.

나를 채용하다!

공자의 외교적 성공은 역설적으로 그를 위험에 빠뜨렸다. 공자는 노나라에서 더 강한 개혁을 하고자 했지만 기득권 세력은 반대를 했다. 게다가 이웃해 있던 제나라는 공자가 노나라의 국정을 안정시키는 것을 달가워하지 않았다. 제나라는 방해 공작의 일환으로 여성 가무단인 여악(女樂)과 화려한 말을 노나라에 외교적 선물로 제공했다. 노나라의 집권층은 제나라의 가무단에 푹 빠져서 정사를 돌보지 않았다. 또 국가의 공식적인 제례를 지키고 그 음식을 신하와 원로들에게 나누어주는 매뉴얼마저 지키지 않았다. 음식을 나누어 먹으며 공동체 의식을 키우는데, 지배자들은 그것마저 제대로 지키지 않았던 것이다.

공자는 조국 노나라에 더 이상 희망을 갖지 못하고 발걸음을 바깥으로 돌리지 않을 수가 없었다. 그로부터 무려 15여 년에 걸쳐 그는 여러 나라를 돌아다니며 예술을 통해 세계의 아름다움을 느끼고 배려와 정의를 중시하는 정치를 하고자 했다. 하지만 가는 나라마다 공자를 반갑게 맞이하기만 할 뿐 흔쾌히 공자에게 정치적 기회를 주지 않았다. 「자로」에 보면 거듭되는 실패 끝에 공자는 "누군가 나를 쓴다면, 1년 만에 그럴 듯한 변화를 일구어내고 3년이면 눈에 띄는 성과를 낼 텐데."[22]라고 말했지만 그를 찾는 소식은 들리지 않았다. 이렇듯 공자는 평생 동안 직업을 찾는 구직자 신세였다. 자신에게 어울리는 일은 찾았지만 결국 얻을 수가 없었다.

공자는 구직에 실패했지만 그로 인해 무너지지 않았다. 그는 공동체가 자신을 써주기를 바라며 취업의 문을 두드리기도 했지만 다른 한편으로 자신이 바라는 길을 걸어가고자 했기 때문이다. 취업의 길만을 바라보았다면 공자라도 좌절했을 것이다. 그러나 그는 후자의 길을 걸어가면서 자신을 일으켜 세울 수 있는 자원을 찾았다. 그는 "다른 사람이 바라는 일"이 아니라 "자신이 하고자 하는 일"에 매진하면서 다음 세대가 살아가야 할 밑그림을 제시했다. 그것이 바로 『논어』의 세계이다. 이렇게 보면 공자는 누군가 자신을 채용하기만을 기다리지 않고 자기 스스로 자신을 채용한 것이다.

인정 투쟁과 그 너머

평생에 걸쳐 실패를 맛본 공자의 마음은 어떠했을까? 대학 원서나 취업 이력서를 넣고 난 뒤에 합격자 발표일이 되어 컴퓨터로 확인할 때는 마음이 웬만큼 단련된 사람도 마우스를 누르기가 두렵다. "축하합니다"라는 문구가 나오면 좋지만 그렇지 않으면 아물었던 마음의 생채기가 다시 아려온다. 불합격도 불합격이지만 준비한 만큼 인정을 받지 못하는 것에 대한 고통을 피할 수 없기 때문이다.

『논어』에도 사람이 인정을 받으려는 욕망이 있다는 것을 밝히면서도 그 욕망에 집착하지 말 것을 권고하고 있다.

주위 사람들이 나를 제대로 알아주지 않는다고 걱정하지 말고, 자신이 주위 사람을 제대로 알지 못할까 걱정하라![23]

우리는 보통 "나는 타인을 잘 알지만 타인이 나를 제대로 모른다"라며 서운하게 생각한다. 그 생각대로라면 '나'를 제외하고 모든 사람이 제대로 인정을 받는 셈이다. 하지만 후자의 '나'가 단 한 사람이 아니라 모두라고 한다면 역설적으로 모든 사람이 인정을 받지 못하는 것이다. 때문에 사람은 인정을 위한 투쟁을 벌인다. 동물의 세계에서는 상위 서열을 위해 목숨을 건 투쟁을 벌이기도 한다.

공자는 인정 투쟁을 통해 '내'가 인정을 획득하는 길보다 "내가 먼저 상대를 인정하는" 다른 길을 제시하고 있다. 내가 상대를 인정하면 결국 '모든 내'가 인정을 받게 되는 것이다. 즉, 내가 관계하는 사람을 하나씩 하나씩 인정해나가면 나도 결국 상대로부터 인정을 받는 셈이 된다. 이러한 상호 인정은 사람 사이에 지배와 복종이 아니라 협력하는 파트너십을 낳는다. 다시 말해서 상대를 나의 짝(配)으로 여기는(慮) '배려(配慮)'의 관계를 맺게 된다.

그럼에도 불구하고 '나'는 어느 누구에게도 인정을 받지 못할 수 있다. 바로 공자 자신이 시대와 사회로부터 냉대를 받았던 것처럼 말이다. 그럴 때는 어떻게 해야 할까? 인정받기 위한 투쟁에 나서야 할까? 공자는 당대가 아니라 후대 또는 역사가 알아줄 수 있다고 생각했다. 그 결과 『논어』의 첫 구절에서 의미심장한 선언을 한다.

> 주위 사람들이 나를 알아주지 않더라도 성내지 않는다면, 군자답지 않겠는
> 가?[24]

이 '군자'는 예술의 천재나 미래를 기획하는 사상가처럼 당대에 인정을 받지 못하는 사람을 가리킨다. 인정을 받지 못한다고 좌절하고 자신의 길을 포기할 것이 아니다. 이 군자는 서태지처럼 음악이 좋아서 실패의 위험과 사회적 평판을 고려하지 않고 학교를 그만두는 사람을 가리키기도 한다. 즉, 군자는 인정이나 타인의 평가에 목매지 않고 자신의 길을 뚜벅뚜벅 걸어가는 '남다른 사람'일 뿐이다. 공자가 구직의 실패와 시대의 냉대에 좌절했더라면 후대 유교 문화의 틀을 만드는 인물이 되지 못했을 것이다.

국가의 공적 기능

요즘 정치권에서 '기회의 문'을 넓히기 위해 낙수효과(落水效果, trickle down effect)와 분수효과(噴水效果, fountain effect, trickle-up effect)를 말한다. 낙수효과는 대기업과 고소득자의 소득이 늘어나면 투자가 많이 이루어져서 저소득층에게 혜택이 돌아간다는 논리로, 분배보다 성장을 강조하는 이론이다. 하지만 이미 고용 없는 성장이 장기화되고 있는 만큼 낙수효과의 실효성도 떨어지고 있다.

분수효과는 대기업과 고소득자에게 세금을 많이 걷어서 저소득층

에게 복지 정책을 펼치면 투자 증대로 이어질 수 있다는 이론이다. 하지만 막대한 재원이 들어가는 복지는 재정 적자로 이어지는 위험을 안고 있다. 공자는 낙수효과·분수효과를 말하지 않았지만 국가가 공공성을 강화해야 한다고 보았다. 왜냐하면 개개인의 행복은 개인의 노력만으로 되지 않는, 사회 구조적인 측면의 영향을 받기 때문이다.

공자는 낙수효과나 분수효과 중 어떤 정책이 국가 경제를 선순환시킬 수 있는지 고민하지 않았다. 그는 정책보다는 원론적인 차원에서 접근했다. 특히 공자가 살았던 춘추시대는 약육강식의 시대였던 만큼 국가적으로 국방, 건축, 행사 등 재정 수요가 많았다. 당시 지배자들은 증가하는 재정 수요를 감당하기 위해 백성들로부터 세금을 많이 거두는 손쉬운 방안을 강구했다. 반면 세금을 감당하지 못한 백성들은 살던 곳을 떠나 산에서 살거나 도망친 사람끼리 집단 취락지를 형성했다.

공자가 제자들과 태산을 지나는데 한 여인이 무덤에서 목 놓아 울고 있었다. 그 까닭을 알아보니 사정이 딱하기 그지없었다. 산에서 사느라 여인의 시아버지, 남편, 아들이 차례로 호랑이에게 물려 죽었다는 것이다. 공자는 여인이 왜 안전한 마을에 살지 않고 위험한 산에 살아서 화를 당하느냐고 물었다. 여인은 이곳에는 세금, 부역 등을 부과하는 가혹한 정치가 없기 때문이라고 대답했다. 이에 공자는 가혹한 정치가 호랑이보다 무섭다는 "가정맹호(苛政猛虎)"라는 말을 남겼다.(『예기(禮記)』「단궁(檀弓)」)

당시 국가는 백성들의 경제적 여건을 고려하지 않고 문제가 생기면 법과 권력의 이름으로 백성들로부터 세금을 거두려고 했다. 공자는 당시 정치 지도자를 만나면 그들에게 반대로 국가가 백성들을 위해 무엇을 하고 있는지를 되물었다. 공자는 국가가 지배자 개인의 사치와 맹목적인 국가 의지 실현을 위해 백성을 끊임없이 수탈하는 것이 아니라 백성들이 잘 살 수 있도록 공공성을 강화해야 한다고 주문했다. 공공성을 잃어버린 국가는 또 하나의 수탈 기구로 전락할 수 있기 때문이다. 공자를 비롯하여 유가는 국가가 수탈 기구로 변질되는 것을 막고 공공성을 강화하여 상생의 기구로 만들고자 분투했다.

Wisdom

6강

지혜

마흔, 우리가 잃어버린 가치를 찾아서

6강에서는 삶을 통해 찾을 수 있는 지혜의 의미를 살펴보고자 한다.

요즘 사회적으로 인문학 열풍이 거세게 불고 있다. 이것은 사람들이 개별적으로 자신이 생활하고 일하는 영역을 벗어나서 새로운 삶의 지혜를 찾기 시작했다고 볼 수 있다. 이는 우리를 둘러싼 상황이 아주 급격하게 바뀌고 있음을 시사한다.

사실 1997년의 기억은 쉽게 잊어버릴 일이 아니다. 하루아침에 재산이 반 토막 나고 잘나가던 회사가 부도 나고 그로 인해 수많은 사람이 거리의 노숙자로 내몰렸다. 우리를 둘러싼 삶의 조건이 예측과 대비를 하지도 못한 상태에서 순식간에 급전직하를 했다. 이것은 당시 국정에 책임 있는 정치가라면 국민에게 석고대죄를 해도 지나치지 않을 심각한 사태였다. 그런데 도의적인 책임 이외에 누구도 실질적인 책임을 지지 않고 그저 그렇게 상황이 종료됐다.

이제 국가가 극도로 무능해지는 상황을 예측하려면, 국민이 직접 나설 수밖에 없게 됐다. 그래서 국민이 바쁜 시간을 쪼개서 세상을 바라보고 자신이 어디로 나아가야 하는지 지혜를 찾아 나선 것이다. 인문학의 열풍과 1997년 IMF 사태가 겹치는 것을 봐도 지금 왜 우리가 인문학에 목말라하는지 알 수 있다.

아무도 위험 신호를 말하지 않았을 뿐 아니라 손톱 끝만큼도 예측하지 못한 일이 버젓이 일어나서 수많은 사람이 고통으로 신음하는데도, 그 원인을 모른다. 이것은 사태가 아니라 재앙에 가깝다. 재앙을 다시 겪을 수는 없는 일이다. 재앙을 거듭 겪으면 사람은 자신이 살아온 삶의 가치마저 회의하게 된다. 우리가 다시금 깜깜한 방 안에서 전등을 찾는 재앙을 겪지 않으려면 지혜를 찾지 않을 수가 없다.

지혜는 우리의 삶에 드리운 어둠을 걷어내고 빛을 던져준다. 깜깜한 발길을 걸어온 사람은 안다, 빛이 우리에게 얼마나 안도감을 주는지. 나의 길을 누구에게 맡기지 않고 스스로 빛을 내려면 우리는 지혜를 구하지 않을 수가 없다.

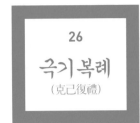

26

극기복례
(克己復禮)

나를 닮은 예를 만나다

분노 조절 장애는 내 안에 갇힌 결과이다.
극기는 "타자인 나"를 만나는 과정이다.

'극기'라는 말에 부정적인 반응을 갖는 사람이 많다. 극기 안에 개인 억압적인 의미가 함축되어 있다고 생각하기 때문이다. 초등학교에서 한 번쯤 담력을 키우고 자신감을 높이기 위해 '극기 훈련'의 캠프를 간다. 이때 하고 싶은 것을 못하게 하고 하기 싫은 것을 시키는 프로그램의 특성이 극기에 대한 부정적 인상을 가지게 만들었을지도 모른다.

사람은 시간이 가면 자연스레 잘하게 되는 것이 있고 힘들게 노력해야 겨우 잘하게 되는 것이 있다. 이것은 모두 지금의 나를 넘어서는 과정이다. 삶은 끊임없이 나를 넘어서서 앞으로 나아가는 역정이라고할 수 있다. 이때 서로 다른 사람들이 함께 만날 수 있는 공동의 문법이 필요하고 누구로부터 간섭을 받지 않을 프라이버시가 있다. 프라이버시만 있고 공동의 문법이 없으면 함께 만나는 광장이 없어진다. '극기복례(克己復禮)'는 그 광장의 크기를 넓히는 활동이라고 할 수 있다. 예컨대 연애하는 남녀도 결혼한 부부도 공동의 문법을 서로 지키기에 사랑을 키워갈 수 있는 것이다.

「안연」
(12.01/295)

안연이 공자에게 인(仁)을 물었다.
공자가 대꾸했다.
"스스로 반성(숙련)하여 예를 밟아가면
인의 세계를 창출하게 된다.
하루라도 스스로 반성(숙련)하여 예로 돌아가면
온 세상 사람들이 인의 길로 돌아온다.
사람이 인의 길에 들어서는 것은 자기로부터 시작하지
주위 사람들로부터 시작하겠는가?"
안연이 더 알고자 물었다.
"선생님, 좀 구체적인 세목을 말해주십시오."
공자가 대꾸했다.
"이게 예와 다르다 싶으면 아예 그쪽으로 쳐다보지 말고,
들으려고 하지 말고, 말조차 건네지 말고, 맞대응하지 마라."
안연이 만족한 듯이 웃으며 말했다.
"선생님, 제가 비록 똑똑하지는 못해도

일러주신 이야기를 일로 삼도록 하겠습니다."

顏淵問仁.

안연문인

子曰: 克己復禮爲仁. 一日克己復禮,

자왈 극기복례위인 일일극기복례

天下歸仁焉. 爲仁由己, 而由人乎哉?

천하귀인언 위인유기 이유인호재

顏淵曰: 請問其目.

안연왈 청문기목

子曰: 非禮勿視, 非禮勿聽, 非禮勿言, 非禮勿動.

자왈 비례물시 비례물청 비례물언 비례물동

顏淵曰: 回雖不敏, 請事斯語矣.

안연왈 회수불민 청사사어의

克: 극(克)은 잘하다, 이기다의 뜻이다. 극기(克己)는 나를 극복하다라는 투쟁의 맥락으로 읽을 수 있고 나를 발휘하다라는 계발의 맥락으로 읽을 수 있다. 이 차이는 『논어』를 해석하는 커다란 이견을 대표한다.

己: 기(己)는 나, 스스로의 뜻이다.

克己: 극기(克己)는 지금의 나를 넘어서다라는 뜻으로 자신이 해낼 수 있는 역량을 극대화시키는 맥락으로 쓰인다. 극기복례(克己復禮)는 처음에 다소 떨어져 있던 기(己)와 례

(禮)의 사이를 메워서 둘이 닮아가며 가까워지는 맥락을 나타내므로 나를 닮은 예를 만나다로 옮길 수 있다.

復: 복(復)은 돌아오다, 기준으로 삼다의 뜻이다.

歸: 귀(歸)는 돌아가다, 의지하다의 뜻이다.

由: 유(由)는 말미암다, 따르다의 뜻이다.

目: 목(目)은 일차적으로 몸의 눈을 가리키지만 여기서는 총론을 실천할 수 있는 세목, 실천적 방안을 가리킨다.

勿: 물(勿)은 ~하지 말라는 금지 부사로 쓰인다.

敏: 민(敏)은 재빠르다, 영리하다, 힘쓰다의 뜻이다. 불민(不敏)은 머리가 나쁘다, 머리가 잘 돌아가지 않는다는 겸손의 뜻을 나타내는 상투적 표현이다.

事: 사(事)는 일, 임무를 뜻하지만 여기서는 동사로 전념하다, 일로 삼다를 뜻한다.

'나'들의 세상

근대와 전근대를 나누는 기준으로 개인주의를 꼽는다. 전근대에는 개인의 욕망과 가치보다 공동체의 그것을 우선시했다면 근대에는 공동체의 가치와 욕망보다 개인의 그것을 높이 쳤기 때문이다. 이러한 주장은 문명의 역사를 기술하는 거시적인 관점에서 볼 때 타당하다. 그렇다고 전근대에 개인의식이 없었다거나 개인의 가치를 실현하려고 했던 시도가 전무했다는 결론을 내릴 수는 없다. 전근대의 공간에서 개인이 공동체에 대항하여 자신의 욕망과 가치를 추구하려던 시도는 숱하게 이어져 왔다. 그러던 끝에 마침내 '혁명'을 통해 개인주의가 근대 사회의 주된 흐름이 된 것이다.

공자가 살았던 춘추시대도 기본적으로 출생으로 신분이 세습되는 사회였지만 신분을 뛰어넘은 개인들이 적지 않게 등장했다. 그 개인들은 신분 사회의 단점을 메우는 인물로 성장하기도 했지만 신분 사회와 다른 꿈을 꾸기도 했다. 춘추전국시대에는 군주와 유력자들이 자신의 정치적 역량을 키우기 위해 별도로 전문가 집단을 양성했다. 이를 "양사(養士) 현상"이라고 하는데, 오늘날로 치면 "인재 우대 정책"이라고 할 수 있다.

당시 빈객(賓客, 취업을 위해 떠돌아다니는 전문가)은 특별한 재능을 발휘하지 않는 한 자신을 거두어준 유력자의 은혜에 보답하려고 하지, 유력자에게 자신의 대우와 관련해서 더 많은 조건을 요구하지는 않았다. 그런데 풍환(馮驩)은 예외였다. 풍환은 제나라 맹상군(孟嘗君)의 막하에 들어와서 좋은 대우를 끊임없이 요구했다. 처음에는 생선 반찬 타령을 해서 반찬을 잘해주자 다음에는 타고 다닐 수레가 없다고 불평했다. 수레를 마련해주니 이제는 살 집이 없다고 불만을 터뜨렸다. 이렇게 거리낌 없이 불평불만을 터뜨리며 좋은 대우를 요구하던 풍환은 맹상군이 풀지 못해 골머리를 앓던 문제를 손쉽게 해결하는 수완을 보였다.(『사기』「맹상군열전」)

또 조(趙)나라 평원군(平原君)이 초나라로 가서 군사적 도움을 청해야 하는데, 함께 갈 전문가를 아무리 수소문해도 숫자가 부족했다. 이때 모수란 인물이 스스로를 적임자로 추천하여 '모수자천(毛遂自薦)'이라는 고사가 생기게 됐다.

이렇듯 춘추전국시대에는 알아주기를 기다리지 않고 스스로 나서서 자신의 길을 개척하는 인물들이 계속해서 등장했다. 그러한 '나'들이 등장하여 이전과 다른 시대를 만들어갔다. 어찌 보면 공자도 춘추시대라는 시대적 배경으로 인해 태어날 수 있었던 새로운 유형의 인물이었다. 만일 주나라가 정치적 안정을 이루었다면 아무리 공자라고 해도 관학(官學)의 수장이 될 수도 없었을 뿐만 아니라 사학(私學)을 세워서 학생을 가르치는 스승 노릇도 할 수 없었을 것이기 때문이다.

묵자의 극기복의(克己復義)

수많은 '나'들이 등장하자 제자백가들은 각기 나름의 해법을 제안했다. 제자백가 중 법가(法家)는 '나'들의 욕망을 이용하여 부국강병의 목표를 이루고자 했다. 사람들은 저마다 더 많은 물질적 소유를 바란다. 국가는 전쟁에서 많은 적을 죽이고 농사를 지어 소득을 많이 올리는 사람에게 그 결과에 어울리는 상을 주었다. 결과가 반대가 되면 벌을 주었다. 그리하여 공을 많이 세운 사람은 과거의 신분에 상관없이 새로운 지위를 얻게 됐다. 사실 이러한 법가 사상은 진(秦)나라가 서쪽 변방에 위치해 있으면서 동쪽의 여섯 나라를 정복하고 통일을 이룩할 수 있었던 효과적인 정책이었다고 할 수 있다.

장자는 부국강병의 논리에 희생되는 개인의 고통에 주목했다. 사람들은 국가가 제시하는 길을 걸어가며 신분 상승을 했다. 이 성공은 엄청난 위험성을 무릅쓴 대가라고 할 수 있다. 전쟁에서 공을 세우는 것은 쏟아지는 화살을 피하고 칼로 백병전을 벌이며 성벽을 기어오르는 온갖 위험을 이겨내야만 가능했던 것이다. 장자는 부국강병의 정책에 동원된 사람들의 신음을 문학적으로 형상화해 표현했다. 후세에 장자가 남긴 이런 글들을 엮은 것이 바로 우리가 알고 있는 고전『장자』이다.

묵자(墨子)는 공자의 뒤를 이어서 활약한 사상가이다. 하지만 묵자는 공자의 "극기복례"가 아닌 "극기복의(克己復義)"를 주장했다. 묵자는 당시 수많은 '나'들이 다른 사람의 말과 공론을 듣지 않고 자기주장을 하기 때문에 국론이 분열되고 전쟁이 일어난다고 보았다. 그래서 묵자는 한 사람이 한 가지 주장을 내세우는 일인일의(一人一義)를 백 사람이 한 가지 주장을 하는 백인일의(百人一義)의 상황으로 바꾸어야 한다고 보았다. 공자의 "극기복례"라는 표현을 빌려 말하면 "극기복의"라고 할 수 있다. 사람들로 하여금 자기만의 주장에 빠지지 않고 그것을 넘어서서 전체의 대의나 일반적 기준을 받아들이도록 만들자는 것이다.

묵자의 극기복의는 극론 분열을 극복하는 대안이 될 수도 있고 전체주의의 특성을 지닐 수도 있다. 양면성을 지닌 극기복의는 경우에 따라 현실에서 아주 극단적인 양상을 보이기도 했다.『여씨춘추(呂氏春秋)』에 묵자의 집단을 이끌던 거자(鉅子, 영어의 Boss에 해당하는 말로 조직의 우두머리) 이야기가 있다. 진(秦)나라 혜왕(惠王)과 거자 복돈(腹䵎) 사이에 있었던 일화이다.

복돈은 늘그막에 아들을 하나 얻었다. 애지중지 키웠지만 버릇이 좋지 않았던지 살인 사건을 저질러 사형을 받을 위기에 처했다. 혜왕은 복돈의 나이가 적지 않다는 점을 고려해서 옥리에게 사형이 집행되지 않도록 조치를 취했다. 복돈은 "사람을 죽이면 사형이고 사람을 다치게 하면 벌을 받아야 한다(殺人者死, 傷人者刑)"라는 묵자의 법을 들먹이며 혜왕에게 대의에 따른 공정한 법 집행을 요구했다. 그리고 혜왕의 만류에도 불구하고 복돈은 묵자의 법에 따라 아들을 처형했다. 즉, 자식은 사람이 누구보다 아끼는 대상이지만 개인적인 관계를 참고 대의를 따른 것으로 보아 복돈은 공적인 가치를 우선했다고 할 수 있다.

거자 맹승(孟勝)은 초(楚)나라의 양성군(陽城君)과 영지를 지켜주는 맹약을 맺었다. 양성군이 초나라의 내분에 연루되어 망명을 떠나자 초나라는 양성군의 땅을 회수하려고 했다. 맹승은 양성군의 망명과 상관없이 맹약대로 영지를 지키고자 했다. 맹승은 형세와 상관없이 약속을 지켜야 사람들이 엄한 스승이나 현명한 친구, 훌륭한 신하를 찾을 때 묵자 집단에 올 것이라며 영지 사수를 결정했다. 반면 묵자 집단의 일원이었던 서약(徐弱)은 초나라와 싸워봤자 아무런 실익이 없으므로 항복하자고 말했다.

이렇게 결정이 내려지자 서약은 제일 먼저 자결하고 이후에 180명이 서약의 뒤를 따랐다. 맹승은 죽기 전에 묵자 집단의 계승을 위해 두 사람을 보내 '거자'의 직책을 송나라의 전양자(田襄子)에게 넘기려고 했다. 두 사람이 맹승의 지시를 전양자에게 전달하자, 전양자는 두 사람에게 초나라로 돌아가지 말고 자신을 보좌하라고 요구했다. 하지만 두 사람은 끝내 전양자의 말을 듣지 않고 초나라로 돌아가 맹승의 뒤를 이어 자결했다.

이처럼 묵자는 개인적 이해와 욕망을 넘어서 공의(公義)를 지키는 극기복의야말로 시대의 문제를 풀 수 있다고 생각하기에 때로는 극단적인 상황을 연출하기도 했다.

"함께할 수 있는 나"를 만나다

공자의 "극기복례(克己復禮)"는 묵자의 "극기복의(克己復義)"에 비해 어떤 특성을 지니고 있을까? 최근 대중매체에서 '분노 조절 장애'라는 말이 자주 나온다. 분노는 사람이 보일 수 있는 심리적 반응 중 하나이다. 분노 조절 장애는 분노의 표출이 명백히 다른 사람에게 피해를 준다는 점을 알면서도 그 충동을 스스로 누르지 못하고 분노를 드러내는 것을 말한다.

분노를 과도하게 표출하고서 시간이 지나면 대부분은 스스로 후회한다. 입장을 바꿔서 누군가가 나에게 까닭 모를 분노를 지나치게 드러낸다면 '나'는 그것을 참기 어려울 것이다. 따라서 과도한 분노는 나를 포함해서 누구도 표출하지 않도록 조절해야 한다. 즉, 지나치게 분을 드러내는 '나'는 일반화할 수 없는 존재이다.

이승우는 지금 FC 바르셀로나 후베닐 A에서 활약하는 선수로 미래의 한국 축구를 대표할 인물로서 기대가 높다. 하지만 이승우는 작년과 올해 시합 중에 뜻대로 되지 않거나 교체를 당하면 과도하게 감정을 표출했다. 인터넷에 '이승우 신경질'이라는 검색어가 나올 정도이다. 자신을 적극적으로 표현하는 것일뿐이라고 보는 사람도 있지만 스스로 실망할 만큼 감정을 조절하지 못하는 것이라고 보는 사람도 있다. 그의 거친 모습은 결국 스포츠를 사랑하는 팬들의 기대에도 어긋나는 일이다.

또한 한국의 부모들은 자식의 군 입대를 피하기 위해 해외 원정 출산을 한다거나 비리를 저지르기도 한다. 자식이 군대에 가면 고생하기도 하고 위험하다고 생각해서 '불법'을 시도하는 것이다. 이는 사적 욕망을 위해 공적 요구를 저버리는 것이다. 자식을 아끼는 마음은 이해하지만 나의 자식만 귀하고 남의 자식은 아무래도 좋다는 식의 논리는 옳지 않다. 내 자식이 귀하면 남의 자식도 귀하다는 사실을 인정해야 한다.

이와 달리 극기복례는 나의 행동이 다른 사람의 반감을 사거나 불편을 주지 않고 서로 가까워지고 호의를 가질 수 있는 길을 말한다. 스포츠에서 넘어진 상대 팀 선수의 손을 잡고 일으켜주면 치열한 승부를 다투는 현장에서도 인간애를 발휘하는 것이다. 이것은 승부를 떠나서 스포츠를 좋아하게 만드는 힘이 될 수 있다. 극기복례는 사람의 감정을 편안하게 담아내는 형식에 초점이 있다면 극기복의는 감정과 무관하게 서로가 합의할 수 있는 원칙에 초점이 있다.

이런 측면에서 보면 극기복례는 '나'들이 함께 노닐 수 있는 공적 영역을 확충하려는 과정이라고 할 수 있다. 마시고 먹고 응대하는 사람은 '나' 개인이지만 여기에서의 개인은 정말 독특하여 누구에게도 찾아볼 수 없는 개인성의 소유자가 아니다. 의사소통을 하며 서로 이해할 수 있는 공통성의 소유자를 말한다.

미드(G. H. Mead, 1863~1931)는 『정신·자아·사회: 사회적 행동주의자가 분석하는 개인과 사회』에서 이러한 개인을 "일반화된 타자(generalized other)"로 불렀다. 일반화된 타자는 자신의 욕망에만 충실하거나 그것에만 이끌리는 사람이 아니라 자신을 객관화해 모두에게 통할 만한 형식을 존중하는 사람이다. 이때 사적 영역과 공적 영역은 서로 다른 특성을 드러낼 수 있다. 사적 영역은 자아의 온전성이 위협받지 않도록 보호해야 할 세계가 되는 반면 공적 영역은 나만이 아니라 모두에게 확장시킬 수 있는 "일반적인 내"가 노니는 세계가 될 수 있다.

획일적으로 평가하지 마라

<table>
<tr>
<td>

27

사부주피
(射不主皮)

</td>
<td>

결과만 보지 말고 동기를 보자.
결과의 성취만큼 동기의 방향이 중요하다.

</td>
</tr>
</table>

축구는 골키퍼 이외에 손을 쓰지 못하게 하고, 농구는 발로 공을 차지 못하게 한다. 탁구와 골프는 아주 조그만 공을 쓰고, 럭비는 땅에 튀면 어디로 갈지 모르는 공을 쓴다. 이처럼 스포츠는 몸과 도구의 사용에 일정한 제약을 준다. 선수들은 일정한 제약을 받아들이면서도 오랜 훈련을 통해 아름다운 명장면들을 연출해낸다.

'공자'와 '스포츠', 이 둘은 잘 어울리지 않는 조합으로 보인다. 공자는 책을 열심히 읽는 학자이지 운동장에서 땀을 흘리는 선수가 아니라고 여기기 때문이다. 하지만 『논어』를 읽어보면 공자는 음악 마니아일 뿐만 아니라 문화와 체육에도 많은 관심을 갖고 있었고 또 기회가 되면 즐기기도 했다. 공자는 문화 체육과 예술 활동을 즐길 줄 아는 인물이었다. 물론 공자는 스포츠 중에서 육상, 전차 경주처럼 기록경기는 좋아하지 않았다. 공자가 했던 체육 활동은 더 빠름을 추구하는 고대 아테네의 올림피아 제전에 열렸던 '올림픽'과는 달랐다. 그는 활쏘기, 말타기 등을 즐겼고 사람들과 어울려서 그 기량을 겨루었다. 도대체 학자 공자는 스포츠의 어떤 측면에 매료되었기에 활쏘기를 예찬했을까?

「팔일」
(03.16/056)

활쏘기 의례에서는 화살이 과녁을 꿰뚫는 것으로
우열을 가리지 않는다.
쏘는 사람의 힘이 똑같지 않을 뿐더러
옛날의 규칙이기 때문이다.

射不主皮, 爲力不同科, 古之道也.
사부주피 위력부동과 고지도야

射: 　사(射)는 활, 활을 쏘다의 뜻이다.

主: 　주(主)는 주인, 임금, 위주로 하다, 주요한의 뜻이다.

皮: 　피(皮)는 가죽, 껍질의 뜻이다. 여기서는 가죽으로 만든 과녁을 가리킨다. 오늘날 총 쏘는 훈련에 쓰이는 표적지(標的紙)에 해당된다. '과녁'은 가죽을 뚫는다라는 '관혁(貫革)'의 음이 바뀌어서 생긴 말이다. 과녁은 달리 정곡(正鵠)이라고 부르는데, 정과 곡은 재질이 다르다. '정 (正)'은 천에다 과녁을 그리는 것이고, '곡(鵠)'은 가죽에 과녁을 그리는 것이다. 천에 그린 과녁은 연회를 한 뒤에 행하는 활쏘기 의식에서 쓰이고, 가죽에 그린 과녁은 인 재 선발을 위한 의식을 치른 뒤에 하는 활쏘기 시합에서 쓰인다.

爲: 위(爲)는 하다, 되다, 만들다의 뜻으로 많이 쓰인다. 여기 서는 '때문이다'의 뜻으로 쓰인다.

科: 과(科)는 과정, 등급의 뜻으로 스포츠의 체급을 가리킨다.

향사례(鄕射禮)의 아름다운 경쟁

공자는 많고 많은 스포츠 중에서 왜 유독 활쏘기를 좋아했을까? 두 가지 측면에서 공자가 활쏘기를 좋아하는 이유를 찾아볼 수 있다. 첫 째는 문화 전통이고, 둘째는 경쟁의 방식이다. 고대 사회에는 일정한 기간과 일자를 정해두고 구성원들끼리 술을 마시는 향음주례(鄕飮酒 禮)와 활을 쏘는 향사례(鄕射禮)의 행사를 거행했다. 향사례는 스포츠 형식을 빌려서 평소에 심신을 단련하여 유사시에 외적의 침입을 막 을 수 있는 실력을 키우는 행사이다. 향음주례는 구성원이 함께 모여 서 화합과 친목을 다지는 행사이다.

이러한 의례는 오늘날 많이 사라지기는 했지만 여전히 남아 있거 나 새로운 형식으로 지키는 경우가 있다. 『삼국사기』를 보면 백제 비 류왕 17년(AD 320년)에는 궁궐 서편에 사대(射臺)를 설치해놓고, 매달 초하루와 보름에 사람을 모아서 왕이 지켜보는 가운데 활쏘기를 하며 친목을 다졌다. 이러한 전통이 조선시대에도 전해져서 서울 종로구 사직동의 황학정(黃鶴亭)에서는 정기적으로 활쏘기가 벌어졌다. 김홍도의『단원풍속도첩』에 그려진 그림에서 당시에 성행했던 활쏘기 훈련 장면을 엿볼 수 있다.

오늘날 대학과 회사에서 치르는 신입생과 신입 사원 환영회 등도 기존의 구성원과 새로운 구성원이 함께 어울리는 변형된 예식이라고 할 수 있다. 이처럼 공자는 어릴 적부터 공동체에서 거행되는 다양한 예식 중 향사례를 구경하거나 참여하면서 활쏘기에 매력을 느꼈을 것이다.

활쏘기는 기량을 겨루는 시합인 만큼 경쟁이 없을 수 없다.「팔일」에 보면 공자는 사대에 오르기 전 긴장된 자세에서부터 활을 쏘고 난 뒤에 승패가 나고 벌주를 마시는 과정을 세세하게 말한 적이 있다.

군자는 뺏고 빼앗기 위해 경쟁을 벌이지 않는다. 하지만 반드시 활쏘기에 서만큼은 경쟁하는구나! 차례가 되면 사우(射友)끼리 서로 인사를 하고 상대에게 먼저 오르기를 권하며 양보하다 사대에 오른다. 활을 다 쏘고서 승패가 갈리면 사대에서 내려와 진 쪽이 벌주를 마신다. 이러한 아름다운 경쟁이야말로 군자다운 것이리라.[25]

보통 시합을 하고 나면 이런저런 이유를 대며 자신의 패배를 변명하는 경우가 많다. 컨디션이 나쁘다느니 자기 차례에 바람이 세게 불었다느니 패배를 받아들일 수 있는 그럴싸한 이유를 댄다. 그러나

『중용(中庸)』을 보면 "활쏘기에서 과녁을 맞히지 못하면 반드시 자기 자신에게서 원인을 찾아야 한다"[26]고 쓰여 있다.

활을 쏠 때에는 사대에 올라 활을 시위에 메긴 후, 먼저 몸의 중심을 잡고 호흡을 고른 다음 과녁까지 거리를 가늠한 뒤 활시위를 당긴다. 이러한 모든 과정은 전적으로 활을 쏘는 사람의 판단에 따라 이루어진다. 활을 쏘는 사람은 바람의 세기를 고려해서 활이 날아갈 방향을 정하는 등 변하는 상황에 맞게끔 대응해야 한다.

활쏘기의 승패는 활쏘기 전의 자기 관리, 활을 쏠 때의 정확한 판단에 따른 결과이다. 이 결과를 겸허하게 받아들이고 패배의 원인을 정확하게 분석한다면 다음에는 더 나은 결과를 맞이할 수 있다. 이처럼 평소의 자기 관리에서부터 벌주에 이르는 활쏘기 시합이야말로 자기 자신의 잘잘못을 돌아보게 하는 중요한 시간이다. 이 시간을 어떻게 보느냐에 따라 공정하고 아름다운 경쟁을 몸에 익힐 수 있는 것이다.

1등만을 기억하는 사회

올림픽과 같은 국제 경기를 시청하다 보면 아주 대조적인 장면을 자주 보게 된다. 결승전에서 패해 아쉽게 2등을 한 어떤 선수는 억울하다는 듯이 눈물을 흘리며 "국민의 기대에 부응하지 못해 죄송하다"라는 말을 하고, 어떤 선수는 아쉽지만 2등 자체도 훌륭한 결과라며 얼굴에 웃음을 잃지 않는다.

우리나라 선수들은 10년 전만 해도 2등에 결코 만족하지 못하는 유형이 많았다. 이와 달리 유럽 지역의 선수들은 2위만이 아니라 만족할 만한 성적을 거두면 패배의 고통보다 선전의 기쁨을 자연스럽게 표출했다. 이러한 차이는 어디에서 왔을까? 과정보다는 결과, 동기보다는 성적, 다양성보다는 획일성을 앞세우는 환경에서 자랐기 때문에 생겨났다고 할 수 있다.

예컨대 심판이 볼 수 없는 위치에서 반칙을 해서 골을 넣은 덕분에 시합에서 승리를 거두었을 경우를 생각해보라. 결과의 영광만을 따진다면 승리를 만끽할 수 있겠지만 과정의 정당성을 생각하면 깨끗한 승리라고 할 수 없다. "무슨 짓을 해서라도 이기기만 해!"라며 결과만을 강조하는 환경에서 자란 사람에게는 1등이 아니라면 어떠한 결과든 제 노릇을 하지 못한 치욕적 결과일 뿐이다. 그러니 '영광스러운 2등', '자랑스러운 3등', '감동을 주는 꼴등'이라는 표현이 불가능할 뿐만 아니라 받아들여질 수도 없는 것이다.

2014 인천 아시안 게임 여자 복싱에서 한 선수가 판정에 불만을 품고 3위의 메달을 받기를 거부했다. 그 선수는 시상식에서 메달을 받은 뒤 메달을 시상대에 내려놓고 자리를 떴다. 이 선수의 행동이 워낙 돌출적이고 특출해서 주목을 받았지만 과거에 이와 비슷한 언행이 없었던 것은 결코 아니다. 시상식에서 안도의 눈물이 아니라 회한의 눈물을 흘리며 얼굴을 들지 못하는 선수도 메달을 거부하는 선수에 뒤지지 않는다.

근래에는 우리나라 선수들도 2등만이 아니라 순위에 들지 못해도 최선을 다한 뒤에 결과를 흔쾌히 받아들이고 다음에 선전을 다짐하는 유형이 늘어나고 있다. 이들도 물론 1위라는 최상의 성적을 바란다. 하지만 그간에 흘린 땀방울의 보상이 꼭 1위만이라고 생각하지는 않는 것이다. 자신의 기량을 확인하고, 자신의 경기에 환호하는 관중의 응원을 맛보고, 멋진 무대에서 뛰어난 선수들과 함께 실력을 겨뤄보고 미래의 자신을 새롭게 만나기 위해 예비하는 마음을 먹게 된 것까지 모두 훌륭한 보상이라고 할 수 있다.

동기와 개성의 존중

1등만을 기억하는 세상을 살기가 결코 쉬운 것은 아니다. 누구나 1등이 될 수 없다는 사실 자체가 삶이 쉽지 않다는 증거이기도 하다. 그럼에도 불구하고 다양성이 존중되는 세상은 아직 뚜렷한 모습을 드러내고 있지 않다. 예컨대 모든 학생이 과외를 그만두면 상대적으로 여유 있게 교육을 받을 수 있다. 하지만 "우리 아이가 과외를 하지 않더라도 다른 아이가 과외를 그만두지 않으면 우리만 뒤처질 수 있다"는 생각 때문에 모두 끔찍한 학습 경쟁에서 벗어나지 못하고 있는 것이다.

이러한 현상은 서로를 믿지 못해서 일어나기도 하지만 실제로 자신을 믿지 못해서 생겨나기도 한다. 아울러 "내 아이가 언젠가 1등이 될 수 있다"는 무한한 신뢰는 지금의 관성적인 대응을 그만두지 못하게 만든다. 이처럼 자신을 믿지 못하고 자신의 아이가 특별한 사람이 될 수 있다는 믿음을 성찰하지 않는 한, 공자가 말한 '아름다운 경쟁'은 어렵다.

아름다운 경쟁을 하려면 우리는 결국 지금과는 다른 새로운 문법이 적용되는 삶을 기획해야 한다. 공자의 말에서 모든 답을 찾을 수는 없지만 적어도 실마리를 캐낼 수 있다. "위력부동과(爲力不同科)"에서 '과'에 주목할 만하다. 이 '과(科)'는 원래 활 쏘는 사람의 힘을 가리킨다. 이 힘은 체력, 악력, 기력, 근력 등을 모두 아우르는 말이다. 오늘날의 맥락에서 생각한다면 '과'는 가치관, 우선순위, 관심사, 행복, 동기, 개성 등을 가리킨다고 할 수 있다.

어떤 사람은 꽃을 가꾸는 데에서 더 말할 수 없는 행복을 느끼고, 어떤 사람은 음식을 요리하면서 최상의 희열을 느끼고, 어떤 사람은 끝나지 않은 실험의 결과를 끈덕지게 기다리며 보람을 느낀다. '영어', '수능' 등의 성적처럼 동일한 기준을 적용해서 이들을 한 줄로 세운다면, 그들 중에 어떤 이는 행복을 느끼겠지만 다른 이는 불행을 느낄 수밖에 없다.

힘의 차이에 따라 저마다의 방식으로 제 기량을 키울 수 있는 차이를 인정하는 바탕이 있어야 새로운 문법을 만드는 희망을 찾을 수 있다. 이때 행복에 이르는 한 가지만의 길이 아니라 만 가지의 길이 열려 있는 세상이 시작될 수 있다. "사부주피(射不主皮)"는 만 가지의 행복을 부르는 노래의 가사이다.

28

일단사일표음
(一簞食一瓢飮)

대그릇의 밥과 표주박의 물

비슷한 삶은 안정적이다.
도전의 삶은 불안 속에 의미를 찾는다.

　　　　　예나 지금이나 부모는 자식의 미래가 궁금해
서 장래 희망을 묻곤 한다. 과거에는 대통령, 장군 등 권력이 있거나
'사' 자가 들어가는 전문직이 되고 싶다는 사람이 많았다. 요즘에는
프로 선수, 연예인, CEO 등 돈을 많이 벌거나 고용이 안정된 공무원
이 되겠다는 사람이 많다. 명예보다는 돈을 더 중시하는 방향으로 변
하고 있다고 볼 수 있다.

　공자는 제자 안연의 생계를 걱정했다. 그럼에도 안연은 경제적 안
정을 찾지 않고 스스로 의미 있다고 생각하는 삶을 살았다. 그는 가
난한 삶의 고통을 모르는 철부지도 아니고 의미 있는 삶의 겉멋에 도
취된 바보도 아니었다. 그는 의미 있는 삶이 자신에게 주는 기쁨을
느껴서 중도에 그만둘 수 없었던 것이다. 공자는 안연에게서 자신의

304

젊은 모습을 발견했기 때문에 다른 어떤 제자보다 반겼을 것이다.

참으로 훌륭하구나, 안연은!

대그릇에 담은 밥 한 그릇을 먹고

표주박에 담긴 물 한 모금을 마시면서

달동네에 살고 있구나.

아마 내로라하는 사람들도

그런 생활의 고통을 참고 견디지 못할 터인데

오히려 안연은 그 생활의 즐거움을

바꾸려 들지 않는구나.

참으로 훌륭하구나, 안연이여!

賢哉, 回也!

현재 회야

一簞食, 一瓢飲, 在陋巷,

일단사 일표음 재루항

人不堪其憂, 回也不改其樂.

인불감기우 회야불개기락

賢哉, 回也!

현재 회야

賢:	현(賢)은 뛰어나다, 어질다의 뜻으로 사람의 일반적인 재능을 나타낸다. 특히 도덕적 재능에 한정해서 쓰이기도 한다.
哉:	재(哉)는 호격과 감탄사 뒤에 쓰이는 어조사로서 뜻이 없다.
回:	회(回)는 돌다, 돌아가다의 뜻이지만 여기서는 안연(顔淵)의 이름으로 쓰였다. 연(淵)은 안회(顔回)의 자이다.
簞:	단(簞)은 대로 만든 광주리를 가리킨다.
食:	밥을 뜻하면 '사'로 읽고, 먹다를 뜻하면 '식'으로 읽는다.
瓢:	표(瓢)는 박으로 만든 바가지로 표주박이라 부른다.
陋:	누(陋)는 좁다, 변변찮다의 뜻이다.
巷:	항(巷)은 거리, 복도, 마을을 뜻한다.
陋巷:	누항(陋巷)은 달동네, 슬럼가처럼 가난한 사람들이 밀집해서 사는 동네를 가리킨다. 오늘날 고층 아파트가 즐비한 서울의 몇몇 지역은 과거에 달동네로 널리 알려진 거주 지역이었다.
堪:	감(堪)은 견디다, 뛰어나다의 뜻이다.
憂:	우(憂)는 근심하다, 걱정의 뜻이다.
改:	개(改)는 고치다, 바뀌다, 뜯다의 뜻이다.

공자와 안연

『논어』는 다양한 개성을 가진 주인공이 등장하는 문학 작품이나 드라마로 볼 수도 있다. 이렇게 볼 때 공자를 비롯하여 여러 사람의 관계가 작품의 전개를 구성하는 이야기가 될 것이다. 공자와 제자의 관계에 초점을 둔다면 공자와 안연, 공자와 자로, 공자와 자공의 관계가 사람들의 관심을 끌 만하다.

자공은 알고 싶은 것이 있으면 공자에게 끝까지 캐묻는 스타일이다. 특히 그는 공자가 죽은 뒤에 다른 제자들이 삼년상을 마치고 고향으로 돌아갔지만 홀로 스승의 무덤을 3년 더 지킨 뒤에 고향으로 돌아갔다. 자로는 공자가 나쁜 소문을 들을까 봐 가장 염려한 제자였다. 그는 직선적이고 다소 성격이 과격했던 탓에 공자에게 대들기도 했다.

안연은 자로나 자공 두 사람과 다른 개성의 소유자였다. 할 말을 다 하는 자로와 달리 평소 말을 건네는 경우가 드물었고, 꼬치꼬치 캐묻는 자공과 달리 한번 들으면 빙그레 웃으며 공자의 생각을 스펀지처럼 흡수했다. 이쯤 설명을 들으면 안연은 성격이 차분하고 공부 잘하는 모범생으로 생각할 수 있다. 이런 추측은 나름 일리가 있다. 「위정」에서 공자도 그렇게 생각했기 때문이다.

> 내가 안연과 온종일 이야기를 나눴지만 한 차례도 의문을 제시하지 않아 바보처럼 보였다. 방을 나간 뒤 내가 이 사람이 생활을 어떻게 하는지 살펴보니, 내 말을 제대로 실현하고 있었다. 안연은 결코 바보가 아니다.(02.09/025)

공자가 무슨 말을 하면, 안연은 이해하는 듯 웃기만 할 뿐 이의를 표하거나 질문을 하지 않았다. 이런 상황을 자주 겪다 보니 공자도 안연이 모르면서 아는 척하는 바보가 아닌지 의구심이 들었다. 그렇다고 공자가 수업 시간에 안연에게 대놓고 자신의 말을 이해하느냐고 물어볼 수는 없었다. 공자는 하는 수 없이 안연의 뒤를 밟으며 무엇을 하는지 살펴보았다. 공자는 안연이 사람을 만나거나 혼자서 하는 언행을 살펴보고서 자신의 의구심이 잘못되었다는 것을 알았다. 안연은 자신의 말을 완전히 이해하고 있을 뿐만 아니라 생활에서도 그대로 실천하고 있었던 것이다.

이렇게 보면 안연과 공자의 사이도 어디 시트콤에 나올 한 장면처럼 보인다. 제자가 바보인지 의구심이 들어서 몰래 뒤를 밟으며 제자를 관찰하는 공자를 생각해보라. 얼마나 제자가 걱정이 되었으면 그렇게 했을까 이해가 되면서도 선생이 사립 탐정처럼 살금살금 다가가는 장면이 코믹하게 느껴진다.

이해했으면 알아들었다는 표현이라도 하지 알아듣고서도 아무런 말을 하지 않는 안연을 생각해보라. 선생의 말을 다 알아들었으니 질문할 게 없다는 안연의 입장도 이해가 되기는 한다. 반면 수업에 참여하고 있으면서도 입을 봉한 듯이 가만히 듣고만 있는 안연을 생각하면 웃음이 나오지 않을 수가 없다.

공자는 안연에 대한 오해를 푼 뒤에 안연의 지도를 게을리 하지 않았다. 특히 공자는 『논어』에서 가장 주목을 받는 "극기복례"의 가르침을 안연에게 전했다. 당시 사람들은 자기 자신을 돌보는 일에만 관심을 가질 뿐 함께 가꾸어야 할 공공 영역을 도외시했다. 하지만 공공 영역에 대한 관심을 가지지 않으면 개인의 삶에도 위기가 닥쳐올 뿐만 아니라 안전한 공동체를 만들 수 없다. 요즘 식으로 말하면 의학에서 돈이 되는 성형과 생명 연장에만 관심을 둘 것이 아니라 감염과 예방을 다루는 공공 의료에 관심을 기울여야 사람다운 세상이 된다는 것이다.

공자는 자신이 평생에 걸쳐서 찾아낸 진리를 안연에게 전수했다. 안연도 자신을 아끼는 공자를 아버지처럼 생각했을 뿐만 아니라 그만두려고 해도 그럴 수 없게 만드는 "욕파불능"의 리더십에 감동을 했다. 그래서 두 사람은 단순히 스승과 제자 사이를 넘어서 서로에게 무한한 사랑을 느끼는 연인 사이였을 것이다.

안연은 자신의 뒤를 이으리라는 공자의 기대와 달리 스승보다 먼저 세상을 떠났다. 「안연」에 보면 공자의 슬픔은 말로 다 표현할 수 없었다. 그는 "하늘이 나의 뒤를 끊어버리는구나!"[27]라며 절망했다. 어떤 일을 겪어도 담담하던 공자도 안연의 죽음 앞에 무너지지 않을 수가 없었다. 공자는 평소 절제된 모습을 보였지만 안연이 죽자 애간장을 녹일 듯 통곡했다. 옆에 있던 제자들이 "너무 비통해한다"라며 만류를 할 정도였다. 그때 공자의 말이 압권이다.

내가 그렇게 비통해했는가? 저 못난 사람을 위해 비통해하지 않으면, 도대체 누구를 위해 그렇게 할꼬?[28]

안연, 송나라 학계의 멘토

당 제국은 유교보다 도교와 불교가 성행한 시기였다. 예를 들자면 도교의 사원을 도관(道觀)이라고 하는데, 당시 도관은 거의 모든 주에 건립됐다. 황족 등이 기증한 경우를 제외하고도 약 2000여 개의 관립 도관과 15000여 명의 도사가 활동하고 있었다. 또 헌종(憲宗)은 819년에 부처의 사리를 궁중에 특별히 보관하고자 했다. 부처의 사리가 왕실의 안정과 행운을 빌어준다고 생각했기 때문이다.

이러한 상황에서 한유(韓愈) 등은 유교의 가치를 사회적으로 확산시키려는 '유교 부흥 운동'을 일으켰다. 한유는 "부처의 뼈를 논한다"는 「논불골표(論佛骨表)」라는 글을 발표하여 헌종의 기도를 강하게 비판했다. 그는 불교가 외래 종교일 뿐만 아니라 중국에 전래된 뒤로 사회적으로 좋은 영향을 끼치지 않았다는 주장을 펼쳤다.

한유 등이 불을 지핀 유교 부흥 운동은 송나라의 건국과 더불어 한층 더 활발하게 진행됐다. 춘추전국시대에 다양한 사상가들이 등장하여 사상의 자유 공간을 개척했다. 그것이 바로 제자백가(諸子百家)의 출현으로 나타났던 것이다. 송나라 학술 여건은 춘추전국시대와 달랐다. 당시 사상가들은 유교(儒敎)만이 아니라 불교(佛敎)와 도교(道敎)를 두루 공부했다. 이때 유교가 두 사상에 비해 깊이가 얕다고 여겨져서 많은 사람이 유교보다 불교와 도교에 기울어져 있었다.

이러한 상황에서 주렴계, 정호와 정이, 장재 등 일군의 사상가들이 등장해서 유교가 불교와 도교에 비해 결코 뒤떨어지지 않았다는 점을 설파하며 '유교 부흥 운동'을 일으켰다. 이러한 운동이 훗날 주희에 의해 '도학(道學)'으로 정립되면서 오늘날 성리학, 주자학이라는 이름으로 불리고 있다.

유교 부흥 운동을 일으킬 때 두 가지 주제가 각광을 받았다. 첫째, 유교가 불교와 도교에 비해 깊이가 결코 얕지 않다는 점을 밝혀야 했다. 오늘날 철학의 주제로 보면 존재론 또는 형이상학의 문제였다. 당나라 이전에 사물은 모두 기(氣)의 조합과 비율에 의해 생성된다고 보았다. 기는 사람이 어떠한 상황에도 불구하고 양보할 수 없이 꼭 지켜야 하는 이치, 구성원들의 가치가 충돌할 때 우선순위에 두어야 할 이념을 설명할 수 없었다. 기는 더위와 추위와 같은 기후가 나타나고 키가 크고 작은 차이를 설명할 수 있지만 무엇이 다른 것보다 절대적으로 옳다는 점을 제시할 수 없었다. 송나라의 유학자들은 기를 리(理)로 대체하며 사람과 공동체가 지켜야 할 가치와 이념의 지위를 굳건하게 만들었다. 그래서 송나라의 유학을 이학(理學)으로도 부르는 것이다.

또 하나는 어려운 여건에서도 학문을 지속할 수 있는 힘에 대한 이야기였다. 사람은 하고 싶은 것과 할 수 있는 것 사이에서 고통스러워한다. 하고 싶은 것을 하려니 여건과 능력이 받쳐주지 않고, 할 수 있는 것을 하려니 성에 차지 않아 불만스럽다. 그래서 많은 사람은 '가지 않은 길'에 대한 원망과 후회를 안고 산다. 안연은 형편으로 보면 당연히 돈을 벌어야 한다. 하지만 그는 하고 싶은 길을 가면서 겪는 고통을 그대로 껴안았다.

송나라 정이(程頤, 1033~1107)는 안연이 도대체 무슨 학문을 좋아했는가라는 해답을 찾는 「안자소호하학론(顏子所好何學論)」이라는 글을 지었다. 공자의 제자가 3000명으로 알려져 있는데, 그 중에 유독 배움을 좋아한 안연이 송나라에서 유교 부흥 운동을 일으킨 사람들의 멘토가 되었던 것이다. 안연은 배움을 통해 평범한 사람이 거룩한 사람으로 거듭날 수 있는 길을 개척한 사람으로서 존중을 받았다.

안빈낙도(安貧樂道)와 자발적 가난

가난과 부유한 삶의 길 중 하나를 선택하라고 하면 어떻게 될까? 많은 사람이 부자의 길을 선택할 것이다. 가난은 불편하고 부자는 풍요로운 삶을 살 것이라 생각하기 때문이다. 하지만 삶의 만족도 또는 행복도를 조사한 결과를 보면 우리나라 사람들은 우리보다 경제적으로 못사는 나라의 사람들에 비해 늘 뒤처진다. 부를 위해서 하고 싶은 많은 것을 희생하고, 또 지금의 부를 지키느라 더 많이 노력을 하므로 행복을 누릴 사이가 없기 때문이다.

에른스트 슈마허의 『자발적 가난』을 보면 가난이 불행의 동의로서 극복해야 할 대상이 아니라고 항변한다. 덜 풍요로운 삶이 오히려 더 행복하고, 부를 위해 희생하지 않고 단순하게 사는 것이 사람들에게 많은 여유를 가져온다고 보았다. 이에 따라 슈마허는 역설적으로 가난을 배우자고 제안하고 있다.

안연의 삶은 '자발적 가난'의 가치를 외치는 슈마허의 이야기를 그대로 실천하는 삶이라고 할 수 있다. 과거에 안연은 가난에 편안해하며 제 가치를 즐기는 안빈낙도(安貧樂道)의 삶을 살았다. 물론 안연이라고 해서 물질적 욕망이 조금도 없다고 말할 수 없다. 그는 가난하여 내일을 걱정하지 않을 수 없었지만 배움을 통해 다른 무엇과도 바꿀 수 없는 희열을 느꼈던 것이다. 그 희열은 어려운 여건에도 불구하고 그가 공부를 그만두지 않고, 또 살면서 수없이 겪는 삶의 고통을 이겨내는 원동력이 되었다.

오늘날 '일단사일표음(一簞食一瓢飮)'했던 안연의 삶을 돌아본다고 해서 가난 자체를 예찬할 수는 없다. 다만, 물질적 성취 때문에 자신이 간절히 바라는 것의 가치, 자신이 하면서 가슴이 뛰는 일의 소중함을 도외시하는 성과주의에 포로가 된 나를 돌아보지 않을 수가 없다.

이익이 생기면
옳음을 따져본다

김영란 법이 통과됐다.
비리 없는 나라가 될 것인가?

　　김영란 법이 '부정 청탁 및 금품 등 수수의 금지에 관한 법률'의 이름으로 2012년에 법안으로 추진되었다가 2015년 3월 말에 드디어 법으로 만들어졌다. 김영란 법은 1년 6개월의 유예 기간을 거치므로 실제로 2016년 9월 28일부터 법률로서 효력을 갖지만 우리 사회에 벌써부터 영향을 끼치고 있다. 공직자는 물론이고 언론인, 사립학교 교원 등이 당사자와 배우자 모두 직무 관련성이 없는 사람에게 100만 원 이상의 금품이나 향응을 받으면 대가성이 없어도 형사처벌을 받을 수 있기 때문이다.

　과잉 입법의 논란이 있었지만 우리 사회에 만연한 부정부패를 뿌리 뽑기 위해 법률이 통과되었다고 할 수 있다. "공짜 점심은 없다"라는 말을 생각하면 금품과 향응의 수수가 당연히 금지되어야 한다. 하지만 사람 사이에는 양식과 양심으로 규제해야지 법으로 규제할 수 없는 영역이 있다. 모든 영역에다 법의 잣대를 들이대게 되면 '인정미 넘치는 교제'마저 위축시킬 수 있다.

김영란 법의 통과는 결국 선의의 마음을 그대로 믿을 수 없다는, 우리 사회에 만연한 불신(不信) 풍조를 반영하고 있다. 공자는 "견리사의(見利思義)"를 통해 "공짜 점심은 없다"는 사실에 대한 경각심을 일깨웠다.

「헌문」
(14.13/361)

자로가 공자에게 '완성된 사람'의 특성을 물었다.

공자가 대꾸했다.

"우리나라 장무중과 같은 지혜, 맹공작과 같이 욕심이 적음,

변장자와 같은 용기, 염구와 같은 기예를 모두 갖추고

거기에다 예의와 예술로 품격을 아름답게 가다듬는다면

완전한 사람이라 일컬을 수 있지."

공자가 이어서 말했다.

"요즘 말하는 '완전한 사람'이 어떻게 그럴 수 있을까 의심이 들겠지.

오늘날이라면 이익이 생기면 옳음을 따져보고

공동체의 위기를 만나면 목숨을 바치고,

고생 끝에 성공한 뒤 평소에 했던 약속을 잊어버리지 않는다면,

'완전한 사람'이라고 일컬을 만하겠지."

子路問成人.

자로문성인

子曰: 若臧武仲之知, 公綽之不欲,

자왈 약장무중지지 공작지불욕

卞莊子之勇, 冉求之藝,

변장자지용 염구지예

文之以禮樂, 亦可以爲成人矣.

문지이예악 역가이위성인의

曰: 今之成人者何必然?

왈 금지성인자하필연

見利思義, 見危授命,

견리사의 견위수명

久要不忘平生之言, 亦可以爲成人矣.

구요불망평생지언 역가이위성인의

子路:　　자로(子路, BC 543~480)는 공자보다 아홉살 어렸지만 공
　　　　　자 학교에서 나이가 가장 많은 선배였다. 그는 무인 출신
　　　　　이었던 탓에 공자의 보디가드를 자처했고 공자의 언행이
　　　　　부당하다고 생각하면 반대 의사를 분명히 표시했다.

臧武仲:　장무중(臧武仲)은 노나라의 대부로 당시 현자로 칭송을
　　　　　받았다.

公綽:　　공작(公綽)은 위나라의 맹공작(孟公綽)이다.

卞莊子:　변장자(卞莊子)는 노나라의 용사로 이름을 떨쳤다.

冉求:	염구(冉求)는 공자보다 29세가 어렸고 기예가 뛰어났다.
文:	문(文)은 명사로 글, 문장, 무늬를 뜻하고 동사로 꾸미다, 장식하다, 가다듬다의 뜻이다.
見:	견(見)은 보다, 드러나다의 뜻으로 쓰이지만 여기서는 당하다, 만나다, 겪다처럼 어떤 상황에 놓이다라는 뜻이다.
危:	위(危)는 위태롭다, 위험하다, 위기의 뜻이다.
要:	요(要)는 바라다, 찾다, 요점의 뜻으로 쓰이는데, 여기서는 어려움을 뜻한다.

안중근 의사와 '견리사의'

"견리사의, 견위수명(見利思義, 見危授命)"은 『논어』에서 가장 애송되는 구절 중 하나이다. 특히 나라가 위기나 멸망의 상황에서 처하면 나라의 앞날을 걱정하는 우국지사(憂國之士)들은 "견리사의, 견위수명"을 읊조리며 중요한 선택을 하곤 했다. 안중근(1879~1910) 의사도 예외가 아니었다. 그는 1909년 10월 26일 하얼빈 역에서 한반도 침략을 기획하고 실행한 이토 히로부미(伊藤博文)를 사살했다. 이것은 당시 일본이 외쳤던 대동아공영(大同亞共榮)이 허구라는 점을 알리는 시위였다.

20세기 초는 백인이 다수를 차지한 서구 열강이 산업화에 필요한 자원을 약탈하고 상품을 판매할 시장을 개척하기 위해 아프리카와 아시아를 경쟁적으로 침략했다. 일본은 종래 동아시아의 맹주 노릇을 해오던 중국을 대신하여 아시아의 생존과 번영을 도모하는 새로운 주역을 맡고자 했다. 이토 히로부미는 그 욕망을 '대동아공영'으로 표현했지만, 그것은 실상 일본의 팽창주의를 감추려는 구호에 지나지 않았다.

안중근 의사는 20세 초 일본이 러시아를 격파하는 등 세계에서 약진할 때 아시아인으로서 자부심을 느꼈지만 허구적인 대동아공영을 펼치며 약육강식의 흐름에 편승하는 속내를 예리하게 비판했다. 그는 대동아공영 대신에 각국의 독립을 전제로 하는 「동양평화론」을 집필했다.

동아시아의 진정한 연대를 꿈꾼 안중근 의사는 감옥에 있을 때 『논어』와 『사기』 중에 교훈적인 글을 골라 붓글씨로 썼다. 그 유묵(遺墨)은 대부분 검찰관과 간수에게 써주었다가 훗날 기증 형식으로 우리나라로 돌아왔다. 그 중에 현재 동아대학교 박물관에 소장된 유묵이 바로 "견리사의, 견위수명"의 작품이다.

붓글씨 왼쪽에 "경술삼월(庚戌三月) 어여순옥중(於旅順獄中) 대한국인(大韓國人) 안중근서(安重根書)"라고 되어 있고 그 아래에 약지가 짧은 손도장이 찍혀 있다. 1910년 3월 중국 여순의 감옥에 수감되어 있으면서 쓴 글씨라는 것을 알 수 있다.

"견리사의, 견위수명"이라고 하면 보통 '리(利)'는 물질적 이익, 우월적 지위 등을 가리킨다. 하지만 안중근 의사의 경우 감옥에 있는 중이라 무슨 이익과 권력을 가지고 있어서 유혹의 손길을 내밀 수 있었겠는가? 그렇다면 그는 "견리사의, 견위수명(見利思義, 見危授命)"의 글씨를 쓰면서 도대체 무슨 생각을 했을까?

'리(利)'는 안중근 의사가 대의를 위해 거사를 한 뒤에 그 대의를 부정하고 일본에 협력하는 대가로 받을 수 있는 이익 이외에 다른 것을 상상할 수 없다. 안중근 의사는 붓글씨를 쓰면서 자신이 변절할 수 있는 단 1%의 가능성을 차단하는 결의를 다지지 않았을까!

부정과 부패의 연이은 소식

방위 산업의 비리는 실로 엄청난 사건이지만 다른 사건에 묻혀 주목을 받지 못하고 있다. 방산 비리는 여러 가지 측면에서 심각하게 되돌아보고 넘어가야 한다.

첫째, 장성들의 명예 실추이다. 장성들은 우리나라 군을 이끄는 고위 지도자인데도 전역 후에 보란 듯 무기 중개업체에 취업하여 로비스트를 자처하고 있다. 이것은 한 분야의 최고 자리에 이른 자부심과 명예를 송두리째 부정하는 것이다. 둘째, 내부 자정 작용의 마비이다. 예비역 장성들이 아무리 로비를 해도 현역 군인들이 막으면 될 터인데, 그러지 못했다면 비리를 예방할 수 있는 시스템이 작동하지 않았다는 뜻이다.

셋째, 방위 산업의 비리는 군의 전력 강화를 가로막는 요인이다. 다른 분야의 비리와 달리 국방 분야의 비리는 국가 안보에 직접적으로 영향을 끼친다. 군의 전력 강화를 우선적으로 추진해야 할 당사자들이 비리를 저지른다면, 안보 불안을 초래할 뿐만 아니라 자신의 존재 의의를 저버린 처사이다. 넷째, 사회의 다른 분야에 치명적인 부작용을 낳는다. 정부를 비롯하여 우리 사회는 재원 부족으로 인해 복지 정책을 계획대로 추진하지 못하고 있다. 방위 산업의 비리로 새어나가는 혈세만 막아도 논란이 되고 있는 무상 급식과 의료 혜택의 지원을 늘릴 수 있다.

방위 산업과 자원 외교 등 세금이 제대로만 쓰인다면 우리 사회가 당면해 있는 현안을 해결할 수 있다. 부정과 비리가 사회 여러 분야에 만연되어 있으니 과잉 입법의 논란을 빚으면서도 김영란 법이 통과되는 것이다.

춘추시대의 노나라에도 부정과 비리가 뿌리 깊었다. 「안연」에 따르면 흉년이 들어 세수 부족이 예상되자 노나라 애공은 다른 노력도 기울이지 않고 증세(增稅) 타령을 했다.(12.09/303) 「선진」에 따르면 공자 제자 염구(冉求)마저도 노나라의 실력자 계손씨(季孫氏) 가문에서 일할 때 세금을 가혹하게 거두어들여 계손씨가 재산을 불리게 만들었다.(11.17/285)

「옹야」에 따르면 공자의 제자 자화(子華)가 제나라에 사신으로 떠나게 됐다. 염구는 자화의 어머니에게 곡식을 보내주자고 공자에게 요청을 했다. 염구는 공자가 말한 양보다 몇 배의 곡식을 자화의 어머니에게 보냈다. 사실 자화는 살림살이가 넉넉한 형편이라 도움이 필요 없는데도 '동학'이라는 이유로 더 많은 곡식을 보낸 것이다.(06.04/125)

노나라 정공은 제나라가 여악(女樂), 즉 여성 가무악단을 보내자 고위 공직자들과 함께 연일 공연을 관람하느라 정사를 내팽개쳤다. 오늘날의 말로 하면 국정 최고 책임자가 경쟁국의 미인계에 놀아나 본분을 잃어버린 처사이다.

공자는 노나라의 위정자와 제자들 사이에 만연된 비리를 뿌리 뽑기 위해 "견리사의(見利思義)"의 기준을 제시했던 것이다. 『논어』「자장」(19.01/489)에도 제자 자장의 말로 "견리사의"와 비슷한 "견득사의(見得思義)"가 나온다.

> 선비는 공동체의 위기를 만나면 목숨을 바치고,(士見危致命,)
> 이득이 생기면 옳음을 따져본다.(見得思義.)
> 제사를 지낼 때 경건함에 집중하고,(祭思敬,)
> 상례를 치를 때 애도에 집중한다.(喪思哀,)
> 그러면 충분하다.(其可已矣.)

제자가 스승에 이어서 같은 말을 한다는 것은 당시 사람들이 이익 앞에 흔들리는 현상이 많았다는 것을 반증한다. 이익과 이득이 생기면 넙죽 받아먹을 것이 아니라 도의에 맞지 않으면 받지 말라는 것이다. 이 때문에 공자가 모든 이익을 부정적으로 보았다고 생각할 필요는 없다. 즉, 오늘날 식으로 공자가 반기업의 정서를 대변한다고는 볼 수 없다. 공자는 도의에 맞지 않은 부를 부정했을 뿐이다. 오히려 공자는 정의로운 사회에서 가난한 삶을 부끄럽게 여기기까지 했다.

양식과 법률

이익을 향한 인간의 욕망은 뿌리 뽑을 수가 없다. 문제는 한 사회가 어떻게 이익의 합리적인 추구를 권장하고 맹목적인 탐욕의 추구를 규제하느냐에 있다. 공자의 "견리사의"와 자장의 "견득사의"는 사

람이 이익과 이득을 챙길 수 있는 상황에 놓였을 때 이성적으로 판단
하라고 주문하는 것이다. 즉, 국가가 법률을 제정하여 개개인의 이익
에 개입하는 것이 아니라 개개인이 자기 결정권을 발휘하여 "떳떳하
지 않는 이익"의 유혹에 넘어가지 말라는 것이다. 이와 같이 공자는
법 이전에 양식의 힘에 호소하고 있다.

반면 김영란 법은 양식의 범위를 넘어서고 있다. 국가가 개개인의
우정, 사교, 거래 등 다양한 활동에 개입하여 부정과 비리 여부를 판
정하려고 하고 있다. 여기서 규제 대상이 되는 사람 사이에서의 선의
의 선물, 친목의 식사 등이 '불법'의 혐의를 받게 된다. 이 때문에 과
잉 입법의 논란이 생겨나는 것이다. 문제는 법안의 규제 범위가 적정
한가보다도 모든 것을 법으로 해결하려는 법 만능주의와 사람 사이
의 신뢰 상실에 있다. 같은 문제에 대해 우리는 공자나 자장에 비해
전혀 다른 길을 가는 것이다.

중국의 취푸에는 공자 관련 유적이 많아 그의 영혼이 깃든 곳이라
고 할 수 있다. 공묘(孔廟)는 공자의 사당이고 공림(孔林)는 공씨의 집
단 묘역이며 공부(孔府)는 공자 후손들의 생활공간이다. 공부를 찾으
면 〈계탐도(戒貪圖)〉라고 불리는 특이한 그림을 만나게 된다. 이 동물
은 용, 어류, 말 등의 다양한 요소를 가진 상상의 동물이다. 이 동물은
자기 앞에 있는 태양을 맛난 사과로 생각했는지 그것을 먹으려고 입
을 벌리고 있다. 만약 태양을 먹는다면 스스로 타죽을 수밖에 없다.
즉, 자기 파멸적인 결과가 기다리는데도 탐욕을 제어하지 못하는 것
이다.

후손들은 집에서 밖으로 나가기 전에 이 그림을 보고 "그대여, 탐

욕을 부리는 것이 아닌가?"라고 물었다. 자기 자신에게 밖에 나가서 탐욕을 부리지 말라고 주문하는 것이다. 그렇다면 이 동물의 이름이 무엇일까? 바로 '탐(貪)'이다. 탐을 인격화하여 탐(獫)으로 부르기도 한다. 오늘날 우리도 법률 이전에 자신의 탐욕을 제어하려면 "견리사의"의 기준을 돌아보지 않을 수 없다.

기본이 서면
나아갈 길이 생긴다

기본은 출발 지점이기도 하고
회귀할 지점이기도 하다.
기본 없이 시작할 수는 있지만 오래갈 수는 없다.

영어를 배우려면 알파벳을 외우고, 운동을 잘
하려면 체력을 기르고, 군대에 가면 제식훈련을 되풀이하고, 책을 읽
으려면 낱말의 뜻을 알아야 한다. 네 가지는 모두 다른 상황에 해당되
지만 공통점을 가지고 있다. 즉 알파벳, 체력, 제식훈련, 낱말은 모두
기본에 해당된다. 알파벳을 외우기가 어렵다고 건너뛰면, 하나의 언
어를 자유롭게 말하고 읽고 쓸 수가 없다. 체력을 갖추지 않은 운동선
수가 그라운드를 질주하며 제 기량을 완전하게 발휘할 수는 없다.

기본은 사람이 무엇을 하려고 할 때 처음에 반드시 내 것으로 갖추
어야 할 자질이기도 하고 결코 건너뛸 수 없는 절차이기도 하다. 한
분야의 기본을 갖추면서 그 분야에 들어설 수 있는 관문을 통과하는
것이다. 하지만 현실에는 상황에 따라 말을 자주 바꾸는 공인, 정책을

하루아침에 뒤집는 책임자, 문제가 생기면 우왕좌왕하는 지도자가 있다. 이렇게 기본을 갖추지 않고 일을 시작하면 개인만이 아니라 타인의 삶까지 위태롭게 만든다. 기본에서 출발하고 기본으로 돌아가면, "지금 어떻게 해야 할까?"라는 질문의 답을 찾을 수 있다.

「학이」
(01.02/002)

유자가 말했다.
"사람 됨됨이가 부모에게 효도하고 형들에게 공손하면서
걸핏하면 윗사람들에게 대거리하는 사람은 드물다.
윗사람에게 대거리하기를 반대하면서
툭하면 공동체에서 혼란을 부추기는 사람은 아직 없었다.
군자는 기초를 다지는 데에 힘쓴다.
기초가 제대로 서면 나아갈 길이 눈앞에 생기기(열리기) 때문이다.
효도와 공손은 틀림없이 사람다움을 여는 뿌리일 것이다."

有子曰: 其爲人也孝弟,
유자왈 기위인야효제
而好犯上者, 鮮矣.
이호범상자 선의
不好犯上, 而好作亂者, 未之有也.
불호범상 이호작란자 미지유야

君子務本, 本立而道生.

군자무본 본립이도생

孝弟也者, 其爲仁之本與!

효제야자 기위인지본여

有子: 유자(有子)는 공자 제자 유약(有若)을 가리킨다. 유자는 노
나라 출신으로 공자보다 43세 젊었다.『논어』에서 유자
는 증자(曾子)와 함께 공자의 제자 중에 '자(子)'라는 존칭
으로 거명되고 있다. 다른 제자들은 대부분 이름 아니면
자(字)로 거명된다. 이것은 두 가지 측면에서 주목할 만
하다. 첫째, 두 사람은 제자 그룹 내에서 특별한 지위를
누렸다는 점이다. 둘째, 두 사람은『논어』의 편집 과정에
서 영향력을 행사했다는 점이다. 유자는 외모와 관련해
서 흥미로운 일화를 남겼다. 공자가 죽자 제자들은 지도
자를 잃은 상실감을 느꼈다. 그들은 공자와 생김새가 닮
은 유자를 스승처럼 모셔서 상실감을 메우고자 했다. 그
렇지만 기대를 모은 유자는 결코 공자 선생님과 같은 학
식을 갖추지 못했기 때문에 공자의 자리를 잇지 못했다.

弟: 제(弟)는 형제 관계에서 동생, 아우를 가리키지만 여기서
는 아우가 형에 대해 가져야 할 덕목을 나타낸다. 즉, 제
(弟)는 형을 공경하다는 제(悌)의 뜻이다.

好: 호(好)는 좋아하다의 뜻이지만 감정적인 맥락보다는 걸
핏하면 어떻게 하려고 하는 성향을 나타낸다.

犯:　　　범(犯)은 해치다, 어기다의 뜻이다.

鮮:　　　선(鮮)은 곱다, 아름답다, 신선하다의 뜻으로 많이 쓰이지
　　　　　만 여기서는 드물다는 부사로 쓰인다.

上:　　　상(上)은 위의 뜻이지만 여기서는 위에 있는 사람, 즉 윗
　　　　　사람을 가리킨다.

亂:　　　난(亂)은 어지럽다, 뒤죽박죽이 되는 뜻으로 사회적 혼란
　　　　　을 가리킨다.

作亂:　　작란(作亂)은 친구들끼리 재미삼아 놀이를 하는 것을 가
　　　　　리키는데, 재미를 위해 평소 하지 않던 언행을 하기 때문
　　　　　에 어지럽힌다는 난(亂) 자를 쓰는 것이다. 원의에 따르면
　　　　　'작란'은 반란을 일으킨다는 무거운 뜻을 나타낸다.

務:　　　무(務)는 힘쓰다, 노력하다의 뜻이다.

本:　　　본(本)은 밑, 뿌리, 기초, 근원의 뜻이다.

道:　　　도(道)는 길, 방법의 뜻이다.

현상 너머 근원을 찾아라

유자의 발언을 읽어보면 당시에는 하극상과 반란이 사회 문제가
되고 있었음을 알 수 있다. 범상(犯上)은 아랫사람이 윗사람의 권위와
권한을 인정하지 않고 침범하는 것이다. 작란(作亂)은 사회의 혼란을
부추기는 반란을 일으키는 것이다. 이처럼 범상과 작란은 각각 신분
사회의 기둥을 이루는 질서를 뿌리째 뽑는 위험스러운 일이라고 할
수 있다.

범상과 작란이 일어나면 그 사건의 주동자를 처벌하면 된다. 주동자는 사회 질서를 파괴한 책임만큼 벌을 받아야 하기 때문이다. 유자는 이러한 식으로 사건을 마무리하는 것을 바람직하다고 생각하지 않았다. 그는 범상과 작란의 사건을 심층적으로 살펴야 한다고 보았다. 범상과 작란의 사건이 일어나면 그러한 사건이 일어날 여건과 토양이 있기 마련이다. 즉, 도무지 일어나지 않아야 할 일이 벌어졌다면 그 일이 "왜 일어났는지?"에 대한 철저한 검토가 필요하다는 것이다.

이러한 시각에서 보면 유자는 유감없이 철학자의 특성을 드러내고 있다. 그는 범상과 작란의 사건 자체에만 주목하지 않고 사건 너머에 있는 근원을 찾으려고 한다. 철학자들의 시선은 현상을 넘어 근원으로 향하고 있다. 이러한 시도는 2500여 년이 지난 지금도 본받을 만한 관점이다.

오늘날 우리도 끔찍한 참사가 연이어 발생하고 '슈퍼 갑질'처럼 인권 침해의 사건이 되풀이되고 있다. 어느 하나 가볍게 넘어갈 사안이 아니다. 정부는 조직을 바꾸고 책임자를 문책한다고 하고 국회는 법률을 제정한다지만, 반복되는 사건 사고를 겪으면서 시민들은 무기력을 느끼고 있다. 우리 시대에도 유자처럼 사건을 수습하는 것으로 그치지 않고, 현상 너머에 사건을 낳은 근원을 찾는 사상가가 나와야 한다.

가족 윤리와 사회 윤리

이제 유자가 범상과 작란을 해결하고자 하는 대책을 살펴보자. 유자는 효제(孝弟)를 범상과 작란을 막을 수 있는 근원적인 해결책으로 제시하고 있다. 어버이에게 효도하고 나이 많은 사람에게 공손하면 하극상을 일으키지 않게 되고, 하극상을 일으키지 않으면 사회적 반란을 일으키지 않는다는 논법이다. 거꾸로 살펴보면 반란은 하극상을 일으킨 사람이 저지르고 하극상은 효도와 공손을 하지 않는 사람이 저지르는 것이다. 결국 사회적으로 어버이에게 효도하지 않고 나이 많은 사람에게 공손하지 않으면서 범상과 작란이 일어날 수 있는 토양이 생겨난 것이다.

사람의 행동을 이해관계(利害關係)로 설명하는 사람이라면 유자와 다른 주장을 할 것이다. 예컨대 한비자(韓非子)는 가족 관계를 비롯한 모든 인간관계가 결국 이익과 손해의 계산에 바탕을 두고 있다고 보았다.

왕의 권력은 누구나 탐내는 대상이다. 하지만 현실적으로 왕은 피지배자들의 반란보다는 궁정 내부 인사에 의해 살해됐다. 특히 왕의 지근거리에 있는 왕비와 왕자들은 자신들의 지위를 미래까지 연장하기 위해 왕을 살해했다. 한비자는 사람들이 그릇된 욕망을 품지 않게 하기 위해서는 범상과 작란을 일으키면 얼마나 엄중한 처벌을 받게 되는지 법으로 명시해야 한다고 생각했다.

유자와 한비자는 각각 상이한 관점을 보여주고 있다. 유자는 사람이 가족 윤리에 충실하면 사회 윤리를 준수할 수 있다고 보았다. 즉, 가족 윤리는 사회 질서를 지탱하는 근간인 것이다. 반면 한비자는 가족과 사회를 나누지 않고 이해(利害)라는 단일한 기준에서 해결책을 제시했다. 이해는 사람이 하게 되는 행위의 유일한 원인과 목적이다.

우리는 현상을 넘어 근원을 찾아가는 사고방식을 본받을 수 있지만 유자의 결론마저 본받을 수 없다. 왜냐하면 유자가 중시했던 가족 윤리로는 오늘날 낯선 사람들끼리 대등하게 거래하는 시민 사회의 인간 관계를 규제할 수 없기 때문이다. 이런 점에서 우리는 우리 시대에 맞는 시민 윤리, 즉 자유와 평등의 인권을 돌아보지 않을 수가 없다.

무본은 결국 성찰적 균형

유자는 효제를 범상과 작란을 예방할 수 있는 유일한 해결책으로 제시한 뒤에, 무본(務本)과 본립도생(本立道生)을 언급하고 있다. 두 부분을 종합하면 효제가 범상과 작란을 막는 무본이자 본립도생이라는 맥락이다. 무본은 본에 힘쓴다는 뜻이고 본립도생은 본이 서야 길이 생긴다는 뜻이다. 이처럼 유자는 두 차례에 걸쳐서 무본(務本)과 입본(立本)의 중요성을 역설하고 있다.

무본과 입본은 타동사와 목적어의 구문으로 되어 있다. 무는 힘쓴다는 뜻으로 평소보다 더 집중하는 것이고, 입은 세운다는 뜻으로 살아서 움직이게 하는 것이다. 따라서 무본과 입본은 본으로부터 벗어나려는 힘에 맞서서 본으로 돌아가려는 의지적인 노력을 담고 있다.

사람은 탐욕이든 이해든 감정이든 이성이든 어느 것에 한번 기울어지면 그쪽으로 나아가려는 관성의 지배를 받는다. 연인이 사랑의 감정에 빠져 있을 때 가족을 비롯한 그 누가 반대를 해도 그 감정으로부터 빠져나오기가 쉽지 않다. 겨울철 스키와 여름철 수상 레저에 맛이 들리면 만사를 제쳐놓고 스포츠를 즐기려는 마음을 억누르기가 쉽지 않다. 청소년이 이슬람 국가의 테러에 동조하게 되면 다른 어떤 반대 이유를 들어도 꿈쩍도 하지 않는다. 이처럼 사람이 한쪽으로 기울어지면 다른 한쪽의 이야기는 들으려고 하지 않는다.

이때 무본과 입본은 먼저 한쪽에 빠진 '나'에게 객관적인 거리감을 갖게 하여 다른 한쪽 말을 들어서 둘 중에 더 합리적인 해결책을 찾아가게 만드는 과정이다. 이를 통해 우리는 자신의 과거를 객관적으로 살펴보면서 잃어버린 균형을 되찾는 것이다. 간단히 말해 성찰적 균형의 회복이다. 자꾸만 이전의 '나'에 빠진 채 나오지 않을 때 다른 이야기를 듣게 하려면 힘쓰는 무(務)와 세우는 입(立)이 필요하다. 본에 힘쓰고 세워야만 다른 사람의 이야기를 듣지 않으려는 불통(不通)의 고집과 어떻게 해서라도 상대를 이기겠다는 대립의 오기(傲氣)를 벗어날 수 있다. 본에 힘쓰지도 세우지도 않으면서 "소통하겠다"고 하고 "상생하겠다"고 말해도 그것은 말일 뿐 결코 행동으로 드러날 수가 없다.

원칙주의자와 융통성

기본은 무슨 일을 하기 위해 꼭 갖춰야 할 자질이고 문제가 생기면 되돌아와서 점검해야 할 바탕이다. 이런 점에서 기본은 어떠한 상황에서도 지키고 누구라도 존중해야 할 원칙이라고 할 수 있다. 원칙은 현실을 규제하지만 추상적으로 표현될 수밖에 없다. 이 때문에 원칙에 현실을 적용하려고 하면 원칙의 보편성과 현실의 특수성이 삐거덕거릴 수가 있다. 원칙의 고수와 융통성의 발휘가 접점을 찾을 때 삐거덕거리는 소리가 줄어든다.

요즘 우리 사회의 쟁점이 되고 있는 복지 논쟁의 경우도 그러하다. 누구라도 복지의 혜택을 늘리는 것 자체는 반대하지 않는다. 그래야 국민이 생활하는 삶의 질이 향상되고, 미래 사회를 이끌어갈 젊은 세대를 재생산할 수 있기 때문이다. 하지만 복지도 예산이 있어야 실행이 가능하다. 최근에 증세를 해서라도 무상 보육과 무상 급식의 복지를 확대해야 하느냐, 아니면 예산이 확보되지 않으면 무상의 복지를 축소해야 하느냐가 논란이 되고 있다.

즉, "증세냐 아니냐?"가 현재 논란의 초점이 되고 있다. 하지만 더욱 중요한 것은 저출산, 청년 실업, 조기 퇴직 등의 지표에서 보이듯 삶의 불안과 위험이 늘어나고 삶의 만족도가 낮아지는 상황을 어떻게 극복할 것인가가 아닐까. 이 문제에 예산을 집중하는 것은 '증세'의 논란을 넘어서는 사안이다. '증세'를 하든 하지 않든 우리가 인간답게 살려면 이 문제를 풀어야 하기 때문이다.

이 문제를 두고 사회의 다른 분야에 쓰는 예산과 비교 우위를 따진다면, 우리 사회가 제공할 수 있는 삶의 질은 떨어질 수밖에 없다. 따라서 증세 여부가 아니라 우리가 우선적으로 풀어야 하는 문제의 설정이 초점이 되어야 하는 것이다. 이것은 결국 우리가 "어떤 사회를 만들 것인가?"라는 원칙에 달려 있다.

원칙이 서지 않으면, 즉 무본과 입본이 되지 않으면 도불생(道不生)이 되는 것이다. 2015년 초의 연말정산과 건강보험료 개편안 파동에서 보이듯 불만의 목소리가 나오면 정책을 소리 없이 거두어들이게 된다. 그러나 무본과 입본이 되어 있으면 정책의 방향을 홍보하고 국민을 설득하는 절차를 밟을 수 있다. 그것이 되지 않으면 모든 문제가 비용의 계산으로 단순화되어 논의가 빈약해진다. 본립도생(本立道生)으로 원칙과 융통성의 두 마리 토끼를 잡는다면, 융통성 없는 원칙이 고지식하고, 원칙 없는 융통성이 무책임하게 보이는 사태를 막을 수 있다.

1. 집편지사(執鞭之士)는 채찍을 잡은 사람이라는 뜻이지만 직업과 관련해서 여러 가지 풀이가 있다. 채찍을 쥐고 말을 몰았다는 마부설, 채찍을 휘두르며 귀한 이가 앞으로 나아가도록 길을 열어주는 보디가드설, 시장에서 채찍을 잡고서 질서를 잡았다는 보안요원설 등이 있다. 여기에서는 세 번째 설에 따랐다.

2. 김득신은 〈파적도(破寂圖)〉 등의 그림을 그린 조선 후기의 화가 김득신(1754~1822)과 동명이인이다. 김득신은 대기만성의 대표적인 인물로 거론되며 저서로 『백곡집(柏谷集)』을 남겼다. 충북 괴산에 김득신이 책을 읽었던 취묵당(醉墨堂)이 남아 있다.

3. 사단은 『맹자』에 나오는 인간의 도덕적인 싹을 가리키고, 칠정은 『예기』에 나오는 인간의 일곱 가지 감정을 가리킨다. 조선 시대 이황과 기대승은 사단과 칠정이 같은지 다른지 이기론의 맥락에서 편지를 통해 논쟁을 벌였다. 줄여서 '사칠논변'이라고 한다.

4. 1만 시간의 법칙은 하루 세 시간씩 10년 동안 1만 시간 이상을 투자하면 꿈을 이룬다는 내용을 말한다.

5. 「자한」麻冕, 禮也. 今也純, 儉, 吾從衆. 拜下, 禮也. 今拜乎上, 泰也. 雖違衆, 吾從下.(09.03/213)

6. 「보임안서(報任安書)」此人皆意有所鬱結, 不得通其道, 故述往事, 思來者.

7. 「리인」德不孤, 必有鄰.(04.25/091)

8. 「옹야」犁牛之子, 騂且角, 雖欲勿用, 山川其舍諸?(06.06/127)

9. 「헌문」古之學者爲己, 今之學者爲人.(14.25/373)

10. 「등문공」상1 舜何人也? 予何人也?

11. 「술이」用之則行, 舍之則藏, 唯我與爾有是夫!(07.11/162)

12. 「안연」子路無宿諾.(12.12/306)

13. 「공야장」子路有聞, 未之能行, 唯恐有聞.(05.15/107)

14. 「공야장」始吾於人也, 聽其言而信其行, 今吾於人也, 聽其言而觀其行. 於予與改是.(05.11/103)

15. 「안연」君君, 臣臣, 父父, 子子.(12.11/305)

16. 문공이 제후가 되기 전의 이름이 중이(重耳)였다.『좌씨전』과『사기』에서 제후가 되기 전에 망명을 다닐 때 문공을 공자 중이라고 불렀다.

17. 자세한 이야기는『좌씨전』희공 24년을 보라.

18. 당시 주(周)나라의 1척이 22.5cm이므로 안영은 키가 140cm 남짓 된다. 당시도 그렇고 오늘날로 봐도 안영은 상당히 작은 키라고 할 수 있다.

19. 「공야장」老者安之, 朋友信之, 少者懷之.(05.27/119)

20. 「술이」子食於有喪者之側, 未嘗飽也.(07.09/160)

21. 「향당」廐焚. 子退朝曰: 傷人乎? 不問馬.(10.17/258)

22. 「자로」苟有用我者, 期月而已可也, 三年有成.(13.10/328)

23. 「학이」不患人之不己知, 患不知人也.(01.16/016)

24. 「학이」人不知而不慍, 不亦君子乎?(01.01/001)

25. 「팔일」君子無所爭. 必也射乎! 揖讓而升, 下而飮. 其爭也君子.(03.07/047)

26. 『중용』失諸正鵠, 反求諸其身.

27. 「선진」顏淵死. 子曰: 噫! 天喪予! 天喪予!(11.09/277)

28. 「선진」顏淵死, 子哭之慟. 從者曰: 子慟矣! 曰: 有慟乎? 非夫人之爲慟而誰

爲?(11.10/278)

참 고 문 헌

『공동번역 성서』

『공자성적도(孔子聖蹟圖)』

『맹자』

『묵자』

『순자』

『시경』

『역경』

『열자』

『예기』

『우파니샤드』

『이십사효(二十四孝)』

『장자』

『좌씨전』

『중용』

『한비자』

기대승(奇大升), 『과정기훈(過庭記訓)』

김경일, 『공자가 죽어야 나라가 산다』, 바다출판사, 1999.

김용만, 『다문화 한국사 1: 우리 역사를 바꾼 세계인들』, 살림FRIENDS, 2015.

김득신(金得臣), 「독수기(讀數記)」『백곡집(柏谷集)』

김부식, 『삼국사기』

김홍도, 『단원풍속도첩』

루쉰, 허세욱 옮김, 『아Q정전』, 범우사, 2004.

미드(G. H. Mead), 『정신 · 자아 · 사회: 사회적 행동주의자가 분석하는 개인
과 사회』, 한길사, 2010.

박동희, "'개척자' 박찬호와 마포대교 그리고 영웅', 《매거진S》, 2015.01.23.

박종채(朴宗采), 김윤조 옮김, 『과정록(過庭錄)』, 태학사, 1997.

사마천, 『사기』

슈마허, 이덕임 옮김, 『자발적 가난』, 그물코, 2010.

신정근, 『공자씨의 유쾌한 논어』, 사계절, 2011, 3쇄.

신정근, 『마흔, 논어를 읽어야 할 시간』, 21세기북스, 2011.

신채호, 「낭객(浪客)의 신년만필(新年漫筆)」

안중근, 「동양평화론」

여불위 편, 『여씨춘추』

왕충, 『논형』

이현석(李玄錫), 「嘉善大夫, 同知中樞府事安豐君金公墓碣銘 幷序」『백곡집』

정이(程頤), 「안자소호하학론(顏子所好何學論)」

조식(曺植), 「단성소(丹城疏)」

주희, 『논어집주(論語集註)』

최남선, 『신자전(新字典)』

푸시킨, 최선 옮김, 『삶이 그대를 속일지라도』, 민음사, 1997.

하위징아, 김윤수 옮김, 『호모 루덴스』, 까치글방, 1998.

한유(韓愈), 「논불골표(論佛骨表)」

함석헌, 「하나님의 발길에 채여서」

홍대용(洪大容), 『논어문의(論語問疑)』 『담헌서(湛軒書)』

나는 아무래도 전생에 『논어』와 특별한 인연이 있나 보다. 『논어』나 『논어』와 관련된 책을 무수히 읽었고, 공자의 고향 취푸(曲阜)를 찾아 구석구석을 누비며 공자의 자취를 찾았다. 근래 우리나라 사람들의 『논어』 사랑도 깊어지고 있다. 이제 『논어』를 읽는 이해의 폭도 깊어졌으면 좋겠다. 지금까지 출판한 책을 중심으로 『논어』의 세계에 보다 깊이 들어갈 수 있는 지도를 제안하고자 한다.

1. 『마흔, 논어를 읽어야 할 시간』(21세기북스, 2011)

   『논어』를 전부 읽기가 부담스러운 사람이 읽기에 좋다. 516장 중에 101장을 선별하여 실생활과 관련지어 『논어』를 읽을 수 있도록 안내했다.

2. 『공자씨의 유쾌한 논어』(사계절, 2009)

   한자에 익숙하지 않은 세대를 위해 『논어』 전체를 현재 우리가 쓰는 말에 가깝게 번역했다. 『논어』에 조금씩 맛이 들면 다 읽어보고 싶은 욕망이 생긴다. 『논어』를 시, 영화 등과 곁들여 풀이하여 책 읽는 재미를 느낄 수 있다.

3. 『마흔, 논어를 읽어야 할 시간 2: 논어 속 네 글자의 힘』(21세기북스, 2015)

일단 『논어』의 문장을 이해한 뒤에 그 문장을 가지고 사유의 나래를 펼칠 수 있도록 안내했다. 공자와 마주앉아 오늘날의 화제를 가지고 서로 대화를 하는 기분을 느낄 수 있다.

4. 『논어, 세상을 바꾸는 것은 사랑이다』(한길사, 2012)

원문을 인용하여 『논어』의 중요 개념을 상세하게 풀이하면서 공자가 무엇을 말하고자 했는지를 해명하고 있다. 『마흔, 논어를 읽어야 할 시간』을 읽은 독자라면 도전해볼 만하다.

5. 『공자의 숲, 논어의 그늘』(성균관대학교출판부, 2015)

공자의 출생에 담긴 비밀과 죽음 이야기에서부터 『논어』가 역사, 심리, 경영 등의 주제와 어떻게 결합될 수 있는지 밝히고 있다.

6. 『사람다움의 발견』(이학사, 2005)

공자는 춘추시대라는 시공간에서 자신의 사상을 일구어냈다. 이 책은 공자가 춘추시대의 어떤 사회 현상에 주목하여 무엇을 변화시키려고 했는지 사유의 과정을 재구성하고 있다. 『논어』를 춘추시대의 맥락에서 읽어낼 수 있도록 안내하고 있다.

감사의 글

　책을 보내드리면 바쁜 시간 중에도 돋보기를 쓰고서 자식의 글을 한 자 한 자 기쁘게 읽으시는 어머님이 책을 쓰는 괴로움을 잊게 해 줍니다. 책을 다 읽었느냐고 여쭈면 "이런 말을 하려는 것이 아니냐?"면서 저를 가르쳐주십니다. 노모에게 배우는 시간이 오래 가기를 빌어봅니다.

　글을 써서 책으로 묶다 보면 자연히 가족에게 소홀하게 됩니다. 그럼에도 늘 이해해주시고 경상도 말로 "살살하라"고 걱정해주는 가족에게 진심으로 고마움을 전합니다.

　아울러 말없는 지지를 보내주는 성균관대학교 동양철학과 대학원생들과 수업 중에 활발하게 토론을 벌였던 유학대학 학부생들에게도 고맙다는 말을 전합니다.

　이 책의 모태는 네이버의 〈네이버캐스트〉 중 '철학의 숲, 고전의 지혜-논어 명언명구'의 연재입니다. 연재는 30회 분량으로 2015년 1월

17일에 시작해서 2015년 7월 29일에 끝이 났습니다. 이 책은 네이버캐스트 원고에다 '애이불상(哀而不傷)'한 꼭지를 추가하고 지은이의 말, 6강의 주제를 소개하는 글을 덧붙인 꼴입니다. 기존의 원고에서 미흡하고 어색했던 부분을 찾아내서 보충했습니다. 연재 기간 중에 교정과 사진 자료의 검색으로 큰 도움을 준 박수정 차장님에게 고마움을 전합니다. 연재 중에 여러 가지로 좋은 의견을 준 독자들의 따뜻한 마음도 소중히 간직하겠습니다.

네이버캐스트에 연재하던 중에 집필이 완료되면 21세기북스와 책을 내기로 이야기가 되었습니다. 『마흔, 논어를 읽어야 할 시간』과 맥락이 비슷하므로 시리즈로 묶는 편이 좋다고 생각했기 때문입니다. 연재 원고를 묶고 다시 미흡한 부분을 보충했습니다. 책이 출판되기까지 변함없는 믿음을 주시는 김영곤 사장님, 이미 몇 차례 작업을 함께 한 정지은 팀장님과 양으녕 대리님에게 감사의 마음을 전합니다.

2015년 10월 22일 새벽에

水魚齋에서 如如 신정근 씁니다.

KI신서 6338

마흔, 논어를 읽어야 할 시간 2

1판 1쇄 발행 2015년 12월 17일
1판 4쇄 발행 2020년 10월 26일

지은이 신정근
펴낸이 김영곤 **펴낸곳** (주)북이십일 21세기북스
출판사업본부장 정지은
책임편집 양으녕
영업본부장 한충희
출판영업팀 김한성 이광호 오서영
제작팀 이영민 권경민

출판등록 2000년 5월 6일 제406-2003-061호
주소 (10881)경기도 파주시 회동길 201(문발동)
대표전화 031-955-2100 **팩스** 031-955-2151 **이메일** book21@book21.co.kr

(주)북이십일 경계를 허무는 콘텐츠 리더

21세기북스 채널에서 도서 정보와 다양한 영상자료, 이벤트를 만나세요!
페이스북 facebook.com/jiinpill21   포스트 post.naver.com/21c_editors
인스타그램 instagram.com/jiinpill21   홈페이지 www.book21.com
유튜브 youtube.com/book21pub
서울대 가지 않아도 들을 수 있는 명강의! <서가명강>
네이버 오디오클립, 팟빵, 팟캐스트에서 '서가명강'을 검색해보세요!

ISBN 978-89-509-6285-2 03100